MES VACANCES
EN ESPAGNE

Imprimerie Ducessois, 55, quai des Augustins.

MES VACANCES

EN

ESPAGNE

PAR E. QUINET.

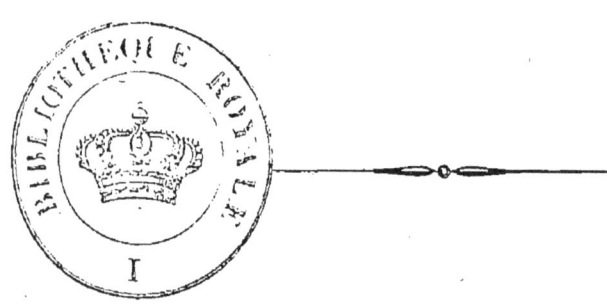

PARIS

AU COMPTOIR DES IMPRIMEURS-UNIS,

COMON ET Cᵉ.

QUAI MALAQUAIS, 15.

——

1846

PROLOGUE

Ami lecteur, si tu t'ennuies au logis, soit que tes yeux ne rencontrent qu'un visage indifférent dans ta maison, un mur gris sous ta fenêtre, ou que ton cœur soit prisonnier de je ne sais quelle pensée, ou que, par une raison quelconque, tu envies l'alouette qui émigre en automne, je t'invite à te débarrasser de tes chaînes et à partir avec moi. Viens, sors de ton lit paresseux. Je me charge des préparatifs. Tu n'auras point d'adieux à faire, ni de valise à emporter.

Prête-moi seulement ton âme, en compagnie de la mienne. Je te promets de la ramener saine et sauve, avant que tes amis se soient seulement aperçus de son absence.

Car aucun temps ne fut plus propice pour cela. Dieu merci! l'occasion de montrer son âme est rare aujourd'hui. Tu peux, te dis-je, donner congé à la tienne, sans que personne la réclame, au moins pendant une saison. Ton corps en demeurant au logis suffira parfaitement à ce qu'exigent tes affaires ou les bienséances de la politique et de la religion. Il répondra, si quelqu'un te visite; il prêchera pour toi si tu es sermonnaire; il versifiera pour toi si tu es poëte; il votera pour toi si tu es homme d'État; et même il pourra, au besoin, faire à la tribune, dans la discussion de l'adresse, un excellent discours sans âme, lequel te donnera, de plein droit, le gouvernement à ton retour.

De quel côté nous diriger? Pour moi j'incline vers le Midi, après avoir été longtemps battu des vents du Nord. Connais-tu la vieille Castille,

Tolède et le Tage, le palais des rois Maures et la Lisbonne de Camoëns? Ces mots-là résonnent de l'autre côté des Pyrénées, au milieu des clameurs des guerres civiles, comme la voix d'une Sirène blessée. Beaucoup d'habiles gens ont décrit les merveilles de ces contrées; ils ont ajouté leurs mémorables aventures. Et pourtant j'imagine qu'il y a encore quelque chose à faire dans ces lieux, pour de simples âmes qui cherchent à respirer des misères prochaines. On dit que le soleil d'Espagne commence aussi à se refroidir; si cela est, ne perdons plus une heure.

Laisse au logis le lourd bagage des haines, des ressentiments, des calculs personnels, des grands systèmes, des petites ambitions dont te voilà chargé. Ne prends rien avec toi que les ailes sereines de ton esprit, couleur du ciel d'Andalousie; ou plutôt replie-les encore un moment dans le fond de ce coche de province. Quand il sera temps de planer librement, avec le génie de la chevalerie, sur les montagnes du Cid, je t'avertirai prudemment de la secousse, une heure d'avance. Tiens! jette encore là, par la portière, cette érudition d'emprunt, cette philosophie doctrinaire et ce faux moyen âge que l'attelage ne peut traîner. Es-tu prêt ? Nous partons.

MES VACANCES
EN ESPAGNE

I

VAUCLUSE.

Me voici sur la route d'Espagne. Que ce départ est différent de ceux qui l'ont précédé! Qu'est devenu l'enchantement qui me poussait en Grèce, en Italie, et même en Allemagne? je vois cette aride Espagne telle qu'elle est. J'étends malgré moi un manteau de misère sur toute la face de ce pays; je suis impuissant à le soulever.

J'ai beau secouer à mes oreilles les mandolines et les guitares des poëtes de toutes les Espagnes; jamais départ ne fut moins gai. La cause en est-elle dans la saison qui est, en effet, la plus triste de l'année? Les balles des bandits, dont on assure que les routes sont pleines, agissent-elles sur moi magiquement à distance? Présage ou chimère, je sens d'avance, en ce moment, l'ennui des solitudes des deux Castilles. Que m'apprendront-elles de plus?

Le Rhône m'a porté d'un trait à Avignon. Par hasard, j'ai couché dans le lit où le maréchal Brune a été assassiné On montre encore, près du chevet, le trou de la balle dans la muraille. Singulière relique de ma première nuit de voyage! Pour un faiseur de songes, ceci n'est pas indifférent.

Le lendemain j'étais à Vaucluse : c'est de ce beau nom que je veux dater mon départ. La pluie, qui était tombée par torrents la veille, avait cessé; entre deux orages, le ciel de Provence a reparu : je ne me figurais pas la roche si élevée, ni le lieu si solitaire, ni la nature si grande. Un souvenir m'a frappé; c'est la comparaison que j'ai faite avec la Vaucluse d'Horace à Tivoli, telle que je l'ai vue en 1832. Le lieu est charmant; même aujourd'hui dans son abandon, on respire sous les oliviers la volupté païenne. Les cascatelles où vont boire les colombes bondissent aux rhythmes du poëte de Mécène. La solitude du poëte païen est une villa. Mais Vaucluse, quelle austérité, quelle nudité, quelle demeure faite pour le mystique du moyen âge ! C'est la retraite d'un anachorète ; point de verdure, excepté celle du figuier dont le tronc est plongé dans la source ; un oiseau grimpeur frappait obstinément du bec l'immense rocher ; seul être vivant dans cette nature morte.

Ce paysage ascétique est le fond dans lequel s'encadre le génie ascétique de Pétrarque. Avignon, Rome, Milan, se disputaient en lui l'érudit, le voluptueux, l'homme du monde ; mais le cœur du poëte habitait à Vaucluse. Thébaïde de l'amour chevaleresque, ermitage dont Laure était la madone. Dans ces lieux alpestres, on respire la macération de l'âme.

Je suis monté dans le vieux château gothique dont les ruines pendent sur le lit de la Sorgue. Le manoir était déjà démantelé du temps de Pétrarque. Que de fois sur ces rochers il a vu le fantôme adoré se promener de cime en cime ! Regardée de cette hauteur, la source au pied du roc à pic ressemble à un baptistère creusé à la porte d'une cathédrale ; c'est, en effet, l'eau lustrale où la poésie des modernes a reçu le baptême.

Un monument qui, dans un autre sens, parle presque aussi éloquemment du moyen âge, est le palais des papes, à Avignon. Rien de plus tragique que cette demeure. Au centre de l'édifice est la chapelle, avec quelques restes de peintures de Giotto. Mais ce sanctuaire de religion et d'art est flanqué de cachots. La papauté y a vécu cuirassée de prisons, de souterrains, d'oubliettes, de salles de bûchers et d'inquisition. J'ai vu là ce que probablement je ne verrai pas en Espagne, des processions d'inquisiteurs peints en noir sur la muraille, les soupiraux qui vomissaient les questions des juges invisibles, la chambre des tourments avec l'attirail encore subsistant de la chaudière, la salle du bûcher avec un reste de suie à l'énorme cheminée, les noms de quelques prisonniers profondément gravés sur la pierre dans les heures d'attente, et quelquefois inachevés. Un jour la terreur de 95 a répondu à la terreur du moyen âge; et cinq larges empreintes de sang rougissent encore la muraille d'un étage à l'autre de la tour de la Glacière. La vieille femme qui m'a conduit dans cet enfer paraissait faire partie elle-même de cet attirail lugubre : en voyant le bûcher et la chaudière, je fis un geste qu'elle comprit. — Dam ! monsieur. c'était la loi ! — Et ses yeux noirs de jais étincelèrent comme la braise que la bise vient de rallumer.

Je traverse la Provence et le Languedoc, au milieu d'un orage qui m'accompagne jusqu'aux Pyrénées. Les ponts de la Durance et du Rhône sont emportés derrière moi. Les arènes d'Arles, de Nîmes, inondées, figurent des naumachies. Un moment, dans la cathédrale d'Arles, les traits des femmes, leur costume, me rappellent mes hôtesses des Cyclades. Passé doré, entrevu à travers les nuages d'un autre âge ! J'entends à satiété la pluie suinter sous les voûtes du pont du Gard. Où sont les dieux jeunes qui m'accompagnaient autrefois en Grèce, en Italie ! Ils éclairaient chaque ruine d'un jour inaltérable. De ce cortége olympien des limpides années, ne me reste-t-il que le triste Jupiter pluvieux pour compagnon de la fin du voyage !

A Bayonne j'apprends que la route de Madrid est presque interceptée ; le courrier dans lequel je pars demain a été arrêté les trois jours précédents. Hier, il a essuyé une décharge à Alcobendas, à la porte de Madrid. On en a été quitte pour un cheval tué; ainsi j'arrive encore à temps pour voir l'Espagne des poëtes.

II

LA VIEILLE CASTILLE.

Ce qui vient de m'arriver, en touchant la terre d'Espagne, est-ce un bon ou mauvais augure? La voiture avait traversé le pont de la Bidassoa. Je couvais déjà des yeux le pays dont j'ai hâte de passer la frontière. Deux jeunes Biscaïennes, mes seules compagnes de voyage, poussaient des éclats de rire mêlés de larmes à ce moment toujours solennel. On s'arrête; un groupe de soldats se précipite : je comprends que mon voyage est manqué; mon passe-port est incomplet; il faut rentrer en France. J'insiste : un soldat me crie d'une voix de bandit : *à tierra!* Pour réponse, je cherche quelques lettres dont mes amis m'ont muni. Par malheur, elles sont écrites en français à des Français; je n'en tire aucun secours; enfin je retrouve un billet avec cette suscription :

D. Sallustiano Olozaga. A ce nom, aujourd'hui tout-puissant, la colère tombe ; un talisman n'eût pas été d'un effet plus rapide. Les soldats ferment la portière, ils saluent. Les mules reprennent le galop, les éclats de rire des jeunes filles recommencent, nous entrons dans Irun.

Quand mon voyage devrait s'arrêter ici, j'aurais déjà devant les yeux un abrégé de toutes les Espagnes. La plus misérable de ces maisons qui grimpent sur la montagne, a son balcon de bois ; je vois déjà toutes les héroïnes de Calderon, de Lope de Vega, de Tirso de Molina, penchées sur ces balcons : amphithéâtre des Pyrénées, senteur âpre et sauvage, gazouillement des femmes qui passent les cheveux en tresses sur leurs épaules, paysans enveloppés de la cape héroïque, attelages aux roues pleines, chars du temps des Ibères, premier son de la guitare, premier village d'Espagne, éternel théâtre pour jouer le drame de *la Vie est un songe !* Et toi aussi, âne modeste qui fouilles le sac de l'*arriero* dans le vestibule de la *venta*, et qui m'apparais d'ici, dans les rayons de la gloire de l'âne de Sancho, je ne t'oublierai pas dans ce salut de l'étranger sur le seuil du royaume catholique.

Je suis là, au bord d'un monde nouveau. Avant d'avoir vu Irun, j'obéissais dans ce voyage à je ne sais quelle fatalité ; aujourd'hui le charme m'attire ; je sens dans l'air la fascination et le mirage d'un génie éloigné. Hier j'eusse renoncé, sans beaucoup de peine, à venir jusqu'ici ; je considérerais aujourd'hui comme une calamité de ne pas voir l'Espagne jusqu'aux derniers sables de Cadix.

Un arsenal complet d'armes de toutes sortes résonne près de mes oreilles, au haut de la voiture. Escopettes, carabines, pistolets, tromblons, chargés jusqu'à la gueule, pendent des deux côtés jusqu'aux portières : c'est un cliquetis continuel comme à l'approche d'un combat. Deux *escopeteros*, assis sur l'impériale, forment la garnison de cette citadelle ambulante ; ils veillent, chacun sur un côté de l'horizon. Ainsi gardée, notre citadelle entre au galop dans les Pyrénées. Le soir arrive, la lune se lève ; au loin les cascades réveillent l'écho du cor de Roland. Nous traversons les rues ténébreuses de *Tolosa, Vergara*. De toutes les passions frénétiques qui ont ensanglanté ces lieux, rien ne s'agite, à cette heure, que le veilleur qui, armé d'une lance, va de rue en rue chanter sa complainte traînante.

Le bruit s'éloigne. Nous gravissons lentement le rocher de *Salinas*. L'Espagne dort d'un sommeil de plomb, pas un grillon ne résonne dans le sable... Un coup de feu part, à côté de moi, de l'intérieur de la voiture; je m'élance à la portière; des deux côtés j'aperçois, dans l'obscurité, deux hommes avec un long fusil sur l'épaule qui marchent, le plus gravement du monde, comme à la suite d'une procession. Sans doute, pensai-je, ils me conduisent dans le hallier pour me dévaliser, conformément à toutes les descriptions que j'ai lues. C'est le moment de montrer ce sang-froid dont aucun voyageur, que je sache, ne s'est départi, en pareil cas, dans ses récits. Cette résolution prise et la résistance semblant impossible, je me renfonce fièrement dans l'obscurité de la voiture et j'attends. A un coup de sifflet, les chevaux s'arrêtent; il se fait un silence tragique, les hommes armés s'approchent le chapeau bas; je reconnais cette politesse perfide que les écrivains ont toujours remarquée chez cette sorte de gens. Ils me tendent, pour recevoir ma bourse, une main noire de poudre: *Caballero,* me disent-ils d'une voix effroyable, que votre merci donne quelque chose pour l'escorte ; l'endroit est dangereux, hier la voiture a été arrêtée ici, par *la mala gente* ; mais le coup de feu que nous venons de tirer a prouvé que nous sommes sur nos gardes.

Au lever du soleil nous descendons la dernière rampe des montagnes, nous entrons dans *Vittoria*. Ici commence la couronne de bruyères des deux Castilles. Quelques restes de verdure marquent encore le sommet des plateaux ; mais l'horizon du champ de bataille est aride : tout le sang de nos morts n'a pu le désaltérer. Le désert de chaumines s'étend autour de moi, étranglé, à de longs intervalles, par de sauvages défilés. Celui de *Pancorvo* semble fait tout exprès pour un nid de *guerilleros*. Les hauts rochers dentelés dressent leurs tours en vedettes sur le coupe-gorge ; à leur pied, quelques maisons de bandits sont en embuscade dans le torrent, drapées dans leurs haillons de pierre. Pas un de ces défilés qui n'ait déchiré quelque lambeau de nos armées. A peine si nous rencontrons dans ces landes deux ou trois *arrieros* en une journée, assis sur leur mule, l'escopette en travers. Pour rompre ce silence trâgique, le *zagal* harcèle ses mules de chansons, de récits et de surnoms grotesques. Il leur dépeint d'avance les délices de l'hôtellerie de Miranda ; les flots de l'Èbre d'Annibal tressaillent aux cris de *Rosina, Leporella, Mala Cabeza.*

Après avoir traversé le désert, j'arrive à une ville muette comme le désert. Sur la porte crénelée de Burgos est assise la statue d'un Cid barbu, le glaive en main, pour la plus grande terreur des Maures, *Maurorum pavori*. L'archange Michel tient, au-dessus de lui dans ses mains, la citadelle immaculée. Au pied de ces sculptures populaires, des paysannes, pauvres Chimènes hâlées, sont assises sur la terre. Un groupe de vieillards immobiles se chauffent superbement au soleil de Don Diègue. J'ai déjà remarqué cette idée hospitalière, de placer les statues aux portes des villes. Ces promeneurs de pierre accueillent courtoisement le voyageur, ils lui apprennent les nouvelles des temps reculés. De vieux chevaliers, dont la barbe pendante a grandi depuis un millier d'années, *fils de cette cité, hijos de esta ciudad,* m'ouvrent les portes de la capitale des Romances du Cid.

A force de chercher Chimène, Don Diègue, Rodrigue, le roi Fernand, je me suis perdu dans la triste enceinte des murs. La cathédrale élève la terrasse de sa tour, en forme de diadème à aigrettes, sur le front de bruyères de la Vieille-Castille. La magnificence et la misère se touchent là comme dans les temps héroïques. On ne peut mettre plus d'orgueil castillan à régner sur un village.

De rues en rues, je suis une clochette qui attire la foule et sonne un glas. Deux cavaliers quêtent pour la bonne âme d'un soldat qu'ils vont fusiller. Des enfants mêlent au glas leur rire sauvage. Le triste cortége monte une colline aride, au haut de laquelle est le fort bâti à la place du château des Romances. La bruyère fleurie croît sous le petit arc de triomphe bâti pour les fêtes des chevaliers du moyen âge. Où êtes-vous, bons rois du *Romancero, en Burgos esta el buen Rey,* Dona Elvire, Dona Sol, longues cavalcades d'hidalgos, aux habits de soie, aux estocs d'or ! Le coup de canon qui, dans le fort, salue, en ce moment, la majorité de la reine constitutionnelle, vous ferait rentrer dans vos ruines, si une guitare tentait aujourd'hui de vous réveiller.

Oserai-je dire que je retrouve l'aridité de la Castille sur la face de la cathédrale de Burgos ?

Des soleils séculaires ont tari la sève de la rose gothique ; les deux clochers aigus armés de pointes rappellent les tiges hérissées de l'aloès. Quelques statues apparaissent, de distance en distance, rares habitants de ces hauts murs gris de bruyères.

Au dedans l'obscurité était très-grande; elle était encore augmentée par l'effet d'un chœur d'ordre corinthien, qui détruit l'austérité de la nef. En voyant ce sanctuaire tout profane, introduit ous les voûtes gothiques, on dirait que la vieille cathédrale a pris, dans les temps nouveaux, une âme païenne. On célébrait une messe en musique. Les vêtements rouges des officiants ressortaient dans les demi-ténèbres environnantes. Il y avait, çà et là, quelques femmes voilées de leurs mantilles, et assises sur les nattes de paille, d'ailleurs si profondément immobiles, que je faillis, plus d'une fois, me heurter contre elles ; ajoutez quelques admirables mendiants que la lumière d'un vitrail colorait de pourpre. C'était là tout le peuple. Par intervalles, on entendait des soupirs s'exhaler des profondeurs de la nef; dans l'obscurité ils paraissaient sortir des tombeaux et des statues d'évêques et de barons couchés dans les chapelles. Quoique l'église fût presque abandonnée, je sentais une atmosphère brûlante qui m'enveloppait; dans quelques-uns de ces regards perçants, à travers les ténèbres, dans ces voix étouffées, quelque chose me disait que le reste de l'ancienne flamme espagnole couvait là sous la cendre.

Cette ville, qui semble morte pendant le jour, renaît dès que la nuit approche. Les petites rues montueuses s'illuminent, la moindre masure a sa tenture et son lampion. Au son des cloches, on se précipite dans tous les sens. Je vois danser le *bolero* sur la triste bruyère, au pied des murs de Rodrigue. Cette nuit brillante, est-ce la fête des songes chevaleresques? Non. La vieille Burgos, nourrice de la monarchie espagnole, rit, ce soir, à l'avénement d'Isabelle II.

A minuit, je me réchauffe à l'immense foyer de ma *posada*. Les mules empanachées de plumes de coq, entr'ouvrent les portes de la salle d'honneur, et regardent, effarées, le festin. Outre que je n'y meurs nullement de faim, et que j'ai trouvé même un matelas à travers la chambrée, je ne sais comment on ose médire de ces *ventas* espagnoles, toutes remplies de l'âme de Don Quichotte. Honni soit qui peut se plaindre d'un plat de *gar-*

banzos noyé dans l'huile d'Andalousie, quand il entend retentir mystérieusement autour de lui les éperons du chevalier de la Manche, à travers un labyrinthe d'écuries, de cuisines, de greniers et de taudis épiques. J'ai cherché en Grèce, à la sueur de mon front, les traces du char d'Achille, et je n'ai vu que les menus sentiers tracés par les faunes, au point qu'à mon retour j'ai douté de son existence. Mais j'ai touché et compté les pas pesants du chevalier sur les carreaux ébréchés de la *posada*. J'ai reconnu son grand lit entouré de rideaux de serge; et même, dans l'obscurité, je l'ai vu endormi, près de moi, d'un sommeil séculaire que toutes les voix de la cathédrale n'ont pu troubler. Une seule lampe éclairait la voûte, une guitare murmurait dans l'écurie; deux chaudrons brillaient à la muraille, comme une armure féodale. Au milieu du braiment des ânes, du bruit des castagnettes, des chansons des muletiers, il dort plus profondément que l'empereur Barberousse dans son château désert. Cependant notre hôtesse centenaire a la voix superbe et criarde; entre deux immenses chaudières auxquelles elle préside, elle trouve encore le temps de m'entretenir de son hôte invisible, des romances de *Vibar*, et de me confier son système politique, qui (je puis le dire aujourd'hui sans la moindre indiscrétion) se trouve être de la pure école absolutiste de Ximénès et de Philippe II.

De nouveau nous nous enfonçons à travers les landes. La lune éclaire la bruyère sans limites. Le soleil se lève, la bruyère s'étend comme une cape usée sur les duchés déguenillés de Lerme et d'Aranda. A tous les peintres, statisticiens, économistes d'Europe, je dénonce le village de *Honrubia,* comme le point le plus extrême que la la détresse humaine puisse atteindre. Je n'ai rien vu en Morée de pareil à ces effroyables huttes. Sans doute c'est la demeure du mendiant de Murillo. Je m'engageai à pied dans ce repaire ; mais personne ne sortit de ces cabanes affamées. A la fin, je rencontrai un berger suivi de son troupeau de moutons. Cet homme presque nu, avec une forêt de cheveux hérissés qui lui tombaient sur le dos et la poitrine, portait dans ses bras un petit chien-loup qui venait de naître. Au moment où je m'approchais de lui, il jeta contre le rocher le pauvre louveteau, qui retomba écrasé ; la mère s'élança, le lécha, et poussa un long hurlement. Ce gémissement alla se briser dans les Sierras ;

digne idylle de ce lieu sinistre ; ce fut la principale rencontre de la journée.

Depuis Burgos, mes compagnons sont trois jeunes gens, en bonnet de police, vrais frères du bachelier de Salamanque : ils vont compléter leur latin à Madrid, et chercher fortune *a la Puerta del Sol*, au passage de la prochaine révolution. Ils sentent dans l'air, disent-ils, un nouveau *pronunciamento*, et courent à sa rencontre. Leurs parents les envoient mûrir à ce soleil naissant, qui est encore sous l'horizon. En attendant, ils mordent au même pain, boivent au même verre, se chauffent au même manteau, et jettent ensemble le défi aux bandits. Leur franche gaieté éclate, comme le chant de l'alouette, au-dessus des coupe-gorges.

La physionomie hâlée du paysage change enfin. Nous gravissons, sur des montagnes de neige, le défilé de *Somo-Sierra*, ce champ de bataille qui a ouvert l'Espagne à Napoléon. Ce ne sont pas là nos heureux champs de bataille d'Italie, où les épis mûrissent. Une avalanche de rochers pèse lourdement sur nos morts. La nature, hérissée et implacable, combat encore après que le repos est arrivé pour l'homme.

A mesure que l'on suit le chemin de cette triste

victoire, ces masses de rochers lézardés figurent des citadelles de géants ; on découvre autour de soi des Babylones, des cités antédiluviennes écroulées et amoncelées les unes sur les autres. Je vois d'ici, dans le crépuscule, le cheval de Napoléon escalader, l'une après l'autre, ces murailles, ces tours, ces boulevards fantastiques, et arriver, de solitude en solitude, au sommet de sa conquête illusoire. C'est ici, sous cette épaisse ceinture, que bat le cœur de granit de l'Espagne.

A deux pas du champ de bataille, les rancunes ont cessé ; de nouvelles haines ont étouffé les anciennes. Dans la *venta* la plus voisine, à *Cabanillas*, les gravures populaires des principales journées de l'Empire tapissent les murailles. Poniatowski, sur son cheval pommelé, remplace, pour le muletier progressiste, le saint de Compostelle. Depuis la mort de Napoléon, le peuple espagnol a été le premier à ne plus voir en lui que le bras de la Providence.

La solitude et le silence augmentent; je ne sais où arrêter mes yeux sur la plaine nue, sans histoire, sans eau, sans vie, sans ruines. Le soleil est dans tout son éclat, mais il ne sert qu'à illuminer un ennui éternel. Qui croirait qu'à une centaine de pas, un peuple fermente dans une révolution ? La joie sauvage de notre postillon nègre me fait détourner la tête ; à son cri répété : Madrid! Madrid! la ville, avec ses clochetons, sort de la terre comme à l'évocation d'un négromant. Avant que je fusse revenu de cette surprise, j'étais au milieu des groupes ardents de *la Puerta del Sol*. Des crieurs de journaux m'offraient la *Tarentule*, le *Scorpion*. Dans sa voiture, au galop de ses chevaux blancs, passe la jeune reine de ces bruyères. Des patrouilles, dans chaque rue, présentent la consigne écrite au bout de la baïonnette. Ce coup de théâtre est tout le contraire de ce que j'avais éprouvé autrefois, à Rome, où le silence de la campagne n'est qu'un prélude au silence plus profond de la ville.

III

LE PRADO.

A Madrid, il n'y a que les hommes qui parlent, les monuments ne disent rien. Le peuple espagnol, dont chaque geste rappelle le moyen âge, s'est fait une capitale qui n'a aucun fondement

dans les temps chevaleresques. Ne demandez pas
à ces murailles les secrets que les générations
leur ont confiés : ces pierres sont muettes. Je
cherche vainement la trace du génie de l'inquisition. Çà et là, je rencontre de petites églises de
couvents, sans grandeur, sans apparence, sans
rien qui marque la terreur. Architecture béate,
douceâtre, qui, si elle a un sens, dit précisément
le contraire de ce qu'elle devrait dire. Je vois,
dans ces menteuses murailles, les représentants
déguisés du Saint-Office. Où est la place lugubre
des auto-da-fé? Est-ce cette suite de galeries et
de balcons gracieux comme la décoration d'une
scène comique? Suis-je dans une ville allemande
ou dans une ville de Castille? Rien ici ne marque
le climat. Les palais se dérobent sous une étiquette uniforme. La diplomatie a fait ce miracle;
elle a chassé, comme une inconvenance, la poésie
et l'expression du ciel et de l'air.

Au levant et au couchant, sont les palais des
deux dynasties d'Autriche et de France; en sorte
que la monarchie occupe Madrid par les deux
extrémités. Le premier est le palais de Philippe II,
le *Buen-Retiro*; il confine à la triste campagne
que rien ne borne : de grandes cours désertes, de

longues files de bâtiments à un seul étage, de tristes allées solitaires, sans perspective. Je sens déjà l'interminable ennui qui a éteint, l'un après l'autre, les derniers fantômes de la dynastie d'Autriche. Quelques jets d'eau essayent en vain d'amuser ces lieux déshérités; d'insipides fleurs exhalent là le triste souffle de ces spectres de rois, avec les soupirs de la princesse des Ursins.

A l'autre extrémité de la ville, les descendants de Louis XIV ont bâti leur Versailles. L'architecture est la même que celle du grand roi ; pour l'accommoder au pays, on a seulement ajouté à chaque fenêtre le balcon espagnol. Sous ces balcons, s'étendent, comme une menace, les ruines du couvent de l'Incarnation. Ce palais, vide d'un roi, semble presque aussi désert que l'autre. Des bandes innombrables de ramiers voltigent sans cesse sur les corniches. Est-ce un symbole de l'innocence du règne nouveau?

L'heure résonne dans le silence; un vent froid emporte des nuages d'or sur un fond d'azur. De la terrasse, la vue s'étend sur la vallée du *Manzanarès*, les collines grises qui conduisent à l'Escurial et l'horizon fermé par le bandeau de neige de *Somo-Sierra*. Au moment où je regarde ce paysage, tout ensemble éclatant et austère, le bruit d'un équipage se fait entendre ; de longues acclamations s'élèvent ; une pauvre vieille sort de la foule, s'approche de la voiture, y laisse tomber un placet. Une femme, d'une taille lourde, quoique ses traits soient ceux de la jeunesse, est au fond de la voiture, et reste immobile ; l'enthousiasme redouble : elle seule paraît glacée ; de tous les yeux s'échappent des flammes du Midi : les siens restent inanimés. N'a-t-elle pas compris ce langage de la terre d'Espagne? L'habitude de quelques jours l'a-t-elle déjà endurcie! Est-ce roideur, lassitude, naïveté, ou seulement que son costume, disgracieusement anglais, lui donne une infériorité réelle devant la moindre de ses sujettes? Quand on est jeune, femme et reine d'Espagne, comment renonce-t-on à la royale mantille? Déjà les portes du palais se sont refermées sur elle ; la foule regarde encore avec ravissement : un cri sort de terre ; il se prolonge au loin, il semble surgir de ces longues bruyères que je viens de parcourir. Douleur, espérance, attente, anxiété, tout y est renfermé. Serait-il possible, madame, que vous n'eussiez pas entendu ce cri des entrailles de l'Espagne!

Je descends vers le *Manzanarès*. Ce pont, magnifiquement jeté dans la solitude, est fait pour un cortége de rois. Quelques majestueux âniers y défilent au pas ; une femme aveugle y récite, d'une voix infatigable, les légendes de saint Antoine et du Mont-Carmel. Pauvre cigale, qui n'a pas vu le changement que la révolution a fait autour d'elle ! Personne ne s'arrête pour l'écouter ; sa complainte se mêle au murmure de l'eau à demi tarie. Elle raconte aux roseaux et aux hirondelles incrédules les légendes qui ont fait la moitié de la gloire de Calderon.

En marchant ainsi au hasard, hors de la ville, je rencontre le couvent d'*Atocha*. C'est là que sont conservés les drapeaux pris sur l'ennemi. L'aspect morne des lieux fait tout l'aspect de cette retraite. Otez les landes qui l'entourent, ce n'est plus qu'une église vulgaire. Les portes étaient ouvertes ; je pénétrai dans l'intérieur sans rencontrer personne. Je m'attendais à voir là les trophées réunis de l'Espagne sur Napoléon : je n'ai vu que les drapeaux de l'armée de la Foi ; et chaque jour me confirme dans l'idée que l'Espagne ne fait point parade de ses victoires sur nous. Comme les hommes vraiment passionnés, elle concentre sa pensée entière dans l'heure présente ; l'orgueil de l'Espagne nouvelle est d'avoir vaincu l'ancienne. Je ne trouve aucune trace des haines que j'ai vu entretenir si artificiellement ailleurs ; et c'est en quoi les Espagnols me paraissent infiniment supérieurs aux Allemands et aux Anglais. Le duel fini, ils ont noblement dépouillé le ressentiment, ce que n'ont pas su faire les seconds. Les uns ont montré l'oubli qui sied à l'orgueil ; les autres, étalant Leipsick et Waterloo, étalent la vanité toujours blessée.

On montre à l'*Almeria-Reale*, des trophées bien autrement illustres que ceux d'*Atocha :* les épées de Pélage, de Fernand Cortez, de Roland, du Cid, du dernier des rois maures, la cuirasse de Pizarre, les drapeaux de Lépante. Je passe de longues heures dans ces salles, où n'arrive presque jamais un seul visiteur. La chaise de Charles-Quint est préparée pour le voyage ; le manteau du pacha de Lépante sèche à la muraille, auprès des boucliers de cuir des compagnons du Cid. Mais qui, en ce moment, peut penser à cela en Espagne ? et que fait la cuirasse de Pizarre à l'homme qui sent son cœur battre sous des pensées brûlantes ? Le jour viendra où l'on pourra songer aux morts ; en remuant avec érudition ces dix siècles de chevalerie, on croira faire quelque chose. Aujourd'hui, la vie est trop impatiente; le sang court trop vite dans les veines. Dans ces jours précieux, le passé d'un peuple ne lui pèse pas plus qu'une poignée de cendres. Que les casques du Cid et de Roland soient habités par les araignées, je ne m'en inquiète pas, si seulement le cœur des vivants se débarrasse de sa rouille.

Le musée de Madrid est assurément le plus riche que j'aie vu jusqu'ici. Dans ce premier éblouissement, je me suis arrêté devant Murillo; je crois sentir toute la différence de l'Espagne et de l'Italie, dans la manière seule dont Raphaël et lui ont compris la mère de Dieu. Dans les tableaux de l'Italien, Marie tient entre ses bras son céleste fils; elle le regarde, elle le contemple, elle le possède; et de cette possession, naît pour elle une tranquillité ineffable. Chez l'Espagnol, la Vierge est peinte presque toujours solitaire et sans famille, avant la naissance du Christ; elle ignore encore ce qui fait tressaillir son sein. Comment sera l'enfant sacré? quels seront ses traits, son langage? Elle n'a point encore entendu son premier cri, ni vu son premier regard. Dans ce travail de l'amour divin, l'extase, la douleur, la joie, la passion, la curiosité de l'infini sont mêlées. Elle flotte au haut du ciel, dans le pourpris des nuages, d'où pleut le juste. La tempête de l'amour éternel délie ses cheveux sur ses épaules, et chasse son voile. Ses lèvres entr'ouvertes aspirent les parfums des rivages incréés. Comme la prêtresse du culte de la Nature, son pied repose sur le disque de la lune. Dans une multitude de têtes ailées, qui poudroient sur ses traces, la vie fourmille; ses deux mains, pressées sur son cœur, embrassent toutes les voluptés incorruptibles; ses yeux plongent dans les splendeurs phosphorescentes de l'aube, *alba matutina*. En ce moment, le Dieu de lumière naît dans son sein; le miracle de l'incarnation s'achève; le fond de l'abîme rayonne et flamboie. Des bruyères rougies et des chaumes d'Espagne, s'élève un vent brûlant, plein du Seigneur. Désordre, ivresse, délire de l'amour divin, toute l'âme de sainte Thérèse est là.

Au milieu de ces peintures, un personnage qu'on rencontre à chaque pas se détache des toiles; il pétrifie le regard. Quand vous avez vu en passant cette longue figure, elle vous suit partout; elle est régulièrement belle, mais d'une beauté qui fait peur ; car l'inflexibilité et le mystère sont gravés d'une manière surhumaine dans chacun de ses traits. Cette tête a la roideur de la mort. Ne cherchez pas à pénétrer la pensée de ces grands yeux bleus, quoique aucune ombre ne les couvre ; vous verriez plutôt les cavernes pleines de monstres au fond de la mer dormante. Tout l'éclat de Titien et de Rubens n'a pu faire circuler la vie dans le regard de Philippe II ; le coloris de Venise et de l'école flamande n'a servi qu'à accroître la pâleur du solitaire de l'Escurial. On le rencontre à différents âges de sa vie, un rosaire à la main, dans ce même costume noir qui fait encore ressortir le spectre. Il est resté impénétrable aux peintres aussi bien qu'aux hommes d'État ; et les maîtres de l'art n'ont pas même essayé de lui attribuer un geste, un mouvement, une expression plutôt qu'une autre. Du fond de ces salles, ce personnage règne encore dans les âmes qui ne le connaissent pas ; il m'explique tout ce qui m'étonne. C'est lui qui a amené dans ce désert la joyeuse Espagne du moyen âge. Il met ici fin à toutes les fêtes de la chevalerie ; roi des morts, il étend autour de lui la chaumine des cimetières ; dans sa haine de la vie, il fascine, il pétrifie son immense empire. S'il l'eût pu, il eût glacé de son regard le regard du soleil d'Espagne.

Encore une fois, laissons les morts dormir. Les vivants sont, dans ce pays, si occupés d'eux-mêmes, ils s'agitent de tant de manières, qu'il faut un grand effort pour se ressouvenir de la vieille Espagne. La vie vous provoque, vous harcèle; le moment présent suffit à toutes les facultés; les minutes renferment des siècles de siècles.

En Italie, les hommes de nos jours ne font pas plus de bruit que des ombres; et si un étranger veut ouvrir la bouche, il est obligé de converser, jour et nuit, avec les statues, les tableaux, les ruines. En Allemagne, j'entendais le bruit d'une centaine de milliers de plumes qui, sans relâche, couraient sur le papier. Dans ces contrées, la destinée appartient à celui qui, agissant le moins, remplit le plus grand nombre de pages blanches. Un vieillard peut fort bien comprendre ces peuples vieux chez lesquels le souvenir domine. Mais pour l'Espagne, je crains déjà d'arriver tard. C'est dans la première ferveur de la jeunesse qu'il faudrait y voyager pour se mettre à l'unisson de son génie. Je ne sais si je m'abuse, je ne rencontre point de vieillards. Une énergie intérieure soutient les corps. La passion nouvelle dont ce pays est saisi a-t-elle redressé la nation de centenaires de Philippe II ? Tout le monde ici a l'air de mourir debout.

Comment expliquer le charme romanesque du Prado ! Sous un autre ciel ce serait une promenade qu'on remarquerait à peine : quelques allées d'arbres partagées, çà et là, par de hautes fontaines de marbre ; l'art n'a rien fait de plus pour ce lieu fameux. Dès que le soleil baisse, les jeunes femmes, au son des cloches, quittent les églises ; elles se rassemblent auprès de ces eaux jaillissantes. La mantille uniforme ne laisse guère entre elles d'autre inégalité que la beauté. Le luxe est à peu près nul, excepté chez celles qui, ayant voyagé, rapportent dans leur pays les prétentions du goût étranger. Ces traits si délicats et si fiers sont faits, non pour être ensevelis dans une capote anglaise, mais pour défier le grand air et la lumière du jour d'été. Dans ces mille regards éclatent, en une soirée, plus de vie, plus de force tragique que dans tous les vers de Calderon. Je comprends, désormais, la nécessité pour la poésie espagnole de prodiguer sa nomenclature ordinaire de fleurs et de diamants, jasmins, œillets, rubis, topazes, émeraudes, quand il faut peindre le soleil intérieur qui jaillit de ces paupières noires. Mais où, en quel climat, dans quel règne de la nature chercher la comparaison, quand, sous un front blanc de marbre, enchâssé dans des cheveux d'un blond cendré, jaillit à l'improviste la flamme de l'Andalousie? Par malheur, la mantille est la seule partie du costume national qu'elles aient conservée; elles portent à la fois le costume de deux siècles différents; ce qui ne les embellit pas, il est vrai, mais leur donne un air étrange et théâtral qui ne leur messied pas non plus. Au murmure des eaux joignez le murmure impétueux de cette langue espagnole qui tombe en cascade de leurs lèvres comme une pluie de perles dans un bassin.

De tous côtés, dans les endroits voisins, l'émeute menace; on regarde défiler des escadrons, les éclaireurs en tête, le mousquet au poing, comme en présence de l'ennemi. Le sang coulera peut-être dans quelques heures; mais ici est la trêve. Une salve de canon éclate à quelques pas; les femmes tressaillent, et le sourire renaît aussitôt. Çà et là passe une voiture escortée de cavaliers ; car on touche à la porte de Madrid ; et de l'autre côté du seuil reparaissent, avec le désert, les bandits, les occasions de meurtre, l'horizon tragique ; mélange de grâce, d'effroi, de délices, de terreur, d'amour, qui font de cet endroit une scène unique au monde. Le principal ornement mêlé à ces causeries d'amour, c'est l'obélisque du *Deux mai ;* il étend sur cette volupté de chaque jour le souvenir et l'ombre de la révolte de 1808. Mais qui se préoccupe de cette ombre sinistre ! Les allées du Prado sont un terrain neutre, conservé, dans la guerre civile, au génie romanesque de la vieille Espagne. Chaque jour, à la même heure, l'*exaltado*, le *moderado*, le progressiste ou l'absolutiste vient goûter en ce lieu l'ancienne poésie de cape et d'épée. J'ai reconnu là toutes les vierges de Murillo, la fille de l'air de Calderon, Dorothée de Lope de Vega, qui reparaissent par enchantement dans cette heure mystérieuse, un moment avant que la nuit les ramène dans leur sépulcre. Il n'est pas, chez les anciens poëtes, ni chez les bons peintres espagnols, une image qui, à cette heure, ne prenne un corps et n'arrive à ce rendez-vous, dans un costume négligé, il est vrai, ainsi qu'il convient à des fantômes évoqués en plein jour. La haine est partout ailleurs ; mais, du moins, l'amour est demeuré là.

IV

LA MADONE CONSTITUTIONELLE.

C'est aujourd'hui la solennité, depuis plusieurs semaines ajournée, de la majorité d'Isabelle II. Le portrait de cette madone constitutionnelle est exposé depuis l'aube du jour sur le porche des églises. Drapée dans le manteau souverain, l'innocente *Nina*, qui ne passe pas quatre ou cinq ans, la lourde couronne sur la tête, étend son doigt sur un livre; sans doute le peintre a voulu exprimer le moment où Sa Majesté épèle en boudant la constitution. Il n'est pas, je crois, dans la ville, une fenêtre, un balcon qui ne soient pavoisés de soie ou de tapis. Le plus pauvre suspend un haillon bigarré. De tous les sentiments des Espagnols, cette adoration pour le souverain (*idolo de todos los buenos Espanoles*) est celui qui est le plus loin de nous, que j'ai le plus de peine à concevoir ; et cependant telle est la force du sentiment vrai d'une foule, qu'il est impossible, à la longue, de n'en pas être attendri. Une émotion indéfinissable est dans l'air ; il y a des larmes dans les yeux.

Comment exprimer la profondeur, le génie du regard de ce peuple qui cherche dans tout un présage ? Celui qui trouverait le mot, le secret que ce peuple roule aujourd'hui dans son cœur, cet homme-là étonnerait le monde.

J'étais rebuté en Allemagne par l'obséquiosité inerte de la foule aux grands galas des princes. Je ne sais comment la dignité humaine n'a ici presque rien à souffrir de cette idolâtrie ; la fête de la monarchie y est en même temps celle de l'égalité. Je vois défiler le cortége chamarré des grands dignitaires, dans d'affreux fiacres émérites que cette cérémonie a rendus à la lumière. Hier, au passage de la reine, il n'y avait pas dans la foule une femme qui n'eût l'air plus royal qu'elle. Aujourd'hui les hommes du peuple, avec le chapeau à pompon de Fernand Cortez, la veste brodée et le manteau, paraissent cent fois plus grands seigneurs que les sénateurs et les chambellans dans le travertissement du costume moderne. A ne juger que par les yeux, la noblesse est ici dans la rue, la bourgeoisie à la cour.

Les canons roulent sous le balcon du baisemain. Les clochetons bâtis par Philippe II résonnent; on y repond par l'*Hymne de Riego,* cette *Marseillaise* qui tient du bolero autant que de la marche militaire. Sur la place des Auto-da-fé coulent des ruisseaux de lait, au grand scandale du journal la *Tarentule,* seule voix qui, en ce jour, conseille d'épargner la mamelle tarie de l'Espagne. Mais il faut que la tragédie se mêle à la fête. A l'approche du soir, sur un bruit vague d'émeute que l'on respire dans l'air, les troupes font un feu nourri de trois rangs sur la foule qui prend des sorbets; on se disperse et l'on revient; on étend de la paille sur le sang versé, et la fête continue ; on danse sur la paille rougie, ce qui fait dire que le peuple, convié par Isabelle II à un bal, s'est trouvé à un enterrement. Faut-il tirer de là un mauvais augure ? Que signifie cette tache de sang au bas de cette robe de jeune fille? Mais ce sombre pressentiment est déjà dissipé.... Aussi bien il faut se hâter pour trouver encore une place aux pièces composées pour la solennité par la fleur des poëtes de Madrid.

« Quel peut être, demandai-je à mon voisin, en m'asseyant dans un coin du théâtre *del Principe*, ce personnage extraordinaire, au manteau noir, et qui ouvre la pièce avec tant de violence? — Hé, quoi! me répond l'homme au chapeau *calanès*, ne le connaissez-vous pas dans votre pays? Hélas! c'est la cause de tous nos maux, c'est l'esprit de parti. — Et cet autre qui se tient immobile sur cette porte, et qui est enveloppé d'une cape rouge? Tout son rôle consiste, il me semble, à frapper à ce seuil sans pouvoir le franchir. — Vous l'avez dit, *senor*, il n'avancera pas d'un pas, soyez-en sûr; car ce personnage est l'*étranger* qui cherche vainement à envahir l'Espagne. — Et ce troisième qui a une robe de juif? — Ah! pour celui-là, on ne peut s'y tromper: voyez ces joues pâles et faméliques; ce ne peut être que le *vil intérêt* qui a toujours faim, quoiqu'il ronge, l'un après l'autre, nos hommes publics. »

J'admirais dans cet homme du peuple la facilité à saisir ces abstractions et à se passionner pour elles. Après maints dialogues, ces personnages se retirèrent honteusement devant une apparition de la grande Isabelle la Catholique, laquelle ressuscitait de son tombeau, le livre de la Constitution à la main.

Au théâtre de *la Crux*, le prince des poëtes, Zorrilla, faisait converser ensemble la Guerre, armée à l'antique, pour figurer son âme païenne, la Paix, noble matrone habillée de blanc, *vestida de blanco* et la bonne Foi, en costume de paysan de Castille. Ce qui emporta tous les suffrages fut le personnage de l'Echo, jeune fille dans un costume de fantaisie, *vestida al capricho*. En des strophes diaprées, comme son costume, elle rassemblait toutes les voix de l'Espagne, depuis le murmure de l'insecte bourdonnant sous le chaume jusqu'à la psalmodie des moines et au sifflement de la mitraille dans la guerre civile. Cette voix poétique de la Péninsule est interrompue par l'arrivée du Temps, son sablier et sa faux à la main. Le siècle approche de sa fin; le vieillard retourne son horloge, l'époque nouvelle commence. Un grand éclat de bougies illumine le fond du théâtre. Intimidé, le génie de la Guerre et de la Barbarie demande :

« Quelle est cette splendeur qui inonde ce palais? »

A quoi la Paix répond :

« C'est le sourire d'Isabelle II,

« *Es la sonrisa de Isabel segunda.* »

A ces mots, une pluie de bouquets tombe des loges ; les enthousiastes du parterre jettent leurs chapeaux sur la scène aux pieds de l'Écho, de la Paix, et du Temps qui se déride. Ceci me ramène aux *Autos sacramentales* de Calderon. Ce peuple a tant de vie, qu'il en prête à des abstractions qui ne disent plus rien au reste du monde ; il inaugure le gouvernement constitutionnel comme un auto-da-fé.

Rien de plus sinistre que le reste de cette fête ; des sentinelles sont placées à toutes les issues. On exige des passants qu'ils ouvrent leurs manteaux pour montrer s'ils n'y cachent pas un arsenal d'escopettes. J'entends, au loin, quelques coups de feu retentir à l'extrémité de la rue d'Alcala.

V

LES TAUREAUX ET LE FANDANGO.

La crainte que je devais avoir en voyageant dans cette saison était de manquer les combats de taureaux. Pour tromper ou exciter l'impatience des habitants de Madrid, pendant l'hiver, on se contente ordinairement de leur déchaîner des *novillos*, c'est-à-dire des taureaux qui n'ont pas encore atteint l'âge de mort, et qui viennent essayer leurs cornes et leur furie dans des jeux préliminaires souvent plus périlleux que le combat à outrance; car j'y ai vu tuer un homme! J'espérais tout au plus assister à quelques-uns de ces amusements de l'enfance du Cid ; aussi n'ai-je pas été peu surpris, lorsque, ce matin, Gomero, avec sa dignité accoutumée, m'a apporté le programme par lequel l'ayuntamiento vraiment *excellentissime*, annonce, pour aujourd'hui, une *corrida* solennelle de vrais taureaux de mort, issus des troupeaux les plus accrédités d'Espagne, de *las vaccas mas accreditadas de Espana*. La course sera accompagnée d'une scène mythologique, dans laquelle Vulcain, au milieu de ses cyclopes, doit jouer le rôle de Matador, aux yeux mêmes de son *odieux rival,* qui lui dispute la belle Léonore : le tout imaginé à la plus grande gloire de la majorité et du serment de S. M. la reine Isabelle II.

Je suis avide de voir ce peuple au milieu du

carnage qu'on lui promet ; car il est immanquable que plusieurs hommes soient blessés. Non, je ne puis me figurer les yeux des anges du Prado attachés sur ce sable rougi. Encore moins suis-je en état de comprendre ce qui se passera en moi...

Si je suis en ce moment la foule, est-ce véritablement pour l'étudier ? O mensonge pédantesque !.. L'étranger qui se vante intérieurement de la mansuétude de ses inclinations natives ne manque pas d'être toujours le premier à ces rendez-vous de meurtre. A cette nouvelle qu'à telle heure le sang du Minotaure va couler, l'homme païen se retrouve tout entier, en sursaut ; il recule en un moment de trois mille ans en arrière ; il éprouve au fond du cœur une joie sauvage de rentrer, pour une heure, dans son antre de Centaure.

Le cirque se remplit : on assure qu'il contient dix mille spectateurs. La loge de la reine est vide ; mais son portrait la remplace, et les autorités politiques de Madrid, entourées d'un somptueux état-major, sont à leur poste. Deux cavaliers, vêtus entièrement de noir, avec le mantelet de Philippe II, s'avancent au pas. Ils s'arrêtent au bas de la loge de l'excellentissime chef politique; ils ôtent leur large chapeau, le remettent gravement; le gouvernement salue de son côté, après quoi les cavaliers noirs disparaissent; des milliers d'éventails s'agitent impatiemment.

L'essaim diapré des *banderilleros* se répand dans l'arène, en agitant leurs banderoles de mille couleurs. Les deux *picadores, natifs d'Oviédo et de Valladolid,* montés sur leurs chevaux, se placent, la lance en arrêt, aux deux côtés de la barrière. Le costume de l'un est cramoisi, avec de longues franges d'argent; celui de l'autre est azur, avec franges d'or. Un coup de trompette résonne, la barrière s'ouvre; un énorme taureau noir s'élance; il s'appelle *Mercenario* et porte au cou la devise céleste et rose. Il a les cornes longues et affilées, la tête grosse, l'œil allumé, les flancs immenses, les jambes trapues, la face sauvage. En trois bonds il est au milieu du cirque; la phalange des *banderilleros* se disperse; le taureau se retourne, il aperçoit le cavalier qui porte azur et or, il se précipite; d'un coup de tête il soulève le cheval et l'homme, il les tient quelque temps suspendus et les fait rouler l'un sur l'autre. Il regarde l'homme étendu sous ses pieds; l'homme reste immobile et fait le mort;

le taureau passe. Le cheval essaie le premier de se relever ; il retombe sur le flanc ; tous ses membres sont agités d'un tremblement convulsif qui se termine brusquement par la mort.

Le second cavalier (cramoisi et argent) est déjà rejoint par la *bestia ;* il s'avance au trot, la pointe de la lance basse ; au moment où le taureau bondit, il lui enfonce dans le cou l'épieu qui laisse, en criant, dans la plaie une banderole. Le taureau a riposté par un furieux coup de tête : il presse, il écrase les flancs du cheval contre la barrière ; il fouille la profonde blessure ; sa longue corne disparaît dans la plaie. Le cheval et le cavalier sont encore debout ; mais de la plaie monstrueuse on voit pendre les entrailles, ce qui n'empêche pas la cavalier de lancer encore une fois sa monture. Dans ce mouvement, les entrailles se déroulent et traînent sur le sable ; le cheval y embarrasse son pied, les arrache de ses flancs et continue sa course désespérée. Les yeux immobiles des spectatrices soutiennent intrépidement cette vue ; des ricanements éclatent : « Qu'on le ramène au taureau, *al toro,* » c'est le cri qui part de mille bouches. Le picador obéissant conduit une dernière fois au combat le pauvre cheval castillan, les yeux bandés, qui marche pas à pas, avec la résignation d'un condamné. Cet assaut l'achève. Mais le picador ne se relève pas non plus, et son immobilité n'est pas feinte; il a reçu une blessure à la jambe dont il reste étourdi. On l'emporte évanoui dans l'infirmerie. Le mouvement des éventails redouble; les crieurs profitent de ce moment d'intervalle pour offrir leurs rafraîchissements. « Qui veut de l'eau? *Quien quiere agua?* » Car une soif fiévreuse commence à altérer les lèvres des jeunes filles et de tous ceux qui assistent pour la première fois à ce spectacle.

Un nouveau coup de trompette résonne. Le *matador* paraît; il porte dans sa main gauche le petit drapeau rouge déployé, dans sa main droite une longue épée. Dès que cet homme se montre, le taureau reconnaît que le moment tragique est arrivé pour lui. Les fausses attaques des *banderilleros* ne réussissent plus à le distraire; il cesse de bondir à l'aveugle; il ménage ses forces; il mesure, il médite ses coups, il s'attache à son adversaire. Placé à quatre pas du matador, il hésite entre le drapeau et l'épée; il menace tour à tour de l'œil l'un et l'autre. Enfin il se décide, il baisse la tête, il se rue sur le drapeau. Le matador a choisi ce moment pour enfoncer l'épée; mais le taureau l'a secouée, il est parvenu à s'en débarrasser; il la rejette toute sanglante, au loin, sur le sable, à la face de son adversaire. Le matador va la relever. Il recommence le duel. Cinq fois l'épée est entrée au vif, cinq fois l'animal héroïque l'a rejetée dans l'arène. Les sifflements, les imprécations de la foule s'élèvent de tous côtés. Une sorte de rage possède les spectateurs. Le matador sent qu'il faut en finir. Le taureau s'élance encore, et, cette fois, l'épée tout entière disparaît, d'*una buena y regular*, dans sa vaste poitrine.

Rien de plus étrange que l'apaisement qui se fait aussitôt sentir dans les flots de la foule. Le grand cœur du taureau se montre jusqu'au dernier moment; il ne bondit plus, mais il ne recule pas. Tout transpercé de l'épée dont la poignée seule ressort, il continue de marcher en avant. Il creuse la terre, il menace encore. On l'entoure, il fait tête de tous côtés; il finit par rencontrer un des chevaux morts; il s'arrête, il flaire le vaincu; il se couche sur le flanc, calme et ruminant, la tête droite, comme au milieu des fleurs, dans les prairies natales, au bord du Guadalquivir. Le matador l'épie par derrière ; d'un coup de poignard il l'achève, dans l'attitude des bas-reliefs du dieu Mithra. Un attelage pacifique de six mules, royalement enharnachées, entrent dans le champ du carnage ; elles entraînent sur le sable, au bruit des fanfares, le corps du héros.

Le second taureau (son nom est *Peinado*, et sa devise azur et blanche) s'élance avec la même rage que le premier ; il est noir aussi avec une raie blanche au poitrail. Mais tout d'abord il montre un caractère entièrement opposé. Le picador l'attend fièrement. Du premier coup, il laisse sa lance engagée dans le poitrail. Au lieu de se précipiter, le taureau recule... Une huée universelle s'élève de toutes les parties de l'amphithéâtre... Le taureau recule encore ; mais d'un bond de côté il a étendu traîtreusement sur le sable le cavalier à demi brisé et sa monture qui agonise. Cette attaque perfide ne rétablit que pour un moment sa réputation. La nuée de guêpes des *banderilleros* le harcèle. « Le feu ! le feu ! *fuego !* les chiens ! *los perros !* » Ce cri passe de bouche en bouche. Les hommes à pied et les cavaliers tour à tour lui attachent au cou un collier de dards. Ces dards portent des pièces d'artifice qui éclatent dans sa blessure. Le taureau, effrayé, enivré de fureur par ces explosions d'une mine qui lui labourent intérieurement les flancs, bondit sur lui-même. La sueur, l'écume, le feu, le sang, jaillissent de sa plaie et de ses naseaux ; ses yeux s'allument comme des tisons sur sa face noire. Dans sa rage inexprimable, il s'élance sur les spectateurs ; il franchit la barrière, il disparaît dans le corridor. Il se précipite de nouveau dans l'arène ; un mugissement part de tout l'auditoire. L'âme du taureau a passé dans l'assemblée. Le mugissement humain de la foule se mêle à ses sifflets. Les regards sanglants de tout le peuple poursuivent, écrasent, fascinent les regards furieux et désespérés de l'animal. Il se fait pendant un moment l'échange de l'âme d'un peuple et de l'âme d'un taureau. Impressions des temps anté-historiques ! Jupiter, à la tête de bœuf ; Isis mugissante, centaures, lapithes, Pasiphaé, images qui naissent de cette vapeur de sueur et de sang que je respire !

A la fin, l'âme de colère de la foule entre dans

le cœur du bucentaure et l'enivre. La honte mêlée à la douleur porte sa frénésie au comble ; il se rue avec la même violence aveugle sur tout ce qu'il rencontre, sur un lambeau de papier, sur une écorce d'orange, sur un haillon, sur les cadavres des chevaux gisants qu'il a éventrés, et qu'il fouille de nouveau lâchement.

La trompette sonne ; le matador paraît, il va droit à la bête furieuse. Devant les regards de l'homme, la frénésie de l'animal se glace ; il regarde un moment la pointe scintillante de l'épée, puis il en détourne lentement les yeux. Tout sanglant, il court autour de l'arène ; il fuit, il demande grâce. « La demi-lune ! *la media luna !* » répond en mugissant la foule qui lui réserve une mort infâme. Un des *banderilleros* s'avance armé d'un tranchant recourbé au bout d'une longue lance ; par derrière, d'un seul coup, il tranche les jarrets du lâche. Le grand taureau suppliant tombe ; il se traîne sur les genoux autour du cirque. A ce moment, une foule de spectateurs, emportés par la rage et le mépris, se précipitent dans l'arène ; ils se ruent les uns les autres sur cette masse sanglante qu'ils enfourchent, et qui traîne encore quelque temps ce fardeau de furieux sous lequel elle finit par crouler et rester ensevelie.

Ce qui avait précédé n'était qu'un prélude à l'entrée triomphale de Vulcain sur son char traîné par une vingtaine de Cyclopes. Vulcain montrait sous son manteau de pourpre une gravité toute castillane inconnue dans Homère, et les Cyclopes rajustaient le mieux qu'ils pouvaient leur grand œil au haut du front. Après une promenade héroïque, les ouvriers de Lemnos commencent à forger la lance du dieu, au bruit de l'hymne de Riego. Au moment où, selon le programme royal, ils *exécutaient ces dispositions*, le plus affreux taureau qu'aient nourri les flancs de la Samothrace, et qui faisait le plus grand honneur à la devise blanche et or de *D. Antonio de Palacio*, se rue sur le cortége olympien. Le dieu s'élance en boitant de son char; les ouvriers se dispersent; le taureau se précipite sur le char, sur la forge; il les met en éclats. Dans le désordre un des Cyclopes tombe; le taureau arrive sur lui, l'atteint, le frappe du front, redouble; du second coup il l'enterre dans le sable et se précipite ailleurs. J'espère encore que, selon la feinte ordinaire, l'homme blessé va se relever, mais non. La triste phalange l'emporte inanimé dans la salle de l'extrême-onction. « *Es muerto,* il est mort, » me dit tranquillement mon voisin. Pas un regard ne se détourna de l'affreuse arène. On était trop occupé de savoir si le dieu allait tirer prompte vengeance. Il tient à la main sa courte épée grecque ; il marche gravement au-devant du taureau, se campe à trois pas, lui présente son manteau en guise d'étendard, le manque, redouble. L'épée tout entière est plongée jusqu'à la poignée. Le taureau reste debout immobile, il semble enraciné sur ses quatre pieds d'airain. En un clin d'œil il tombe roide mort et renversé sur le dos ; un long applaudissement s'élève...

A peine les mules ont entraîné les cadavres, que l'on entend un bruit de castagnettes. La barrière s'ouvre de nouveau ; il en sort un long cortége de danseurs et de danseuses, partagés en autant de groupes qu'il y a de provinces d'Espagne. Chacun d'eux porte le costume d'une province. Il y a des Basques au longues tresses sur les épaules, des Valenciens à moitié Arabes, avec la couverture en guise de burnous, des Catalans à la large ceinture bariolée, des Asturiens et des Galiciens au manteau sombre. Les plus riches, les plus brillants sont les Andalous, aux grands chapeaux, aux légères *alpargatas*, aux mille broderies, entremêlées d'aiguillettes d'acier. Tous défilent avec pompe, le peuple les regarde avec orgueil; sur le sol encore tiède et sanglant, les danses recommencent. Le fandango, le bolero se balancent avec une monotonie entraînante. La *Jota* aragonaise rappelle les nobles bacchantes des vases antiques. De la nonchalance à la gravité, de la gravité à la langueur, à l'ivresse, à la défaillance de la passion, la danse parcourt tous les tons du génie espagnol.

Il y a un moment qui a saisi l'assemblée : chaque danseur andalou se prosterne jusqu'à terre, comme pour cueillir des fleurs qu'il sème ensuite sur la tête de sa danseuse. Aussitôt après, il appuie sa tête penchée sur le revers de sa main, son coude sur l'épaule de l'Andalouse, et il reste immobile. O silence, rêveries, méditations de l'amour, au soir d'un jour d'Andalousie, sous les étoiles de Grenade ! Quel poëte les peindrait mieux ? Je ne sais si ce détail fait partie ordinairement de cette sorte de danse, ou s'il fut improvisé; mais la grâce, la noblesse, l'amour, l'inspiration de ce seul mouvement saisirent à la fois les dix mille spectateurs. Ils se levèrent avec transports! Des cris d'enthousiasme, et qui partaient de l'âme, éclatèrent tels que je n'en avais pas entendu! Cette nation morcelée, déchirée, qui se cherche vainement partout ailleurs, venait de se reconnaître, de se retrouver, de se réveiller, toute vive, dans une impression native de beauté et d'amour. Il n'y avait pas là un homme du peuple qui n'eût senti, jusqu'au fond, cette poésie sans mots. Toutes les provinces de la vieille Espagne se retrouvaient confondues dans cet instant que rien ne peut rendre : unité, fraternité d'imagination. Un rapide éclair de bonheur jaillit de la multitude.

La conscience de nos peuples du Nord éclate dans le sentiment d'un principe, d'un droit acquis, dans l'acquiescement à un raisonnement. Mais un geste, un mouvement gracieux et indigène, une fleur que l'on relève d'une certaine manière, une attitude, un air de tête, voilà, pour les peuples de l'autre côté des Pyrénées, ce qui les fait rêver, penser. Car ce geste, cette attitude, c'est pour eux un idiôme universel qui nous échappe; c'est le souvenir de la province, de la bourgade, amour, patrie, nation; mieux encore, c'est l'ensemble de tout cela, c'est la parole éternelle de toutes les Espagnes, vieilles et nouvelles.

Les taureaux et le carnage reparaissent; les danseurs escaladent l'amphithéâtre; seulement, pour ce dernier jeu, la pointe tranchante des cornes est cachée dans une boule. A ce moment, attendu avec impatience par les *aficionados*, les *amateurs*, ce sont les spectateurs qui font le spectacle Les plus alertes, les plus jeunes se jettent en foule dans l'arène; ils se font un drapeau de leur manteau et vont défier l'animal *embolado*. On se heurte, on tombe, on fait le mort, on se relève meurtri ou brisé, on recommence, on lasse le taureau, et on ne se lasse pas. Enfin, un troupeau de bœufs de labourage entrent au bruit des clochettes suspendues à leur cou. A ce son rustique, la guerre cesse; le taureau épuisé se retire; le cirque vomit la foule par ses trente bouches; l'ombre oblique envahit l'arène; la nuit est arrivée.

Je reste seul cloué à mon banc; tous mes membres sont brisés par la fièvre. Ce mélange de meurtre, de grâce, d'enchantement, de carnage, de danse, me laisse dans l'accablement et la stupeur. Je vois encore ce sang, ces sourires, ces horribles blessures, ces odieuses agonies, le tressaillement du fandango, et l'Andalou qui s'arrête pour rêver... J'entends ces mugissements et ces rêves ! Je passe du cercle des Centaures du Dante au ciel du Coran. Jamais songe ne m'a porté si rapidement aux deux extrémités de l'infini.

Ce matin, je ne comprenais pas que les yeux des femmes espagnoles pussent s'arrêter sur cette arène ; en ce moment, il me semble qu'il n'est pas une héroïne de Calderon, de Lope de Voga, de Rojas, qui n'ait assisté, au moins une fois, à une *Corrida de Novillos*. C'est dans cet amusement qu'elles ont trempé de bonne heure leur âme tragique. La Chimène du *Cid* n'a-t-elle pas une goutte de sang de taureau dans le cœur ? Qui voudrait le jurer après avoir lu les romances ? On croit que cette férocité va mal avec l'amour ! Oui, avec l'amour de Florian, mais non avec celui de Calderon. Il n'est pas un amant passionné qui ne préférât cent fois voir la femme qu'il aime assister à ce carnage, plutôt qu'à ces petites pièces bourgeoises, demi-fades, demi-obscènes, où nos grandes dames vont perdre non la pitié, mais la pudeur et la hauteur de l'âme.

Ce spectacle si fortement enraciné dans les mœurs, n'est pas un amusement, c'est une institution. Elle tient au fond même de l'esprit de ce peuple. Elle fortifie, elle endurcit, elle ne corrompt pas. Qui sait si les plus fortes qualités du peuple espagnol ne sont pas entretenues par l'émulation des *Toros,* le sang-froid, la ténacité, l'héroïsme, le mépris de la mort? Dans les légendes du Nord, Sigfried, pour être invincible, se baigne dans le sang du monstre.

Ni le souffle du midi, ni la galanterie des Maures, ni le régime monacal n'ont pu amollir l'Espagne, depuis qu'elle reçoit l'éducation du Centaure. De combien de jeux dissolus ces jeux robustes ne l'ont-ils pas préservée! Toujours le taureau a combattu avec elle. Ornez son front d'une devise d'argent et d'or ; il a vaincu Mahomet, Philippe II, Napoléon.

Quand l'Italie aurait quelques ariettes de moins, croit-on qu'elle aurait perdu beaucoup au change, si elle s'était trempée ainsi sans relâche dans le sang du Minotaure? Pour moi, j'incline à penser qu'elle aurait déjà donné le coup de corne dans les entrailles de l'Autriche.

Si j'étais Espagnol, je me garderais bien de

porter, au nom des subtilités nouvelles, la moindre atteinte à ces jeux héroïques. Je voudrais, au contraire, leur rendre tout leur lustre. Supprimez, comme quelques personnes vous le conseillent, les courses de taureaux, vous voilà aussitôt envahis par le théâtre étranger, le vaudeville, les propos à double sens, les fadeurs et les obscénités bourgeoises. Sans compter que le véritable art trouve infiniment mieux son compte dans le coup d'épée de Montès que dans tout cela; vous vous énervez, et vous ne vous civilisez pas. Je n'entends jamais les étrangers inviter l'Espagne à se défaire de ses *Corridas* sans penser à la fable du lion qui raccourcit ses ongles.

VI

UN PROFESSEUR.

Les soldats ont fait la révolution d'Espagne; les écrivains travaillent à la défaire. Quand la théorie fraye le chemin au despotisme, comment ne serait-il pas toujours à la porte!

L'Athénée est le centre de la société littéraire

de Madrid ; imaginez un établissement libre, où les personnages politiques les plus importants travaillent à diriger, dans des cours publics, l'éducation de l'opinion. MM. Martinez de la Rosa, Olozaga, Pidal, en ont été tour à tour les présidents. C'est une tentative pour régner sur le pays par la pensée, seul joug que, jusqu'à présent, il n'ait pas voulu porter.

A de certains moments, ces hommes engagent entre eux, devant le public, des conférences sur des sujets de littérature et de philosophie. Je n'ai point assisté à ces débats, qui prêtent aux questions littéraires le mouvement de la vie politique ; mais j'ai entendu quelques leçons de l'ancien ministre, M. Alcala Galiano, que l'on regarde, avec raison, comme un des orateurs les plus éminents d'Espagne. On ne peut se figurer ce qu'est la langue espagnole dans la bouche d'un tel homme. Elle me semble réunir à la fois la mélodie de l'italien, l'âpreté de l'arabe, la vigueur du saxon, la grâce du provençal, tout cela joint à une majesté qui n'est qu'à elle. Ce torrent harmonieux entraîne l'orateur en dépit de lui-même ; c'est une force de la nature autant qu'une action humaine. La longue et pâle figure de M. Galiano, son maintien contenu, son front triste et éprouvé, contrastent avec cette magnificence naturelle de diction. Il semble plier sous le flot et la richesse des paroles qui roulent de ses lèvres. On dit que lui seul a conservé le secret de cette éloquence aux longs plis asiatiques. En effet, dans son immobilité, il m'a figuré quelquefois le portrait d'un ancien hidalgo du seizième siècle, qui ouvrirait subitement les lèvres pour en laisser tomber avec fracas les trésors de l'esprit nouveau.

Quel dommage que le découragement perce sous ces splendeurs de langage! Et que cet esprit de réaction suppose de mécomptes, de bouleversements, d'exils, de douleurs publiques et privées! J'ai entendu M. Galiano combattre l'une après l'autre toutes les définitions qui ont été données de la liberté; comme il ne les remplaçait par aucune autre, il s'ensuivait tacitement que l'Espagne, à travers tant de rivières de sang, a poursuivi un fantôme qui se trouve être un mot. C'était l'éloquence d'un homme sincère, qui brise ce qu'il a élevé, et, dans un désespoir tout viril, s'indigne de la stérilité de ses anciennes idoles. Que devait-il être dans le temps où il croyait à l'avenir ! Hier il renversait l'idée d'égalité, aujourd'hui celle de souveraineté du peuple. La révolution tombait pièce à pièce, et l'assentiment public accompagnait chacune de ces immolations. On applaudissait la lassitude, l'épuisement, le désespoir même, comme autrefois l'espérance! Est-ce que l'Espagne songe à se dépouiller de la révolution, comme de la robe de Déjanire?

La société littéraire, à Madrid, vit des idées de nos doctrinaires français. Seulement, tandis que les nôtres se sont enveloppés de mystères, la pensée de répression éclate loyalement chez les Espagnols. Beaucoup mettent une franchise singulière à marcher au-devant de ce qu'ils appellent un despotisme éclairé. J'ajouterai que la fierté douloureuse avec laquelle ils mêlent à toute chose ces mots, *notre Espagne, nuestra Espana,* est tout l'opposé de la sécheresse magistrale des nôtres, en parlant de *ce pays.* Je crois bien qu'ils tendent à dominer le leur ; mais je suis sûr qu'ils ne songent pas à l'humilier. Quand on les presse sur ce sujet, la plupart avouent, sans tergiversation métaphysique, qu'ils sont désabusés, *desenganados.* C'est le mot qui revient le plus souvent. Il en est même qui, pour échapper à tout, se sont déjà réfugiés, comme en un fort, jusque dans le souvenir de Philippe II.

Au milieu de ces contradictions, je cherche d'où est parti le souffle qui agite l'Espagne. Ce souffle n'est venu ni des écrivains ni du fond du peuple. Napoléon a semé derrière lui, sans le savoir, la révolution. Dans la guerre de l'indépendance, l'Espagne s'est sauvée sans le secours de son roi. Elle a appris ainsi qu'elle peut faire quelque chose par elle-même. Sa force propre lui a été révélée dans ces batailles dont la monarchie était absente ; c'est dans cet isolement héroïque qu'elle a senti sa vie propre, son droit, sa souveraineté ; et, chose qui n'appartient qu'à elle, en combattant pour son roi, elle a commencé de perdre la religion de la royauté.

Ne demandez pas qui agite l'Espagne ; ce n'est la main de personne. Point de Rousseau ni de Mirabeau à qui vous puissiez tout imputer. On voit l'ébranlement sans en voir la cause ; plus il est mystérieux, plus il est irrésistible. Le peuple le subit sans l'avoir provoqué ; seule révolution qui n'ait eu que Dieu pour son tribun !

VII

LA CHEVALERIE DES AMADIS
DANS LE GOUVERNEMENT CONSTITUTIONNEL.

Novembre 1843.

Les Cortès sont assemblées. En proclamant la majorité de la reine, elles paraissent avoir accompli leur destinée, et rien ne me fait augurer que je puisse assister à quelque discussion importante. La lassitude pèse également sur tous les partis ; les révolutionnaires sont las de la révolution, les ministres du ministère. Le président du conseil, Lopez, qui a dirigé le gouvernement provisoire depuis la chute d'Espartero, croit sa mission remplie ; il se réjouit d'abandonner sa courte dictature. Autant ailleurs on s'obstine à garder le pouvoir, autant il est impatient de le quitter. Que dirait-on parmi nous, si un président du conseil s'exprimait avec l'âme de ce ministre ? Voici ce qu'il disait l'autre jour à la tribune :

« Mon caractère, mes inclinations, ma vie
« entière, ont été, sont, seront toujours, de tous

« points, incompatibles avec la vie ministérielle ;
« je ne sais pas respirer dans cette atmosphère
« méphitique, où l'âme et la pensée se perdent
« à chaque instant dans la petitesse des person-
« nalités, des prétentions et des intrigues, où le
« cœur se dessèche à force d'être trompé, où les
« mécomptes finissent par déraciner entièrement
« la foi.

« Comment se fait-il que j'aie changé une
« profession honorable et tranquille contre un
« peu de fumée qui jamais ne m'a monté à la
« tête ? Comment, avec mon caractère indépen-
« dant et capricieux, si vous le voulez, ai-je pu
« m'assujettir à la macération intolérable du mi-
« nistère ? Comment l'homme, dont les songes
« dorés sont dans le hameau qui l'a vu naître,
« a-t-il pu laisser les souvenirs de l'enfance et
« de l'expérience aux portes des ministères et des
« palais ? Non, cela n'était pas possible, non.—
« Et cependant j'ai fait le sacrifice, et je ne le crois
« pas encore. Il me semble que c'est un songe
« pesant qui a passé sur moi ; pourtant je suis
« déjà heureux, puisque je touche au moment
« de me réveiller de cette léthargie. »

On croit entendre un ministre d'un conte de fées

ou du Romancero. Mais c'est une réalité ; cette âme de l'âge d'or ou des Amadis est celle du premier tribun de l'Espagne. Ni le vote du congrès qui décide qu'il a bien mérité de la patrie, ni l'assentiment public, rien n'a pu le retenir ; il a donné sa démission.

M. Lopez au pouvoir, c'est l'esprit de chevalerie dans le gouvernement constitutionnel. Ce ministre tribun est tout entier dans cette réponse à une objection que plusieurs personnes faisaient, dans la question de la majorité d'Isabelle II :

« On objecte que la reine est jeune : mais le
« congrès aussi est jeune, puisque la plupart des
« membres qui le composent sont jeunes ; et,
« dans tout cela, je ne vois que le signe éclatant
« du renouvellement et des espérances qui pré-
« sident au siècle. Pourquoi cela ? Parce que
« c'est à la jeunesse que sont confiées les clefs
« de l'avenir ; parce que c'est elle qui est la dé-
« positaire des destinées de la patrie ; parce que
« la jeunesse peut, seule, connaître le siècle dans
« lequel elle est née, le siècle qui est le sien, le
« siècle qui lui appartient ; parce que, pleine
« d'audace, le cœur encore vierge d'action,

« l'âme surabondante de vie, elle s'élance
« au milieu des grandes entreprises, avec le cri
« de Médée, indifférente au triomphe ou à la
« ruine.

« Non, messieurs, non; n'espérons pas tout
« de l'âge mûr, qui ne fait rien à force de pen-
« ser; espérons encore moins de la vieillesse, qui
« a peur de tout, qui se défie de tout, inerte et
« froide, comme la mort qui l'attend, sans foi
« pour commencer les entreprises, sans courage
« pour les consommer. Nos institutions sont
« jeunes; les éléments dont elles se forment
« doivent être jeunes et nouveaux comme
« elles. »

Le pays où le chef de l'État peut prononcer ces chevaleresques paroles n'est pas sans lendemain. On nous a tellement et si officiellement accoutumés, dans le pouvoir, à un accent cadavéreux, que chaque apparence de vie nous semble une erreur politique. Dans cette émulation de décrépitude morale qui nous a tous envahis, cette éloge de la vie et du printemps de l'année passerait presque pour une injure. Un tel homme, par ces seuls mots, se rendrait impossible.

VIII

LE PREMIER MINISTRE DE L'INNOCENTE NINA.

A midi le pavillon est hissé sur le toit du palais du *Congreso*. C'est le signal de l'ouverture des séances. Ce prétendu palais a été fait pour servir de théâtre. Quoique l'heure soit déjà avancée, la foule n'encombre pas l'entrée; les Cortès n'ont pas su, ou n'ont pas voulu parler à l'imagination du peuple; on dirait qu'elles craignent toujours de mettre la monarchie dans l'ombre.

Au dedans les murailles sont revêtues de plaques de marbre, sur lesquelles sont inscrits, en lettres d'or, les noms des principaux généraux morts pour la révolution, Empecinado, Riego, Porliez, Manzanarès, témoins embarrassants des projets des vivants. Les places des députés sont disposées, non en demi-cercle, mais en ellipse; en sorte qu'elles forment une véritable arène où l'orateur doit se sentir enveloppé de tous côtés, comme le taureau dans le cirque. Aucun de ces murmures qui, chez nous, précèdent et annoncent un incident politique, ne se fait entendre. Un homme entre d'un pas assuré ; quelques autres le suivent. D'épais cheveux noirs bouclés tombent sur son front. Il a, non pas la longue et froide figure du Castillan, mais la tête ronde du Catalan. Une intelligence calme rayonne dans ses yeux, qui s'éclairent par degrés. Ses lèvres épanouies n'ont rien de la réticence du diplomate. Sa taille vigoureuse, et un air de jeunesse, répandu dans toute sa personne, forment un mélange de vigueur et de finesse, où la mesure domine. C'est D. Sallustiano Olozaga.

Il annonce, d'une voix lente et réfléchie, au congrès, que le ministère nouveau est formé, et qu'il en est le président. Ses paroles sont pleines d'espérance et sans aucune emphase ; on sent une main qui s'empare résolument, simplement du pouvoir ; une sympathie universelle l'accueille. Premier ministre du règne d'Isabelle II, l'avenir de la reine étend d'avance sur lui ses heureux présages ; l'Espagne se courbe d'elle-même sous une main de jeune fille. Au prestige d'un trône sorti de tutelle se joignent la lassitude de l'opinion, le besoin d'un pouvoir quelconque ; tout dispose les esprits à des concessions inespérées. Personne, chez aucun peuple, n'a saisi l'autorité avec plus d'apparences heureuses.

IX

TROIS JOURS DE L'HISTOIRE D'ESPAGNE.
LES ORATEURS POLITIQUES.

Décembre.

Des événements incroyables, et qui m'ont tenu constamment en haleine, m'ont empêché de suivre ce journal. Je le reprends, en cherchant à mettre un peu d'ordre dans les impressions les plus fortes, les plus terribles, les plus variées qui m'aient jamais saisi. Une reine de quatorze ans qui accuse son ministre de lui avoir fait violence pour lui arracher un décret de dissolution des cortès, un drame politique plus imprévu que tous les drames de cape et d'épée de Calderon, le grand M. Olozaga, l'ambassadeur, le président des Cortès, le président du conseil, le savant, le puissant diplomate, qui devait guérir les plaies de l'Espagne, brisé en une nuit, comme une poupée, par la main d'un enfant, et cet enfant montrant tout à coup le sang-froid, la finesse d'un politique consommé, toutes les institutions découvertes, toutes les fictions constitutionnelles mises à nu et déchirées, de grands orateurs qui se révèlent, un duel à mort entre les deux choses les plus vivantes de ce pays, la monarchie adorée et l'ancien honneur privé, les émotions de la politique, mêlées à celles d'une cour d'assises, des cris de rage qui remplissent encore mes oreilles, d'abord un homme tout seul qui fait tête à l'ouragan, puis les partis qui s'en mêlent, et qui se livrent, autour de lui, une bataille générale, d'où va dépendre, pour longtemps, l'avenir de cette noble et misérable Espagne, une loyauté chevaleresque, une servilité inconcevable dans les maximes de quelques-uns, voilà le chaos dans lequel je vis, et que je voudrais peindre, avec impartialité, en quelques traits, puisque le hasard m'a permis d'en être le témoin de chaque moment,

A la porte *des tribunes privilégiées*, des soldats se précipitent, la baïonnette en avant, sur ceux qui, comme moi, attendent avec leur carte d'entrée. A leur violence aveugle, il est aisé de voir que la fermentation les a gagnés. L'un deux tient sa baïonnette sur la gorge du vice-président Madoz. Poussé par le flot, je pénètre, je ne sais comment, dans l'intérieur. Beaucoup d'officiers sont déjà dans les tribunes; plusieurs spectateurs attendent, assis par terre sur leurs manteaux. Les conversations à haute voix montrent que l'opinion de ces tribunes privilégiées est d'avance contraire à celui qui va paraître comme accusé. On respire une flamme cachée sous des paroles interrompues; les figures pâles s'éclairent d'un fanatisme effrayant. En face, la tribune publique, remplie en partie d'hommes du peuple, reste profondément silencieuse; soit que l'ardeur des autres ne les ait pas encore atteints, soit qu'ils n'aient pas de sentiments formés, et qu'ils attendent la passion qui doit les émouvoir. Les députés arrivent l'un après l'autre; ils s'asseyent et restent immobiles à leur banc, dans ce profond silence qui est un des traits les plus dignes et les plus distinctifs des chambres espagnoles.

Au milieu d'un groupe qui l'environne, M. Olozaga paraît. A sa vue, des cris frénétiques s'élèvent de la tribune où je suis. Je crains un moment que ces furieux ne débordent dans l'enceinte. *Viva la reina! Fuera! fuera!* Le frémissement est si universel, que plusieurs députés se retirent effrayés. Le président, incapable de dominer l'orage soulevé par le public, lève la séance.

Une heure après, elle est reprise. Cette fois la foule se contient. On dépose sur le bureau l'acte de destitution du ministre. Il demande la parole sur le fond de l'accusation, qui tient toute l'Espagne en émoi ; mais une objection imprévue s'élève : on lui conteste le droit d'assister à la séance, sur ce prétexte que, ministre, il a cessé d'être député.

C'est par cette question préliminaire que la lutte s'engage. Déjà l'on voit que l'excès de la passion n'empêchera pas l'habileté et la tactique de se montrer. Si l'on ne savait que la flamme est au fond de cette discussion, on ne s'en douterait pas, au ton glacé des premiers orateurs. Pas un mot sur les circonstances actuelles ; de longs détours, une morne impassibilité. Cet accent froid est plus menaçant, et contient plus de haines que toutes les frénésies des tribunes. Les deux partis aux prises dans l'assemblée laissent chaque orateur se développer à son aise, sans qu'aucun signe de faveur ou de blâme interrompent ses paroles ; un silence de mort l'accompagne. C'est le silence qui pèse sur la nature à l'approche des grandes tempêtes.

La discussion achevée sur ce point, arrive le moment du vote; jamais, je l'avoue, je n'ai assisté à nos assemblées délibérantes sans être choqué de la forme du vote secret [1]. Ces hommes publics, qui s'approchent de l'urne en cachant leur conscience dans leurs deux mains, m'ont toujours inspiré un fond de honte dont il m'est impossible de me défendre. Les Cortès espagnoles n'ont pu se résoudre à nous imiter dans cette liberté frauduleuse; et comme je n'étais nullement averti de leur manière de voter, l'effet en fut très-grand pour moi. Je ne crois pas qu'un homme puisse assister à ce spectacle sans en être saisi, ainsi qu'il arrive de toute action extérieure où se révèlent, en un moment, le caractère et le passé d'un peuple.

Au milieu des frémissements du public qui pèse de tous côtés sur l'assemblée, dans une affaire personnelle où la haine désigne tout individu au doigt, chacun se lève à son tour, prononce son nom et ajoute : *si* ou *no*. Il y eut

---

[1] Depuis que ces lignes sont écrites, la Chambre a heureusement changé son règlement.

quelques voix émues et faiblissantes, mais aucune qui ne se fît très-distinctement entendre. Ces deux monosyllabes résonnaient comme une note basse qui appelait un écho sourd de rage ou d'ivresse dans les milliers de spectateurs dont le congrès est enveloppé. Cette manière seule d'afficher son opinion, d'en accepter la responsabilité, de la braver même, me parut admirable, d'autant plus que j'étais probablement la seule personne qui pensât à pareille chose en ce moment, et que tous les autres ne semblaient pas même imaginer qu'il en pût être autrement. Le résultat qui m'inquiétait pour la dignité des Cortès concourut aussi à augmenter ce sentiment; car un reste de loyauté, survivant chez les plus acharnés, a conservé du moins les apparences. Non-seulement l'homme accusé par la reine assistera aux séances, mais il pourra se défendre. L'honneur, sinon la justice du congrès, est sauvé.

A peine le vote est-il fini, que le nouveau président du conseil, Gonzalès Bravo, se lève; les lenteurs de ceux qui ont entamé la lutte ont lassé son impatience. Il vient porter le coup décisif; il annonce qu'il va lire les propres paroles de la reine, et qu'il se propose d'en soutenir la vérité à toute outrance (*a todo trance*). Sa voix est éclatante et solennelle ; à peine quelques bougies éclairent la vaste salle. La demi-obscurité dont on est enveloppé ajoute à l'effet de tonnerre de chacune de ses paroles accentuées avec flamme, et accompagnées d'un frémissement sinistre :

« Dans la nuit du 28 du mois dernier, Olozaga
« s'est présenté devant moi, et m'a proposé de
« signer le décret de dissolution des Cortès. J'ai
« répondu que je ne voulais pas le signer, ayant
« pour cela, entre autres raisons, que les Cortès
« m'ont déclarée majeure. Olozaga insista. Je
« me levai pour me diriger vers la porte qui est
« à la droite de ma chambre royale. Olozaga s'in-
« terposa en mettant le verrou. Je me dirigeai
« vers l'autre porte qui est en face, et Olozaga
« s'interposa de même et mit encore le verrou.
« Il me saisit par ma robe, m'obligea de m'asseoir,
« et me tint la main pour me forcer de signer ;
« ensuite Olozaga s'en alla, et je me retirai dans
« mon appartement. Auparavant il me demanda
« si je lui donnais ma parole de ne rien dire de ce
« qui était arrivé, je lui répondis que je ne la lui
« donnais pas. »

Dire l'effet de ces paroles, le frisson électrique

qui les a interrompues, les cris des entrailles, l'horreur, la stupeur du plus grand nombre, c'est ce qui n'est donné à aucune langue. Les officiers, en grand nombre, font résonner leurs épées ; quelques hommes s'agitent, tout hors d'eux-mêmes, comme des bêtes fauves dans un piége. Olozaga, d'une voix éteinte, demande la parole : elle lui est refusée ; j'ai quelques instants le sentiment qu'il va être mis en pièces ; il insiste une seconde fois, même refus. L'écho des paroles royales remplit encore les oreilles. Aucun de ses amis, en ce moment, ne l'assiste d'un mot ; ils semblent pétrifiés. Si l'on a voulu tenter un grand coup de théâtre, il a réussi au-delà de l'espérance. Quand la voix de malédiction d'un ange se serait fait entendre, la colère et la consternation ne seraient pas plus grandes.

Le lendemain, dès l'ouverture de la séance, M. Luzurriaga, un des ex-ministres, collègues d'Olozaga, raconte brièvement que la proposition du décret n'appartient pas à ce dernier, qu'elle a été décidée dans le conseil. Ce court récit achevé, il déclare qu'il dit adieu à la vie publique, que ce sont là ses dernières paroles, et qu'aucun événement ne le déciderait à rouvrir la bouche; cela dit, il sort froidement de la salle pour n'y jamais reparaître. Cette résolution imperturbable, exécutée simplement, frappe par son éloquence muette.

Dès le commencement, la discussion prend un tour extraordinaire. Comme si l'on était déjà effrayé du débat, une multitude de propositions incidentelles tendent à le faire changer de sujet. On ne peut mettre plus de calme et de sang-froid à rendre le désordre complet. Chaque député est impassible, et avec cela la discussion est un chaos. Pour s'enlever mutuellement la parole et tuer son adversaire avec politesse, chaque orateur qui veut parler fait une proposition nouvelle; à peine a-t-il commencé à la soutenir, qu'il n'y songe plus, et qu'il entre pleinement dans le fond du débat. Comme il n'est jamais interrompu, il obtient, par ce stratagème, libre carrière pour tout un jour, et la majorité conserve ainsi la parole aussi longtemps qu'elle le veut. Des orateurs se succèdent, qui, au moyen de ces incidents, combattent tous dans le même sens. Le même coup est porté plusieurs fois de suite. Ces propositions passent et s'échangent comme autant de banderoles faites pour fasciner le taureau, et tromper sur le point sérieux d'attaque. Sous cet appareil de légalité, vous démêlez l'acharnement de chaque parti, qui, une fois qu'il a ouvert la bouche, ne veut plus la fermer ; car il faut ajouter que le même orateur remplit presque toujours la séance.

Dès que la langue espagnole a commencé de vibrer, une véritable fascination s'exerce sur l'assemblée ; la parole, par ellemême, inspire un profond respect chez ces peuples, qui ont été si longtemps muets. Quand une exclamation s'élève, elle part non d'un homme en particulier, non d'un collègue, mais de la bouche de la foule. Le soir arrive, l'orateur renvoie la continuation de son discours au lendemain ; et sans que nulle impatience se manifeste, il ne s'arrête que lorsque la force physique est près de lui manquer. Pendant tout ce temps, la passion qu'il avait accumulée l'a soutenu ; il s'est quelquefois répété ; mais sa diffusion n'a fatigué personne. Il a conservé dans la parole ce que toutes les autres tribunes d'Europe ont perdu, l'accent, l'accent de l'âme, qui met quelque chose de l'homme dans chaque mot, et fait circuler le sang dans les paroles comme dans les veines. Aussi ne le lisez pas, même dans sa langue. Que serait-ce d'une traduction dans le langage valétudinaire de nos parlements ? De tant de flammes condensées, il ne resterait pas même la cendre.

Après cette première mêlée, où la discussion ressemble à un combat de guérillas bien plus qu'à une bataille rangée, on s'arrête, pour un moment, à la proposition d'adresser un message de condoléance à Sa Majesté Isabelle. Sur ce nouveau terrain, les partis pourront se saisir corps à corps ; Olozaga obtient la parole ; selon l'ordinaire, il parle de sa place. Sa voix est profonde, caverneuse ; nulle émotion ne l'échauffe ; elle a ce timbre sourd qui semble devoir être particulier au diplomate ; et comme, en outre, il prend soin de parler de lui-même, à la troisième personne, il semble d'abord ne s'occuper que d'un étranger. A mesure qu'il approche du point brûlant de la question, sa mesure, sa réserve, sa froideur augmentent. Cependant ce langage si contenu, si bienséant, est entrecoupé de silences profonds, pendant lesquels on sent que cette âme virile se ressaisit et s'impose le frein. A un moment, la nature l'emporte : cette voix, si sourde tout à l'heure, éclate comme un clairon ; elle se déchire. Le diplomate se tait, l'homme crie; il pleure, il rugit, il sanglote, il étouffe au milieu des malédictions d'une partie du public, des acclamations de l'autre, de l'immobilité prolongée tant de ses amis que de ses ennemis, dans l'assemblée qui le juge. Après ces courts moments d'enthousiasme et de déchirements, cet esprit se rassied, il dévore ses larmes; son accent impersonnel reparaît; il trouve assez de calme pour railler ceux qui, tout à l'heure, faisaient son agonie. Rien ne rappelle plus l'émotion de l'orateur, si ce n'est une rumeur étouffée et quelque grand soupir de la foule. Je me souviens avoir entendu, dans un volcan apaisé, parmi les scories de feu, l'ardente respiration de l'abîme.

Après avoir fait appel à la *sainte impassibilité* des Cortès, M. Olozaga rappelle l'histoire de sa vie politique; qu'il est entré d'abord dans le palais de la reine en qualité de précepteur pour balancer l'effet du gouvernement occulte; de là les premiers germes d'une haine dont l'accusation aujourd'hui pendante est le résultat; qu'à peine chargé de former un ministère, il apprend que si le sien n'est pas prêt, on en tient un autre dans l'ombre en réserve; que le jour même de son entrée au pouvoir, il a rencontré les oppositions de la Camarilla ; à cela s'est ajouté, dans le congrès, la nomination d'un président hostile ; que c'était là un fait politique qui montrait qu'il ne pouvait compter sur la majorité ; que dans cette extrémité, la pensée de dissoudre les Cortès avait dû nécessairement naître. Au reste, le décret n'avait été qu'éventuel ; et il n'était pas possible qu'il en fût autrement, puisque là où une influence occulte pèse sur la couronne, le ministre a besoin de compter sur une confiance absolue de chaque instant. On affectait de répéter que ce décret, sans date, était une épée toujours levée dans sa main ; mais c'était là la forme usitée, générale, des décrets ; il n'avait rien fait, à cet égard, que suivre les règles observées par tous ses prédécesseurs, dont quelques-uns l'accusaient aujourd'hui d'avoir fait une fois ce qu'ils n'avaient cessé de faire eux-mêmes, tant qu'ils avaient été au pouvoir.

Quant au fait principal, il promettait de ne dire que ce qui était absolument nécessaire pour sauver son honneur ; cependant, il ne pouvait s'empêcher de déclarer qu'il avait, le 28 au soir, à l'heure accoutumée, porté les décrets à la signature. Les décrets étaient nombreux, il les avait lus tous, à haute voix, sans avoir eu besoin de rien ajouter que quelques raisons exposées en peu de paroles ; tous portaient la même signature sans que rien montrât que l'une fût plus précipitée que l'autre. Le travail du cabinet n'avait pas duré plus d'un quart d'heure ; après quoi, il avait reçu de Sa Majesté un cadeau pour sa fille ; et la reine l'avait accompagné, en le saluant à la vue des personnes qui se trouvaient dans la pièce voisine.

Il ajoutait que dans le récit mis dans une bouche auguste se trouvaient des contradictions impossibles, tant du côté de Sa Majesté que de celui du ministre. Comment la même personne, qui avait eu la faiblesse de signer contre sa volonté, avait-elle pu refuser à l'agresseur la promesse de ne rien dire ? Il y avait là une jeune fille faible et impuissante, une femme fière et impérieuse ; c'est-à-dire tout un monde entre l'une et l'autre.

D'un autre côté, quel parti le ministre pouvait-il tirer d'un décret ainsi arraché, qui, pour servir à quelque chose, aurait dû être appliqué l'instant d'après, et qui, au contraire, n'a été mis à exécution ni le jour même, ni le lendemain, ni le surlendemain ? La violence, en ajournant ses projets, se retournait infailliblement contre elle-même. De plus, dans le second décret qui annule le premier, la reine ne parle que d'*instances* auxquelles elle a cédé. Depuis quand les instances et la violence sont-elles une seule et même chose? Que signifiaient donc ce cadeau fait au ministre, dans un pareil moment, ces saluts gracieux et publics, ce silence de deux jours au fond du palais sur un attentat qui devait brûler les lèvres? Pensait-on honorer beaucoup la vierge des Espagnes, en lui attribuant cette dissimulation incroyable? Quand, enfin, on avait parlé, le thème avait été préparé par d'autres. Dans ce langage arrangé, une oreille délicate avait peine à reconnaître la simplicité des paroles de l'innocente reine. Au moment où les témoins en foule recueillaient l'accusation de la bouche de Sa Majesté, le ministre accusé avait demandé d'être entendu. Pourquoi lui avait-on, à lui seul, refusé l'entrée? Un mot de sa part eût ramené la vérité; mais c'est là ce qu'on craignait; et les portes ont été fermées, par deux fois, à celui-là seul qui pouvait contredire l'imposture. D'ailleurs, à qui avait-on parlé? Était-ce aux ministres responsables qui restaient au pouvoir? non, c'était à des individus, sans doute honorables, mais sans aucune mission ni responsabilité. En sorte que toutes les règles du gouvernement constitutionnel avaient été foulées aux pieds ; et cet acte de Sa Majesté, dépourvu de la signature ministérielle et dont on faisait la source de l'accusation contre lui, se retournait, au contraire, contre ses ennemis, avec toute la force de l'illégalité la plus flagrante. Cette intervention de la monarchie sans ministre était le premier pas dans un plan de réaction qui s'annonçait d'ailleurs par d'autres signes en Espagne et en Europe.

Comme si l'orateur eût touché là une plaie vive, ces derniers mots furent accueillis par un orage d'injures et d'acclamations qui se heurtèrent des deux côtés des tribunes privilégiées et publiques, placées, en antagonistes, en face l'une de l'autre. Ceux qui m'entouraient criaient : Dehors ! dehors, *le gueux ! Fuera el bribon ! viva la reyna !* Les autres n'avaient pas de mot de ralliement ; ils poussaient des cris inarticulés. Dans les tribunes publiques composées d'hommes du peuple, qui d'abord semblaient ou n'avoir aucune opinion formée ou se réjouir de la promesse d'un échafaud, la fermentation était visible. L'idée que la reine, la madone politique pourrait avoir menti, produisait, en entrant, dans la tête de ces hommes neufs, un effet impossible à décrire. Les poings fermés, ils laissaient échapper des paroles sans aucun sens ou des blasphèmes de stupeur; l'assemblée était impassible, l'orateur continua :

« On dit qu'il faut choisir entre la reine et
« un homme; mais c'est là un sacrilége politi-
« que, d'établir, de nos jours, un tournoi entre
« l'infaillibilité de Sa Majesté et l'honneur d'un
« sujet. » — Ici les larmes arrivaient et brisaient chacune de ses paroles. — « Je donne ma
« vie, et avec quelle joie, si par là j'affermis
« un pouvoir qui sauvera le pays avec la cons-
« titution. Je donne ma vie, je vous livre en
« moi l'homme d'intelligence, l'homme poli-
« tique. Mais mon honneur, messieurs mais ce
« sentiment de ma conscience qui m'a toujours
« fait vivre content et tranquille avec moi-mê-
« me!... » — A ces mots, les sanglots l'interrompaient, et, en s'efforçant, il reprenait :
« Cette vie d'honneur, messieurs, c'est celle que
« je dois à un père honoré ! Cette vie est celle
« que j'ai passée avec le frère de mon cœur,
« cette vie est celle de mes amis, de mes com-

« pagnons qui m'ont cru homme de bien! et
« cette vie, je ne la puis sacrifier ni à la reine,
« ni à Dieu, ni à l'univers entier. Homme
« d'honneur, je dois paraître tel devant le
« monde, s'il le faut, jusque sur l'escalier de la
« potence. »

Après ces paroles défaillantes, l'orateur revenait à l'éloquence robuste qui lui est particulière ; au moment d'achever ce discours de deux journées, il eut un élan de fierté où le défi se mêlait au respect. Il redressa la tête avec enthousiasme, et conclut par ces mots :

« Je suis entré dans le palais, non comme
« on entre dans le temple de la faveur, où tout
« est grand, excepté la porte, afin que ceux qui
« l'habitent soient contraints d'y entrer en rampant.
« J'y suis entré, messieurs, comme partout,
« la tête haute, et je l'ai portée ainsi sans
« jactance, comme aussi sans trop d'humilité.
« C'est ainsi que je la porte encore ici, en face
« de toutes les accusations qui se dressent contre
« moi, convaincu, dans le fond de mon âme,
« que la raison est de mon côté, prêt à fournir
« des preuves entières, des preuves absolues,
« telles que devraient être celles de mes accu-

« sateurs, si l'on ne veut pas revenir au temps
« des maîtres et seigneurs des corps et des biens ;
« et je la porterai droite, jusqu'à ce qu'elle
« tombe, tachant de sang les ennemis de la li-
« berté qui, je ne sais pourquoi, voient en moi
« quelque chose de bon pour le pays et ses ins-
« titutions. Je la porterai droite, jusqu'à ce que
« ce corps, qui est aujourd'hui sain et vigou-
« reux, étant privé de vie, elle retombe sur ma
« poitrine et ne puisse plus servir qu'à dire
« *adieu* à la liberté et au pays que j'adore. Si
« c'est là de l'orgueil, c'est l'orgueil de la liber-
« té. Cette fierté ne m'a jamais manqué en aucun
« temps de ma vie ; comment me manquerait-
« elle aujourd'hui ?

« Dans ma jeunesse, j'ai mérité d'un despo-
« tisme tout semblable à celui que feraient naî-
« tre les conséquences de cet événement, si je
« ne les repoussais, j'ai mérité d'avoir été placé
« sur l'escalier de l'échafaud ; j'y montais tran-
« quille, messieurs, et ma pauvre ambition se
« consolait par l'idée que mon nom obscur serait
« placé parmi ceux des martyrs de la liberté. Dans
« mon cachot, je me réjouissais en me disant que
« mon sang allait être offert en holocauste,

« pour qu'en suivant mon exemple, d'autres re-
« couvrent la liberté perdue. Depuis ce moment,
« ma vie n'est plus à moi, je l'ai donnée à ma
« patrie ; pour elle et par elle, je la perdrai avec
« joie. »

L'effet de ce discours fut tel, que, par la force des choses, la monarchie était sur la sellette en face de l'accusé. Les Espagnols ont encore des impressions assez neuves pour qu'il leur soit impossible de contester le talent de leurs ennemis ; ils en subissent les atteintes trop fortement pour songer à les déguiser ; où l'éloquence se démontre par ses effets immédiats, l'idée ne vient à personne de la mettre en doute. Pendant que M. Olozaga parlait, je regardais ses adversaires. Dès que l'un d'eux se sentait atteint et comme hors de lui-même, au lieu d'éclater, il se levait et se retirait dans le plus profond silence. A mesure que l'orateur était plus pressant, que son accent était plus victorieux, les bancs en face de lui se désemplissaient. Je vis ainsi sortir l'un après l'autre presque tout le parti qui lui était opposé. On n'entendit pas un murmure de blâme, mais à la fin la moitié de l'assemblée avait disparu ; il ne parlait que devant ses amis.

Effet étrange et tout-puissant de l'éloquence chez ces peuples encore neufs ! Pour se défendre contre elle, ils sont obligés de se fermer les oreilles. D'autres subtiliseraient avec leur impression ; pour eux, s'ils veulent dominer la leur, il faut qu'ils la fuient. Que de passions sincères cela suppose ! Je ne sache aucun effet de l'éloquence plus parlant que ces bancs abandonnés et désertés, lentement, posément et en silence, devant le geste et les cris de l'orateur.

Le président du congrès quitte le fauteuil pour relever l'accusation. La moitié de l'assemblée absente reparaît aussitôt. Le président, M. Pidal, est évidemment combattu par un double sentiment : le désir de ne pas compromettre son ancienne renommée de loyauté, et une opinion très-ardente contre le ministre accusé. Dans cette situation fausse, il est certainement le moins calme de tous au milieu de cette assemblée qu'il doit régir. Il confirme les paroles de la reine qu'il a le premier entendues de sa bouche; mais il n'y ajoute aucun fait nouveau. Son discours sans éclat est, d'ailleurs, un grand pas dans la discussion. Pour aggraver l'accusation, il l'étend au parti progressiste. Chose singulière ! c'est le président de l'assemblée qui se charge de déchaîner les uns contre les autres les ressentiments des partis. Il ouvre officiellement l'outre des tempêtes. Avant son discours, ce n'était que l'affaire d'un ministre ; désormais il s'agit de mettre hors la loi toute une opinion. L'orateur de cette opinion provoquée a compris la valeur de l'attaque. Il va répondre. — C'est Cortina.

On dit que M. Cortina joint à la science du jurisconsulte quelques-unes des qualités de l'homme de guerre ; en effet, une stratégie profonde règle son immense discours, auquel quatre journées suffisent à peine. Son grand front chauve et austère, son sang-froid imperturbable, son geste plein d'autorité, sa voix grave et sonore, tout impose à ses adversaires. Le journal de ses ennemis reconnaît dans ce discours l'art du Forum *poussé à sa perfection* [1]. Toujours maître de lui, nul n'avance de propositions plus hardies, plus extraordinaires pour l'Espagne, avec tant de calme et de sécurité ; personne aussi ne marche avec plus de précaution. Il part de loin, et, pour ainsi dire, en deçà de son auditoire ; mais on sent une force qui s'amasse par degrés.

---

[1] Las artes del Foro llevadas a su perfeccion.

Il est impossible d'inventer plus de détours, plus de plis et de replis. C'est un immense serpent qui noue ses froids anneaux autour de l'assemblée. D'abord chaque parti a son estime, chaque auditeur dont il passe la revue est son ami, *mi amigo;* mais ce début est soutenu avec un sang-froid menaçant. C'est un homme qui fait un siége : il marche de circonvallation en circonvallation ; incessamment le cercle se resserre sans que personne puisse échapper. Comme il a été clément pendant son ministère, il fait peser cette magnanimité sur ses adversaires et les enchaîne d'avance. Il représente, au milieu des passions espagnoles, la science du pouvoir moderne. Pendant qu'il parle, les hommes nouveaux dans les tribunes, initiés par lui à des idées, à des droits inconnus, tressaillent d'étonnement, en suivant cette logique, qui fait tomber une écaille de leurs yeux. « Voilà des vérités, disent-ils à voix basse, *son verdades.* »

Il montre le renversement de tous les principes dans l'acte de la reine. Pourquoi la monarchie est-elle descendue toute nue dans la discussion ? Où est l'autorité responsable qui la couvre ? Ce n'est pas Olozaga, c'est Gonzalès Bravo qui est le ministre des violences, et reste accablé sous l'illégalité. C'est lui qui a porté les mains, non sur la reine, mais sur la constitution; c'est lui qui l'a mise sous les verroux. D'ailleurs, admettez que la reine a été contrainte hier, elle peut aussi bien l'être aujourd'hui. L'attaque ainsi commencée, il résume, il réchauffe tous les ressentiments depuis le traité de Vergara et la révolution de septembre; il tient, il brandit cet énorme discours, qui s'allume de plus en plus, suspendu sur l'auditoire. Arrivant enfin à l'affaire d'Olozaga, qui en est, pour ainsi dire, le tranchant, il ne défend pas, il n'accuse pas, il défie, il brave, il menace. Après ses lentes préparations et sa marche glacée, tout son discours éclate comme un orage; il croule de son immense poids sur l'auditoire; vous sentez la chaleur et le froid d'une tempête du Midi. L'orateur, d'une voix africaine, pousse le cri d'un nouveau *pronunciamiento*, d'une nouvelle révolution : « Si l'injustice se consomme, dit-il, la nation se soulèvera. » Un tressaillement universel, inexprimable, lui a répondu. L'éclair de la guerre civile luit dans mille regards pendant ce court silence. Je crois entendre des gouttes de sang tomber de la voûte.

Ce discours formidable a déjà duré deux jours; rien n'annonce que l'orateur soit lassé. Un jour sombre commence à luire sur la discussion. On avait compté que la stupeur du premier moment se prolongerait, et voilà, au contraire, que les accusés deviennent accusateurs. Oppressés sous la parole de Cortina, les adversaires ont recours au moyen ordinaire des propositions incidentelles; elles pleuvent de tous côtés. Le parti de la *Jeune Espagne,* nom sous lequel se désigne un groupe formé à la tactique de nos assemblées, montre le plus d'ardeur à détourner légalement une discussion qui épouvante. Le point de départ commun à tous est celui-ci : Que le trait distinctif de la révolution espagnole est de n'avoir rien ôté à l'*adoration* du peuple pour la couronne; que cette religion gardée jusqu'à ce jour est l'honneur du pays; qu'entre un homme et le prince, c'est folie d'hésiter; que la reine ayant parlé, nul ne peut contredire sa parole sacrée; que c'est un devoir d'homme politique autant que de *caballero* de s'en remettre à sa foi; qu'à l'égard d'Olozaga, rien ne lui reste qu'à tout avouer, si le fait est vrai, et, dans le cas contraire, à courber la tête et à sacrifier à la raison d'État sa réputation et sa vie. On s'aperçoit alors que le carlisme n'étant pas représenté dans l'assemblée, le parti des *moderados* prend involontairement ses maximes ; ce parti est acculé dans l'absolutisme comme dans une place vide. La tête haute, il réclame son ancien servage avec l'orgueil que d'autres mettent à exiger l'affranchissement, et l'on voit, à sa manière hardie de demander la servitude, qu'il a passé par la liberté.

En même temps que l'on nie la possibilité d'une défense sérieuse, on propose de mettre le ministre en accusation ; et la condamnation ne peut être que la mort. On l'avait entendu ; sa défense n'avait-elle pas été un nouvel outrage? S'il eût confessé du moins un crime vrai ou supposé, on l'eût peut-être absous. Mais quel orgueil! quelle hauteur! Son innocence même ainsi montrée deviendrait coupable. Alors on rappelait que, dans une occasion publique, on l'avait vu accompagner Sa Majesté en lui donnant le bras; on omettait d'ajouter que le président du sénat avait agi de même ; et le renversement de l'ancienne étiquette d'Isabelle de Castille était présenté presque comme un crime, même après dix ans de révolutions. D'ailleurs, on ne s'en cache pas, on enveloppe tout le parti progressiste dans la condamnation d'Olozaga. Le défendre, c'est être son complice. La réconciliation, que le sang des guerres civiles n'avait pas rendue impossible, le devient par cette solidarité.

Sur la question de mise en accusation, Olozoga demande la parole; le président la lui refuse, par la raison qu'il ne devrait pas même asister aux débats, oubliant ainsi l'engagement des derniers jours. Olozaga se contente de dire : « Je sais « bien que l'on ne veut pas mes explications, et « je sais pourquoi. » La proposition de mise en accusation est admise par quatre-vingt-une voix contre soixante-six.

Il y avait déjà six jours que l'opposition essuyait ainsi les accusations acharnées de ses adversaires. MM. Bravo Murillo, Posada, Castro y Orosco, Roca de Togorres, avaient sans répit attaqué, déchiré ce parti. Il devenait de plus en plus évident que l'on s'armait de l'ancienne religion monarchique pour écraser les hommes en qui vit encore l'esprit de la révolution. Durant ces six jours, ce parti, que l'on allait frapper de mort politique, montra une impassibilité incroyable; à les juger par nos propres habitudes, vous eussiez cru que ces hommes, immobiles comme des statues de pierre, assistaient à une affaire indifférente. Mais le moment, longtemps attendu, arrive enfin, où Lopez se lève du haut de ces bancs silencieux. C'est l'homme le plus populaire d'Espagne; ses adversaires même le vénèrent; les regards de ces hommes du Midi le couvent avec orgueil; les uns espèrent être vengés, les autres épargnés : tous reconnaissent également sa puissance et s'en glorifient au fond du cœur.

Dans ce court intervalle, je me représentais ce que, dans sa position, ferait en France un président du conseil, descendu comme lui du pouvoir. Il se poserait, dès le début, une question très-complexe : satisfaire l'opposition sans pourtant se brouiller avec la cour, donner et ôter, tour à tour, l'espérance à des fractions opposées, quelquefois s'avancer, puis se retirer aussitôt, se ménager toujours, mettre le meilleur de son éloquence dans les réticences, en sorte que chacun puisse les interpréter à son profit; parler à l'esprit, jamais à l'âme, défendre son rival en se séparant de sa cause et le rendant impossible, l'écraser de sa générosité, la faire tourner à son propre avénement. Honnête Lopez, que vous êtes loin de ces triomphes-là !

L'éloquence de M. Lopez est si espagnole, elle tient si peu du caractère des autres tribunes, que rien n'est plus difficile que d'en donner l'idée. Quoiqu'il ait été trois fois ministre, il a à peine quarante ans. Il a les traits osseux de l'Arabe, les yeux un peu enfoncés, qui, du sourire passent à l'expression tragique avec une rapidité que l'on ne connaît pas hors de son pays. Sa voix vibrante est un choc continuel ; il a les accents d'un cœur qui se déchire et qui s'ouvre ; il a aussi un certain ton rauque et africain qui n'est qu'à lui et va chercher l'âme jusqu'au fond des entrailles. Je crois entendre le cri brûlant de l'Afrique dans une âme chrétienne. La chaleur, la vie, le soleil de Murcie scintillent dans cette parole, elle vous perce d'une épée ; dès le premier mot, s'exhalent dans l'accent de Lopez toutes les passions amassées et contenues des hommes qu'il représente. La lave ne cesse plus de couler autour de l'auditoire. Comme il s'est précipité, le corps en avant, le front prêt à heurter, la main droite tendue pour saisir au corps le parti opposé ! Il m'a rappelé le taureau de combat quand on ouvre la barrière.

Et depuis ce moment, que de chocs terribles ! quelle fougue incomparable ! quelles larmes d'indignation naïve ! quels reproches ! quel honneur ! quelle loyauté ! Comme il a enveloppé Olozaga de son geste et de son autorité ! Qui ira arracher l'accusé à cette enceinte de flammes ? Il est le dernier ministre qui soit entré dans le palais ; il a vu le gouvernement occulte ; lui aussi vient dénoncer la Camarilla et s'en fermer la porte pour toujours. D'ailleurs, son langage est aussi coloré que son accent. Voilà bien l'orateur que je cherchais au pays de Calderon, mêlant la poésie au raisonnement, le *Romancero* aux invectives constitutionnelles.

« Je ne veux pas, dit-il, que le sort d'un mi-
« nistre soit parmi nous si triste et si misérable
« que d'être obligé, toujours, de traîner après
« soi, dans le palais, un notaire et deux témoins
« pour certifier ce qui s'y est passé. Je ne veux
« pas que la réputation d'un homme, justement
« acquise sur ces bancs, aille s'abîmer et dispa-
« raître en un moment, et que son déshonneur
« se publie dans les rues par la bouche des aveu-
« gles, comme le duc de Rivas nous dit, dans ses
« romances, que se publiait dans les rues de

« Valladolid, par la bouche du héraut d'armes, la
« sentence infamante de don Alvaro de Luna. » Et
lorsqu'il arrive à cette théorie que la parole de la
reine est au-dessus de toute contradiction, il y
oppose d'abord une concession mêlée de galanterie, où respire l'âme chevaleresque de la
vieille Espagne.

« Je ne crois pas facilement aux tromperies
« des femmes, parce que, outre qu'elles sont, en
« général, étrangères à ces grandes affaires qui
« appellent la fraude, j'ai toujours pensé que
« leurs bouches, faites pour prononcer des pa-
« roles d'enchantement et de félicité, servent
« mal le mensonge et la vile imposture.

« Mais sans ouvrir mon âme aisément au
« soupçon, ma conviction est que dans l'affaire
« présente il n'y a rien qu'une intrigue de palais,
« préparée peut-être loin d'ici ; les personnes
« qui la dirigent ont jugé le moment propice
« pour le denoûment du drame. »

Pour lutter contre cette religion de la parole
royale, il fallait s'élever à une religion plus
haute ; l'orateur espagnol se retranche naturellement dans le ciel, d'où il domine les luttes terrestres. J'entends encore ces paroles, qui montent

avec solennité comme les gloires d'un tableau de Murillo dans une cathédrale ; il y a dans ces accumulations redoublées une majesté qui fait penser à la poésie des *autos* de Calderon :

« Que la parole de la reine ne serve pas à
« étouffer la nôtre ; car enfin, en ne lui ôtant
« rien du respect que je lui dois, je dirai sans
« ambages qu'il y a une autre reine, plus in-
« violable et plus sacrée, fille du ciel, sœur du
« temps, compagne de l'éternité, unique recours
« et consolation de l'affligé, seul bouclier de
« l'innocent, la Vérité... sur son trône de tous
« les siècles, la Vérité, à qui je consacre mon
« culte depuis que je suis né. Quand je fixe
« mes yeux sur elle, tous les autres objets de la
« terre disparaissent devant moi.

« La Vérité était avant qu'il y eût des rois dans
« le monde. Les rois et les trônes ne sont rien ;
« ils sont fondés sur un sable fragile, s'ils n'ont
« pour fondement la vérité et la justice. Nous
« devons la vérité à Dieu, à nous-mêmes ; nous la
« devons aux peuples qui ne nous envoient pas
« ici pour que nous leur transmettions une
« fausse monnaie ; et, advienne que pourra, je
« soutiendrai et défendrai, pour ma part, jus-

« qu'au bout, la vérité avec la loyauté d'un
« homme de bien. J'admire ici la réserve de
« M. Olozaga. A sa place, je n'eusse pu faire
« comme lui; car, ou le fait est certain, et alors
« je serais, au moment même, tombé mort sur
« mon banc; ou il ne l'est pas, et, dans ce cas,
« en dépit, je ne dis pas d'un roi, mais de tous
« les rois de l'univers, j'aurais proclamé et
« soutenu que je dis la vérité, la conscience
« tranquille, le cœur plein d'indignation et
« d'audace. »

Peut-être ces paroles, transportées d'une langue dans une autre, perdent-elles toute leur puissance. Mais, après une telle fougue de colère, ce moment eut la solennité d'une prière au milieu du combat. On entendait le choc de deux principes inviolables qui, au-dessus des partis, se heurtaient dans le ciel. Cet instant fut sublime. Les adversaires le sentirent; oppressés entre l'admiration et la colère, ils se levèrent sans bruit, l'un après l'autre, et disparurent pour la seconde fois.

Je ne sais s'il faut donner le nom de talent à cette puissance invincible qu'exerce Lopez. Elle est trop intimement liée à l'âme pour que ce mot suffise à la caractériser. Il faudrait y joindre l'idée de l'antique honneur, de la loyauté, du *vir bonus* des anciens, de l'éclat d'Arabie dont brille la conscience de l'homme de bien. Je craindrais que, dans nos nouvelles mœurs parlementaires, cette élévation ne s'appelât duperie, et que cette probité ne fût un embarras. J'avais entendu, en France, des orateurs qui jouent, pendant un certain moment, un personnage public; pourquoi, sur des sujets qui me regardent, ces hommes ne m'ont-ils presque jamais causé une impression, une émotion sérieuse? J'ai admiré leur savoir-faire; mais, sous l'orateur, je découvrais trop souvent, malgré moi, le comédien. Ils mettaient tant de précautions, tant de détours obliques dans leur pensée, qu'avant de pouvoir la saisir, j'avais plus vite fait de cesser de la chercher. Le plus beau de leur discours est presque toujours ce qui n'y est pas. Si vous n'êtes dans le secret de l'intrigue, toute leur éloquence vous échappe. J'avais entendu, pendant quinze ans, sans trouver une émotion, les orateurs de mon pays; et voilà qu'un homme que je ne connais pas, sur des sujets étrangers qui ne me regardent pas, dans une langue étrangère, me tient asservi, pendant des jours entiers ; il me trouble, il me désespère, il me relève, il me donne un cœur espagnol, et m'arrache des larmes d'Espagnol ! O accent de l'honneur ! loyauté, bonne foi, accord de la vie et de la parole ! beauté morale qui nous fuis chaque jour ! vérité sans voile, ne vous avais-je donc jamais entendue ! Sincérité ! patrie de toutes les âmes humaines, avais-je vécu exilé hors de toi, pour que tu m'aies paru, ce jour-là, si nouvelle et si belle ?

Jusqu'à ce moment, l'éclat, la puissance avaient été seulement du côté du parti accusé. L'accusation se retirait, on ne parlait plus de violences matérielles, mais seulement d'instances vives et indiscrètes ; l'attentat se changeait en familiarité. Il fallait opposer à M. Lopez l'homme qui, avec lui, est le plus aimé et le plus estimé en Espagne, M. Martinez de la Rosa.

Il a la vieillesse élégante et jeune des poëtes. Loin que son talent poétique ait été pour lui une cause de défaveur dans les assemblées, c'est à cette élévation de l'âme qu'il doit sa juste prépondérance. Ses grands traits sont, en même temps, pleins de finesse ; ses cheveux blonds tempèrent le feu de ses yeux d'Andalou. Ajoutez la taille haute et fière d'un véritable hidalgo de Grenade, un naturel charmant, une voix de sirène, à laquelle manque, sans doute, le cri africain, mais qui le rachète par un atticisme continu. Personne n'a mieux concilié, avec l'humeur indigène, l'imitation des formes étrangères. Il est cosmopolite, si un Espagnol de l'Alhambra peut l'être. Sa véhémence correcte est tout l'opposé de la furie de Lopez. Sa phrase se balance, *paladinamente* avec la souplesse d'un cheval andalou dans un tournois; il semble combattre à mort, non pour les passions d'un parti, mais pour l'honneur et pour la devise de sa dame. Ce ton nouveau dans la discussion est le plus grand péril pour l'adversaire : tous les violents se cachent aussitôt sous cette tempérance réelle. Comment se défier de l'idolâtrie de la royauté, chez un homme qui a traîné cinq ans les fers aux pieds, en Afrique, dans les galères de Ferdinand VII?

On vit par ce discours artistement composé quelle avait été la force des orateurs progressistes, puisque M. Martinez de la Rosa parut moins accuser le ministre que défendre son parti et la reine. Il n'apporta, non plus que ceux qui l'avaient précédé, aucune révélation nouvelle ; mais on remarqua un argument tout indigène qui ne pouvait manquer de produire quelque impression dans une assemblée espagnole. Le confesseur d'Isabelle avait assisté à sa déclaration ! pouvait-on supposer que Sa Majesté eût osé mentir à haute voix devant ce dépositaire sacré de sa conscience ! L'orateur n'alla pas jusqu'à commander le silence à l'accusé ; mais il demandait une espèce de jugement royal, plus périlleux, au fond, que les aveux complaisants d'attentats imaginaires ; car il cachait l'ancienne raison d'État sous les formes de la législation nouvelle ; il satisfaisait, à la fois, les fanatiques de la vieille monarchie et les scrupules de la constitution ; sans compter qu'il ne dissimulait pas la nécessité de la condamnation pour le salut de l'Espagne.

« Nous qui reconnaissons, disait-il, dans le
« trône d'Isabelle, l'unique moyen de salut au
« milieu des luttes politiques ; nous qui avons
« anticipé l'époque que la constitution assigne
« à nos rois pour les charger du gouvernement
« des peuples, nous ne pouvons moins faire
« que d'élever notre voix autour du trône, pour

« défendre avec toutes les forces de la convic-
« tion, avec tout l'enthousiasme de bons Espa-
« gnols, la vérité des paroles de notre reine,
« puisqu'un trône déshonoré est un fléau pour
« la nation qui le déshonore. »

Ce moyen terme, que les violents n'avaient pas su trouver, était le vrai péril; il mettait à l'aise ceux qui craignaient encore d'offenser trop ouvertement la révolution. M. Olozaga sentit que tout allait dépendre de ce moment; il avait conservé sa circonspection et son sang-froid devant ceux qui l'avaient attaqué avec fureur. Mais cet atticisme dans la haine, cette modération vraie, dont vont s'orner ses ennemis, le désespèrent; il répond d'une voix frémissante.

« On parle de justice; on demande la vérité,
« et l'on commence par nier l'unique moyen
« de la trouver. Veut-on un jugement, veut-
« on un sacrifice? veut-on la vérité ou l'intri-
« gue? Quoi de plus grand que la justice! quoi
« de plus respectable que l'innocence! quoi de
« plus auguste que de voir le premier mortel du
« monde poser la main sur les Évangiles et dire
« ce que lui commande son honneur! En quoi

« s'abaissera Sa Majesté pour déclarer, devant
« Dieu et devant les hommes, la vérité, pour
« admettre les genres de preuves que la cou-
« tume et la raison publique ont établis dans
« tout l'univers? Que certains hommes soient
« partisans du régime passé; qu'ils exaltent une
« société que nous connaissons seulement par
« l'histoire; que, dans leurs études, dans leurs
« livres, dans leurs discours, ils soient, tant
« qu'ils voudront, chevaliers, barons, hidalgos
« d'un autre temps! Mais venir, au dix-neuviè-
« me siècle, soutenir dans le congrès de la na-
« tion espagnole, que la parole de la reine fait
« foi absolue, contre laquelle il n'y a point de
« preuves, c'est une vision ridicule ou c'est une
« hypocrisie insigne; et que ce soit l'une ou
« l'autre, avec tout le respect que je dois à de
« tels principes, je les repousse sans capituler.
« Y a-t-il une accusation ou non? S'il y en a une,
« il faut, pour qu'il y ait jugement, un témoi-
« gnage quelconque d'un côté, et de l'autre le
« mien qui s'y oppose. »

Ce fut en quelque sorte la fin de la discussion. D'autres orateurs remuèrent encore pendant quelques jours ces cendres. On remarqua une circonstance rapportée par le vice-président Alcon. Il raconta que, lorsque la reine eut fait appeler autour d'elle les chefs des corps politiques, elle leur demanda conseil sur ce qu'il y avait à statuer à l'égard d'Olozaga. Pourtant elle avait déjà lancé secrètement contre lui quatre décrets, par lesquels, après l'avoir déclaré incapable de remplir à l'avenir aucun emploi, elle l'exilait, de son autorité privée, hors d'Espagne. Ce récit, venu au dernier moment, ce retour naïf au bon plaisir, cette dissimulation profonde dans une si jeune princesse, frappèrent plus que de longs discours. On crut y trouver une lumière pour tout ce qui, d'ailleurs, avait paru obscur. Quelques hommes qui avaient été muets jusque-là, passant tout à coup à une autre extrémité, ajoutaient qu'il ne fallait pas s'étonner de ce qu'on entrevoyait; qu'elle était la fille de Ferdinand VII, qu'elle rappelait sa figure, sa bouche, son regard tortueux, et qu'elle annonçait une digne héritière. Mais ces dernières paroles ne se disaient que tout bas; on s'étonnait de les avoir prononcées; et comme si l'on était effrayé déjà de cet augure, on s'empressait de rejeter sa colère sur Narvaez, la marquise de Santa-Crux et sur la reine Marie-

Christine, absente moins du trône que du cœur de l'Espagne.

La décision du congrès ne fut pas moins extraordinaire que le reste. Après avoir autorisé, dans les discours, les maximes de don Pèdre *le Justicier;* après avoir écouté et admis tout ce que la haine habile peut inventer, après avoir décrété d'avance, en quelque sorte, la condamnation, le congrès nomme, pour examiner l'accusation, les amis les plus proches d'Olozaga, ceux qui l'ont défendu le mieux, Madoz, Cortina; le président de cette commission, (qui le croirait?) c'est ce même Lopez qui l'entourait tout à l'heure de sa parole de tribun. Est-ce entraînement, repentir, ou triomphe de la parole sincère? Est-ce que redoutant l'accusation pour soi-même, on voudrait la faire détruire par les accusés? Est-ce qu'on se contente d'avoir arraché le pouvoir, et qu'on n'a plus besoin de demander une tête? Est-ce l'hommage chevaleresque que des ennemis rendent à leurs ennemis, ou que la vieille loyauté espagnole n'a pu disparaître ni dans le fanatisme monarchique, ni dans les ruses des partis? Ceux qui connaissent l'Espagne de nos jours jugeront peut-être que ces sentiments divers se rencontrent à la fois dans la conclusion aussi imprévue que l'origine de ce drame.

Au dehors, les plus violents des *moderados*, enivrés par la parole publique, avaient pris, à leur tour, l'apparence contenue des orateurs. Un fanatisme sinistre avait remplacé les malédictions des premiers jours. A la porte du congrès, une foule épaisse d'hommes enveloppés de manteaux attendent une proie. En sortant de l'assemblée, M. Olozaga faillit être poignardé. On raconte que des hommes le cherchent pour le pendre au balcon de sa fenêtre. Il cesse d'assister aux séances et disparaît de sa maison. Je tiens du préfet de Madrid qu'aucun ordre n'a été donné pour l'arrêter ; je ne sais jusqu'à quel point il a été protégé. On était dans l'appréhension d'un crime qui paraissait inévitable, lorsqu'on apprit qu'Olozaga avait été rencontré, errant, à cheval, au milieu de vingt hommes, du côté du Portugal. Il y a peu de jours qu'il avait été tour à tour ambassadeur en France, président du congrès, président du conseil des ministres. Un sort presque semblable était réservé aux orateurs qui l'avaient défendu. Un mois après, Cortina et Madoz étaient jetés dans un cachot et mis au secret. Lopez, poursuivi échappait par la fuite. Les accusateurs avaient oublié l'accusation ; mais l'Espagne était en état de siége, un grand parti décapité; le sang coulait. Narvaez, la marquise de Santa-Crux, et au loin la reine Christine se montraient étonnés ; la révolution semblait s'abîmer d'ell-emême devant les premiers pas de l'*innocente* reine qui lui doit sa couronne.

X

UNE RÉVOLUTION SANS IDÉES RÉVOLUTIONNAIRES.

Ainsi a été tranchée par la violence une discussion commencée avec la solennité d'un autre temps, mélange de loyauté chevaleresque, de *sentimientos hidalgos* et d'une première imitation des ruses étrangères. Ceux qui n'en ont aperçu que de loin les résultats, le retour impatient au dogme du pouvoir absolu, cette idolâtrie du monarque, même chez les torturés de Ferdinand VII, cette lassitude du droit commun, cet appétit aveugle d'une domination sans remède, et tout un parti attiré dans le piége, ont dû encore une fois désespérer du génie de l'Espagne. Pour moi, si je réfléchis au caractère intime de ces débats, il me semble, au contraire, y voir un autre signe; car, en même temps que les maximes les plus aveugles se sont remontrées à découvert, d'autre part, la fierté, la dignité n'ont pas manqué. L'important n'est pas que la servitude se dissimule, mais que la liberté s'avoue; et il est telle parole qui, répétée par tout un peuple, paye le sang d'une bataille.

On demande toujours pour quelles idées, pourquoi sont morts les hommes qui ont résisté à l'ancienne monarchie espagnole. Ils étaient eux-mêmes passionnés de royauté; ils ne haïssaient ni l'Église ni la noblesse, qui jamais n'avait eu l'arrogance de la nôtre. Que voulaient-ils donc? Que l'Espagne cessât d'être muette. Ils voulaient eux-mêmes lui délier la langue, et entendre le son de la parole humaine, dont ils étaient sevrés depuis le moyen âge. Ils croyaient que tout serait gagné, et que le miracle s'accomplirait dès que la vérité ensevelie pourrait sortir, sans mélange, des lèvres de l'homme de bien. Cette foi dans la puissance de la parole sincère est le fondement de la vie nouvelle des Espagnols. Tant que ce caractère ne sera pas entièrement aboli, je ne désespérerai pas. L'éloquence a encore quelque chose à faire là où personne ne suppose aisément que l'orateur ne croit pas ce qu'il dit.

Je suis quelquefois effrayé de les voir louer ouvertement le libertinage d'esprit de quelques orateurs étrangers. Les habiletés byzantines, les embûches de langage, auxquelles la passion trop sincère les empêche d'atteindre, leur inspirent une sorte d'émulation mêlée de crainte pour des vices différents des leurs. Que deviendront-ils, s'ils atteignent l'art qu'ils se contentent d'envier ? Il est facile de le dire, sans qu'il soit nécessaire de l'inventer.

Quand la parole se flétrit chez un peuple qui a placé toute sa dignité dans la parole, le désordre est au comble ; car, si le mensonge à voix basse finit par stériliser la bouche qui le profère, que l'on se figure ce qui doit arriver quand la tribune publique, qui est la bouche d'un peuple, ne proclame plus que des fictions, des ambages, des propos tortueux. Il y a dans cet art d'emboucher la trompette pour publier, aux quatres vents, des réticences, des ambiguïtés, des mots couverts ou frauduleux, une incroyable puissance de néant. Entrant partout, éclatant partout, jusque dans le moindre réduit, la parole faussée passe sur la face d'une nation, et sème la peur, la ruse, le mensonge. On croit avoir fait et gagné quelque chose quand on a prononcé des lèvres un discours où le comble de l'art est de ne s'attacher à aucune vérité, dans la crainte d'être obligé plus tard de la mettre en pratique. Ces combats simulés amusent l'opinion, pendant que sous un cliquetis de mots qui n'atteignent personne les projets souterrains se cachent mieux que dans le silence des vieilles cours. Si la nature a fait une langue droite, franche, loyale, on en fait une langue peureuse, cauteleuse, serpentante; et comme il n'y a rien de plus puissant pour le bien qu'une tribune d'où retentit un accent sincère, fût-il même ennemi, je n'imagine aussi rien de plus corrupteur qu'une tribune d'où se répand, avec convenance, un brillant verbe de mort; car on fait servir le grand jour pour cacher l'artifice, à quoi l'on n'employait autrefois que les ténèbres; et l'on corrompt ainsi jusqu'à la lumière même.

Avec cette ardeur de tromperie, qui ne sent chez nous que chacun est pris dans son piége?

Vous étudiez, vous raffinez, éloquent Hortensius, habile Lysias, si bien vos fraudes du Bas-Empire, vous êtes si profondément abîmés et réjouis dans vos ruses subtiles, que vous ne voyez pas le grossier lacet qui s'ouvre sous vos pas. Nous avons beau tenir pour suspects le ciel et la terre, nous sommes la proie de quiconque veut se donner la peine de nous leurrer. Toute perspicacité morale disparaît, nous ne voyons plus rien à distance; ou peut-être est-ce là une dernière feinte; car chacun prend le masque qui lui plaît; il n'a que la peine de choisir. Ce déguisement une fois adopté, on respecte celui de son voisin, à condition d'être respecté, comme au bal masqué; et en voilà pour la vie.

Tout ce qui m'inquiète est de savoir si, jusque dans la tombe, ce déguisement sera maintenu pour la postérité, et si la mort ne prendra pas fantaisie, à la fin, de voir une fois tant de laids visages à nu, et de comédiens sans le masque.

L'ardeur des guerres civiles a, du moins jusqu'ici, préservé de ce fard l'esprit politique de l'Espagne. Le parti qui vient de vaincre, avant de profiter de la victoire, ne songe qu'à effacer de la constitution la souveraineté du peuple. Vous vous étonnez de voir les Espagnols renverser ainsi, à tous moments, leur charte, et vous accusez de ces changements l'inconstance des peuples du Midi. La cause en est toute différente.

Chez les peuples encore neufs dans l'exercice du pouvoir, chaque parti victorieux se hâte d'afficher sa théorie au frontispice de la constitution. On attaque ses adversaires de front en commençant par les humilier; d'ailleurs, tous croient ne pouvoir rien faire sans une logique rigoureuse, et chacun veut opprimer de tout le poids de sa conscience. Plus tard, mieux avisé ou plus corrompu, l'apparence est gardée, l'esprit seul est changé. Pour dominer une révolution populaire, on s'enveloppe alors de la souveraineté du peuple.

Deux voies s'ouvrent devant la révolution espagnole: l'une d'imitation, l'autre indigène. Le premier système est déjà parfaitement tracé: rompre le fond d'égalité sociale qui est dans les mœurs, créer, fomenter la guerre des classes, ne s'appuyer que sur une seule, faire tout dépendre de l'argent, écraser les pauvres de l'arrogance des riches, épouvanter les riches de la haine des pauvres, inaugurer la peur, surtout abaisser la fierté du pays pour le mieux dominer. Cette voie, déjà en usage ailleurs, est la plus aisée ; car si l'on vient à bout de ravaler le cœur de l'Espagne, nul doute que son gouvernement ne soit dispensé de la craindre. Quelques forteresses autour de Madrid et des principales villes ouvertes achèveront de répondre d'une nation avilie.

Cet art nouveau de dégrader un pays pour le mieux gouverner est employé de nos jours, non sans quelque apparence de succès, chez une nation, il y a quelques années assez fière, et encore aujourd'hui plus puissante que l'Espagne.

La seconde voie demande une âme royale ; et cependant il faut simplement être Espagnol. Il s'agit d'accepter ce vaste héritage de démocratie que la vieille monarchie espagnole a préparé, et qui reste là, en réserve, pour quelque grand dessein ; s'inspirer de ces mœurs originales qui rapprochent toutes les classes dans une même alliance ; faire passer dans les lois cette fraternité vivante ; profiter de l'universelle misère pour trancher par la racine la féodalité de l'or ; continuer une nation de gentilshommes prolétaires au lieu de la ravaler jusqu'à la bourgeoisie ; étonner l'Europe au lieu de l'imiter, la devancer au lieu de la suivre, et montrer aux contempteurs un peuple qui trouve dans ses coutumes natives la force de réaliser ce que d'autres, après avoir entrepris avec honneur, renient ou abandonnent insolemment.

Il est vrai que si l'Espagne a, dans sa pauvreté même, des avantages singuliers, j'aperçois un obstacle qui, à lui seul, peut l'empêcher longtemps d'en jouir. Tout a été bouleversé, hors le principe de l'ancienne religion. L'intolérance du moyen âge est restée au fond des garanties nouvelles. Nul ne peut, par exemple, écrire un mot sur un sujet religieux, dans un journal, sans avoir l'agrément du clergé. Voilà les grands sujets interdits d'avance et la pensée liée. Sur ce fond de servitude spirituelle, j'ignore comment s'élèvera la liberté politique. Il me semble voir un grand peuple se précipiter dans l'avenir les fers aux pieds. De là une révolution sans idées révolutionnaires. Une multitude de couvents sont renversés, incendiés; mais, au milieu de ces ruines, l'ancienne intolérance reste debout ; on s'est contenté de châtier des pierres.

La révolution espagnole montre ainsi ce que peut être, de nos jours, une révolution qui s'enferme dans l'enceinte du catholicisme : des mouvements impétueux, des efforts enthousiastes, des coups de cornes de taureau, de chevaleresques intentions, de grands talents, les plus vrais orateurs de ce temps, et peut-être les seuls, si être éloquent c'est émouvoir ; mais nulle philosophie possible, nul plan suivi, nulle théorie qui naisse du sol, point de génie constituant, nulle audace de pensées et de conceptions ; et de là, dans les choses, une affreuse stérilité, que le sang des partis ne peut changer. Il faut marcher par bonds sans s'orienter jamais.

Parquée dans le catholicisme, cette révolution se heurte çà et là contre elle-même. Il y manque ce génie universel, qui nourrit les grands desseins. Rien ne supplée à la force que donnerait une cause qui embrasserait celle du genre humain. On parle pour l'Espagne, non pour l'humanité. La nouveauté, l'immensité du péril, ne vous fortifie pas ; et, comme on semble ne combattre que pour soi, nul ne donne à ce qu'il fait l'importance d'une action d'où dépend la destinée du globe.

Les hommes sont petits, dites-vous ; non, c'est la situation qui les déprime. Sur un dogme qui nie la discussion, on se consume à semer la liberté. Au lieu de la liberté, l'ancienne violence reparait; alors on désespère. Les difficultés sont jugées surhumaines; on se rejette avec fureur vers un passé mystique déguisé sous les traits d'une jeune fille; et ce qui est accablement, on l'appelle modération !

XI

UNE INCANTATION.

Onze heures du soir.

La pièce est jouée, les acteurs se déshabillent. Pendant que la nuit s'avance avec le *séréno,* la lune d'Espagne verse à flots ses enchantements. Lecteur, je t'ai amené en te berçant jusqu'au seuil du palais de Madrid. Ici, j'ai besoin d'exalter ton Esprit et de l'évoquer à mon aide. Souffre donc que je profère à la clarté des étoiles la formule cabalistique de l'incantation.

Par tous les mots sacrés qui ravissent aujourd'hui ton âme, par le Disque d'argent, par le jeu de la Bourse, par la Hausse, par la Baisse, par les

Dividendes et les Coupons de la Rente, par les Actions, par les Primes des chemins de fer, par les Bonis de la Banque, par l'Agiotage, Esprit immatériel, je te supplie! je t'évoque! obéis! lève-toi!

L'ESPRIT DU LECTEUR.

Puissance enchanteresse! écho du ciel! tu as prononcé les paroles magiques dont s'enivre l'oreille; elles liquéfient les métaux, elles entraînent après elles les forêts, elles ressusciteraient les morts. Me voici prosterné en toute hâte! que me veux-tu?

LE VOYAGEUR.

Écoute, Esprit pur! il t'est donné de pénétrer en des lieux qui doivent me rester fermés. Le palais de Madrid est de ce nombre ; il faut, en bon compagnon, que tu montes à ma place sur le faîte.

L'ESPRIT DU LECTEUR.

Entrer en ton nom dans le palais! et si je rencontre notre chargé d'affaires! tu vas compromettre ma position politique; je suis peut-être en train, là-bas, de devenir ministre.

LE VOYAGEUR.

Il n'importe. Nous attendrons.

L'ESPRIT DU LECTEUR.

Cruel! tu as proféré la formule toute-puissante; je ne m'appartiens plus, il faut t'obéir. Je passe la grande salle, je traverse deux ou trois intrigues; me voici sur le faîte.

LE VOYAGEUR.

Que vois-tu?

L'ESPRIT DU LECTEUR.

D'ici, je domine toute cette société où tu te perds obscurément dans la foule, sans apercevoir aucun principe. De Séville à Bayonne, de la Huerta de Valence aux montagnes des Asturies, l'âme de l'Espagne m'apparaît distinctement au clair de lune. O supplice de l'enfer! je vois un grand peuple, lié, plein de vie, à une religion morte.

LE VOYAGEUR.

Imprudent! c'est toi qui l'as dit, je m'en lave les mains.

XII

L'ESCURIAL.

Depuis quelques semaines l'âge d'or est passé ; l'innocente Isabelle a revêtu la robe de *sa majorité;* l'enfant est devenue femme, et ses jours n'ont pas été perdus en rêveries, au bord du Manzanarès. De ses mains virginales, elle a déjà signé la mort de deux cent treize progressistes par le plomb ou par la hart. Partez donc, blanches colombes, messagères d'amour, qui voltigez incessamment sur le toit de son palais. Allez, battez de l'aile aux fenêtres des augustes prétendants ; à ces innocentes gouttelettes de sang, chacun reconnaîtra que la timide rose des Espagnes est épanouie. Puisque la *question du mariage* est la seule qui inquiète le Cabinet, cherchez au loin, en roucoulant, un chaste époux pour la vierge vermeille. Eh ! quelle autre aujourd'hui, pourrait donner le matin à son amant, dans la corbeille de noce, deux cent treize mauvaises têtes de Jacobins ?

Pendant que vous portez joyeuses, à tire d'aile, votre message de fiançailles, je vous suis encore des yeux, dans le lourd coche qui en hiver fait une fois par semaine le trajet de Madrid à l'Escurial. Le chemin évite le peu de masures que l'on aperçoit ; tel devait être le chemin de Lénore emportée, dans la ballade, par le chevalier de la mort. On n'entend pas une mouche, *no se oye una mosca*, me dit mon compagnon, frère-lai défroqué qui pour dérider ce désert me raconte en riant, et en les imitant, les grimaces d'Empecinado, son compatriote pendu à Aranda. Un soleil blanc éclaire une sorte de cimetière de dix lieues. Les pics des Sierras figurent au loin d'immenses croix de meurtres. Sur les roches luisantes, les noirs ravins tracent à l'horizon les lettres d'une inscription où je lis : *Ci-gît l'Espagne ; elle a été assassinée en cet endroit par le Saint-Office et par Philippe II. De profundis.* †

Où sont les messagers de Lépante et de la flotte invincible ? Où sont les mules attifées du coche d'Antonio Pérez ? Qui se souvient ici des mystères de la princesse Emboli ? La pie centenaire qui me regarde du haut de la tour croulante d'un télégraphe, garde un silence diplomatique. Le moineau babillard devient ici taciturne et semble posséder un secret d'État. Au silence de toute la nature vivante, on dirait qu'un grand oiseau de proie tournoie éternellement au haut du ciel. Immensité vide, semée d'ivraie; Eden de l'inquisition.

Une horloge sonne dans la solitude; le son vibre à travers les fentes des rochers. C'est l'horloge de l'Escurial. A mi-côte apparaît le terrible ex-voto de Philippe II, le gril[1] gigantesque de Saint-Laurent; il est appendu à une chaîne de montagnes osseuses, couleur de cendre, qui s'affaissent des deux côtés, comme les débris d'un monde calciné. C'est là qu'une âme de pierre a voué l'Espagne et le monde à l'immobilité de la pierre. Au moment où un vieux monde va être submergé au seizième siècle, Philippe II construit en granit l'arche du passé. Il y enferme tout à la fois le pouvoir temporel et le pouvoir spirituel, le pape et l'empereur, le monastère et le donjon. Viennent les tempêtes! cette arche contiendra les reliques d'une société défunte. Car, on sent qu'au loin la terre tremble et s'en-

---

[1] On sait que le plan de l'Escurial a la forme d'un gril.

tr'ouvre sous une tempête divine ; aux flancs de cet Ararat moderne, la nef s'arrête et se fixe. L'Église et la monarchie absolue, prises de la même terreur, se réfugient l'une dans l'autre ; elles tendent au désert leurs bras de granit pour se soutenir mutuellement ; mais pas un oiseau du ciel n'apporte le rameau d'espérance.

Couvents, palais, cloîtres, donjons, bastilles, villas, se pressent, se serrent les uns contre les autres dans le moment du péril. Le dôme imité de Saint-Pierre de Rome domine avec majesté ; seulement il est enveloppé de donjons ; vous diriez l'Italie de Michel-Ange prisonnière entre quatre bastilles flamandes.

Sur chacune des bastilles est arborée la croix en signe de victoire. De son triple retranchement, l'Escurial regarde à la fois l'islamisme de Lépante, le protestantisme d'Angleterre et de France. Partout il fait face à un monde ennemi. Pendant cette bataille du XVIe siècle, éternisée dans le rocher, trois cents moines prient jour et nuit, autour de la salle du conseil. Leurs litanies se mêlent aux nouvelles apportées de tous les points du globe ; triomphe de Lépante, destruction de l'Armada, la même froideur impénétrable accueille la victoire et la défaite ; cette âme de glace a passé dans les lignes inflexibles de l'Escurial.

Chose étonnante ! dans le monument qui doit glorifier le passé, rien ne rappelle le passé de l'Espagne. Époques de la chevalerie, souvenirs des cathédrales et des mosquées, art gothique ou mauresque, tout est effacé, pour ne laisser voir que la face rigide d'un absolutisme récent. Car l'Escurial semble bâti d'hier. Cette blancheur incorruptible d'un monument élevé en haine de la vie, ces formes de la renaissance, cette apparence de jeunesse que revêt là le génie de la mort, vous blessent comme un défi.

Avec cela, cette architecture ne laisse pas de rappeler la poétique d'une tragédie de Calderon. la fête et le deuil, l'austérité et la volupté, le trône et le sépulcre blanchi, tout s'y trouve mêlé. La scène qui s'ouvre dans le palais, se poursuit dans la cellule. L'ermitage de Saint-Jérôme aboutit au belvédère de *la Christina;* à chaque pas le rideau se lève à une autre extrémité du monde moral. Un tragique imbroglio de pierre m'enveloppe, sans que je puisse retrouver l'issue.

Par où l'esprit nouveau pourrait-il pénétrer

dans la forteresse ? s'il franchissait le seuil, il serait aussitôt étouffé entre le moine et le roi. Tous deux épient chacun un côté de l'horizon. Ce qu'il y a de formidable dans l'Escurial, est la rencontre de ces deux puissances, qui s'amassent chacune de son côté. Comment échapper et respirer ? elles grandissent, elles s'attirent ; les murailles semblent se rapprocher, s'épaissir, s'enfler autour de moi, dans un rêve. Je me sens muré dans la servitude, entre la terre et le ciel.

De cloître en cloître, j'erre sans rencontrer personne. Dans les jardins où le buis est taillé en globe, la sève oublie de monter. Pour un moment, je suis le roi de ces solitudes. Je frappe à la porte des cellules ; le vent répond en sifflant à travers les serrures. Au-dessus de chaque porte est un tableau ; ces peintures italiennes, ainsi délaissées et battues du vent, gémissent à demi-voix. Au loin, le murmure d'un jet d'eau remplace les litanies des frères. Dans le grand cloître, s'élève un pavillon ou une cellule de marbre. A la magnificence réelle, se mêle je ne sais quelles grâces douceâtres. Le moyen de sonder ces murailles pleines de secret ? elles se dérobent sous les fresques fardées de Pellegrino. Les pierres font effort pour se réjouir ; mais dans ces enjolivements de granit, je reconnais le sourire de l'inquisition.

C'est ici qu'a reçu son éducation cet être prodigieux que l'on appelle le moine espagnol. Dans cette thébaïde royale, le moindre des cénobites sentait jour et nuit sur sa tête tonsurée la couronne des Espagnes. Il en avait la joie et l'orgueil, sans le fardeau. C'est sa chose; *Gare à qui la touche*. Dynastie d'anachorètes, frères aînés du monarque, leur patron saint Jérôme avait quitté le monde pour habiter une grotte sauvage. Pour eux, au contraire, ils creusent leur grotte de Bethléem dans le palais. Une porte dérobée les sépare à peine de la cohue des courtisans. Dans le plus intime de la solitude, ils sont plongés au plus vif de la politique. Antonio Pérez ne peut parler si bas que le bruit de ses aventures n'aille se glisser entre les antiennes des moines.

Quelles étranges visions devaient se partager l'âme de cet anachorète, ainsi à genoux sur le trône! on l'a peint, ceint de cordes, tenant dans ses mains une tête de mort. Mais voyez comme ses yeux scintillent d'une double lumière. Il s'abandonne, tout ensemble, à l'exultation de l'ermite dans sa caverne, aux délices de Macbeth qui essaye dans la nuit une couronne. Cette tête de mort qu'il a ramassée sur le chemin, est celle d'un grand peuple; plus elle est froide, plus il se réjouit d'en faire une relique. Les visions du désert, les ambitions de la Cour, les échos du cloître, ceux de la salle du conseil grondent à la fois dans son cœur. Mais ces bruits divers ne le partagent pas. Sur ce trône, où le voilà monté, sa vision est celle d'un *Christ absolutiste;* l'Escurial est pour lui la Sion terrestre, la maison d'alliance, où l'Église épouse éternellement le despotisme.

Dans ces mondes affaissés, le moine seul reste libre; il porte un diadème invisible. N'allez pas le réveiller de ce songe. De chacune de ces augustes cellules sortirait un monarque implacable; l'anachorète s'élancerait à cheval; car sans l'avoir jamais appris, il sait chevaucher, guerroyer, mieux que les princes; il est le vrai roi *neto;* il le sent, il défendra par le fer et par le Christ, sa double couronne qui luit sur son prie-Dieu.

Quelque chose que la raison d'État pût commander, la conscience du souverain était aussitôt apaisée par les hymnes de l'anachorète. Le cloître était solidaire du palais ; à de certaines heures, la porte de communication s'ouvrait avec mystère. Dans ces corridors passait, vêtu de noir, plus triste qu'aucun des habitants des cellules, un homme de petite taille, en manteau et en pourpoint, le col raide, la figure blême ; il cherchait avec son secrétaire l'endroit le plus désert pour y enfouir un secret d'État [1]. Que de fois, Philippe II est venu cacher ainsi le meurtre d'Escovedo, sous les roses mystiques de ce parterre de moines !

L'église n'était pas même éclairée par une lampe. Quand mes yeux furent accoutumés à ces ténèbres, j'entrevis sur un fond d'or deux grands spectres à genoux. Je les considérai longtemps sans savoir ce qu'ils pouvaient être. J'approchai. C'étaient les deux statues d'argent de Charles-Quint et de Philippe II. Au pied du maître-autel, est une sorte de souterrain vitré. Philippe II a passé dans cette caverne les dernières années de sa vie. Retiré dans les ténèbres, un

---

[1] V. Cartas de Antonio Pérez, 483. « Le secrétaire devina que ce lieu si retiré était choisi pour une affaire extraordinaire et nouvelle. »

chapelet attaché à ses mains, il voyait l'Espagne et le Mexique à travers la lumière des cierges de l'autel. On ne connaît pas le roi du Saint-Office, si l'on n'a pas approché de cet antre. On y respire, dans une odeur de défunt, l'âme de l'ancienne monarchie espagnole. Des ombres blafardes passent sur les murs humides; vous croyez entendre le bruit d'une plume sur une dépêche. Ce mot scellé avec la précaution d'un testament court au loin. Le frisson vous gagne à la pensée de ce grand royaume du soleil, ainsi régi du sein de la nuit, comme un peuple de spectres.

Philippe II a voulu poser d'avance sa bière près de sa chambre royale; et c'est une chose saisissante de voir combien ces Rois d'Espagne, scellés les uns aux autres dans de petits coffres de bronze, tiennent peu de place dans leurs palais. Ils étouffent dans la mort. Je frappai du doigt la tombe de Charles-Quint; elle rendit un son aigu comme celui d'une cymbale. Ces tombes enchaînées les unes aux autres n'en font véritablement qu'une seule; chacun de ces règnes semble entraîner le suivant dans le même moule d'airain. L'avenir est là, enseveli par avance dans le linceul. Égalité du monastère, symétrie d'un cabinet de diplomate, uniformité invariable que la mort même ne pourra pas déranger; ces magnifiques souverains sont étiquetés, rangés d'avance par étage, comme des testaments consignés dans des archives royales. Le génie funèbre de l'architecte s'est dépensé sur la face entière de l'édifice. Ce qu'il y a de moins triste, à l'Escurial, c'est la chambre des cadavres.

Après deux jours, je finis par rencontrer dans les cloîtres un être animé : c'était un paysan, à le juger sur son costume. Les joues livides et terreuses, le regard seul encore vivant, il ressemblait, trait pour trait, à plusieurs des images de saint Jérôme que j'avais remarquées au-dessus des cellules. Cette figure étrange, évidemment déguisée, s'approcha de moi; de cette voix défaillante qui était alors le timbre de tout le clergé espagnol, elle me dit : La charité, *senor !* j'étais le père gardien !

— Quoi ! mon père, lui dis-je, comme à l'apparition d'un spectre, vous êtes...

— Le dernier des moines de Saint-Laurent.

— Comment ! sous ce chapeau et sous cette cape de paysan !

—Ils ne veulent plus voir notre robe. Je me déguise; je viens me promener chaque jour, un moment, devant ma cellule.

— Et les frères, où sont-ils?

—Qui le sait? ils sont retournés dans leur *pueblo*. Ceux qui ne trouvent pas une petite messe à dire, mendient comme moi.

Dans la voix de cette homme, on sentait une force irréparablement brisée et perdue. Sans doute, il avait eu autrefois l'énergie des *gueril-leros;* peut-être avait-il porté le crucifix et l'escopette sur les poutres enflammées de Saragosse. Mais le moment de la discussion étant venu, il se trouvait impuissant; ses vieilles armes ne lui servaient de rien. La colère d'un monde avait passé sur cet être autrefois plein d'une énergie de feu; il ne restait qu'une ombre, qui semblait expirer à chaque parole. J'eus pitié de lui.

—Ah! mon père, lui dis-je, en l'assistant, consolez-vous! beaucoup de gens vous reviennent dans le monde, à ce que j'entends dire.

—Le croyez-vous? dit-il en soupirant.

— J'en suis certain. On travaille pour vous, en France. Vous y avez des amis.

—En France! reprit-il en hochant la tête! des

livres, peut-être ; des paroles, pas une action !
Ah ! les nouveaux ne sont pas comme les anciens, *senor ;* cela ne se ressemble pas. Chacun de nous valait un bataillon.

En prononçant ces derniers mots, l'homme pâle se redressa ; ses noires paupières s'allumèrent à l'improviste ; il en jaillit une étincelle comme d'un fusil sous la pierre à feu ; cet être mourant était ressuscité. Il était là devant moi dans la beauté de sa jeunesse. Il ouvrit une petite fenêtre, et me montrant des ruines : Voyez, *senor* ! voici les palais qui ont été incendiés par le général la Houssaye et le général Mouton, dans la guerre de l'Indépendance ; on dit que le feu n'est pas encore éteint.

En ce moment des voix résonnèrent dans le jubé de l'église ; le moine disparut à grands pas et alla rejoindre quelques chapelains déguisés comme lui. L'office fini, ils se retirèrent ensemble à la dérobée, dans le village. Tout retomba dans le silence. Pas une porte ne s'ouvrit ni ne se ferma. L'herbe continua de poindre dans les cours, l'épervier de glapir. Cela rappelait la légende de Montoya, où les morts ressuscitent une heure chaque soir, pour dire l'office des morts

Ne pouvant retrouver le moine, j'ai cherché un guide qui m'orientât dans ces labyrinthes. Ce guide connu de tout Madrid est aveugle depuis quarante ans; ce qui ne l'empêche pas de me montrer chaque tableau, chaque feuille de buis dans les jardins, tant il est sûr de retrouver toute chose à sa place. Dans cette maison royale de la mort, la privation de la lumière lui semble indifférente. Je n'ai pas encore rencontré au delà des Pyrénées une figure aussi heureuse, aussi souriante, que celle de cet aveugle en cheveux blancs, qui, tête haute, circule incessamment dans ce palais de l'immuable. Il y a pourtant, Antonio, quelque chose que le temps a dérangé autour de toi; cherche mieux du bout de ton bâton; tu pourrais te heurter à la fin contre un esprit inconnu, adossé à ce pilier du cloître.

C'est assez d'une semaine, en tête-à-tête avec les spectres. A l'ombre de l'Escurial le sang se figerait dans les veines les plus ardentes. Si du moins j'entendais, en sortant de là, un bruit de castagnettes; mais non! la ville est morte comme le palais. Dans ma posada, deux hommes en longs manteaux s'asseyent autour du *brasero* d'où s'exhalent les vapeurs de l'asphyxie. Vivent-ils ou non? en plusieurs heures je ne puis leur arracher une syllabe. Même les *criadas* de l'auberge ont leurs lèvres scellées d'un silence claustral. De ma fenêtre je domine une place déserte; quelques balcons dégradés qui ne s'ouvrent jamais aux vivants sont en face de moi.

Le souper est prêt; qu'attendons-nous encore? Je crois voir marcher le long des palais, à travers les rues ténébreuses, à pas de statue, le commandeur de pierre dans la dernière scène de Don Juan. *Pan! pan! pan!* est-ce lui qui a frappé de sa main de marbre ces trois coups à la porte de l'auberge des morts?

A quoi bon le soleil, la vie, la jeunesse, le sang dans les veines? S'asseoir sous cette ombre massive, y attendre dans l'oubli que le froid moral vous endorme pour toujours, ne serait-ce pas le plus sage? laisser là le combat, l'inquiétude, l'amour, l'attente cuisante, la vaine espérance! Seul, dans ce palais immuable, goûter le sommeil de l'âme! chaque jour aller s'asseoir dans la campagne, sur le roc taillé d'où Philippe II voyait s'élever de terre l'Escurial! assister soi-même à son édification dans la mort! ne serait-ce pas la paix, la sécurité sans mélange?

Engourdissement tentateur! nul ne sait ce qu'il arriverait d'une âme qui s'abandonnerait sans résistance à cette puissance écrasante qu'exerce ici le génie de l'inertie. Il faut un effort pour sortir de ce château enchanté par la mort. Elle est l'Alcine de ces villas. Tout un peuple a été emprisonné et dort dans son cercle magique. Comment un cœur isolé échapperait-il à ce souffle de glace? J'ai besoin du soleil d'Andalousie pour me guérir du froid de l'Escurial.

XII

LES ÉCRIVAINS. — UN PAMPHLÉTAIRE. — LARRA.

Ni les *pronunciamientos*, ni la guerre civile n'ont effrayé les poëtes; loin de là, on m'assure que le grand style du seizième siècle s'est retrouvé debout entre deux potences dans la mêlée des partis.

Imaginez ce que pouvait être, de 1833 à 1837, la muse espagnole au milieu des fusillades; faites-la à votre fantaisie; je vous le donne en cent. Vous vous la représentez l'escopette en main, une tache de sang au front, creusant d'un geste déclamatoire la fosse d'un factieux au détour d'un défilé. Eh bien! ce beau idéal est justement le contraire de la vérité. L'esprit qui, de la Biscaye à l'Andalousie, se fait écouter en ces années sinistres, qui règne sans contestation dans tous les partis, qui rivalise avec la popularité de l'échafaud, c'est, je vous le dis, un esprit joyeux, épanoui, un petit neveu de Rabelais ou de Cervantès (hélas! que n'a-t-il vécu!). Sur cette terre imprégnée de sang, il communique entre deux fusillades un fou rire aux libéraux et aux *serviles*, aux juges, aux condamnés, et au bourreau lui-même.

Ce joyeux écrivain qui le premier en Espagne a la langue affranchie, se cache sous le nom de Figaro. Mais songez que si le héros de Beaumarchais n'avait le droit de parler de rien, celui-ci a le droit de tout dire. Littérature, mœurs, politique, traditions, le champ fermé depuis trois siècles lui est ouvert; il s'y jette avec le rire des dieux. Fi des aventures galantes! Au dix-neuvième siècle, les aventures des peuples sont les seules qu'il recherche; il se place sous le balcon de l'Espagne pour lui donner de burlesques sérénades. L'Espagne, toute sanglante, s'arrête; elle rit du ricanement des morts; elle a reconnu dans les malices de Figaro quelque chose de la bonhomie et du droit sens de Sancho Pança.

Une révolution qui s'accomplit en se moquant d'elle-même, c'est l'originalité de José de Larra. On ne sait pas en Europe que les Espagnols ont été les premiers à se moquer de leur travestissement constitutionnel, de l'impuissance des chartes écrites, de l'emphase des juntes, des rodomontades des vainqueurs, des lenteurs homériques de la guerre, de l'inutilité des échafauds. Sur le ton de quelques proclamations, on les croyait tout ensevelis dans l'admiration d'eux-mêmes; et voilà que l'écrivain qui surgit de cette époque, qui le premier retrouve dans une mare de sang la prose espagnole, est précisément un maître railleur. A ce moment où une vieille société change, en un clin d'œil, de costume et de visage, mille ridicules éclatent, que Larra saisit avec un aplomb imperturbable. Il suit à pied chaque pas de cette Révolution emphatique, comme Sancho Pança le chevalier de la Triste Figure; et il commente à sa manière, chaque prétendue victoire de ce magnanime défenseur des faibles et des opprimés. Que de pages d'un comique impitoyable sur l'appétit rongeur de la foule, qui reste le même en dépit de la charte; sur la junte qui commande, sous peine de mort, un enthousiasme de trois jours consécutifs depuis six heures du matin jusqu'à dix heures du soir; sur la plante qui produit le *factieux;* sur les moines changés en douaniers!... Tant de sang-froid dans l'ironie, au milieu de passions si effrénées, c'est là ce qu'on n'a pas vu ailleurs. Qui s'attendrait à trouver la froideur amère de Paul-Louis Courier, au premier matin de la constituante?

Enjouement sinistre, quoi qu'on en dise, comme les plaisanteries des fossoyeurs dans *Hamlet*; j'ai peur que le suicide ne se cache, à la fin, sous cette hilarité cruelle. On voit dans ces pages, aujourd'hui presque classiques, un peuple amoureux de la liberté, sans nul espoir. Dès son premier pas hors des voies anciennes, il se trouve un jeune homme, qui, dans la fleur de l'âge, a pour mission de lui ôter une à une chacune des espérances politiques des autres peuples. Grâce à Larra, le peuple espagnol marche à reculons vers l'avenir, comme vers une journée des dupes. Il sera trompé, mais du moins il le sait, il le voit; il s'en joue amèrement ; et il embrasse en riant la sombre fatalité.

Forcé d'imiter ses voisins, son orgueil se console en raillant sa propre imitation ; il se résigne à subir la lumière des modernes, à condition de les berner sans pitié. Le temps a manqué à l'écrivain pour donner à ses œuvres une pleine maturité; mais tel qu'il est, ce commentaire ironique de la Révolution, par un révolutionnaire, restera comme un des traits de caractère national dans une crise de passion.

Si ces pamphlets n'ont pas l'élégance calculée de ceux de Paul-Louis Courier, il y règne, en récompense, un accent peut-être plus vif, plus naturel, plus aisément populaire. Larra n'a aucun effort à faire pour se retrouver en plein seizième siècle. Écoutez-le commenter la philosophie de l'histoire de la révolution espagnole et les essais maladroits de constitutions. La familiarité franche et le bon sens rappellent le gouverneur de l'île de Barataria.

« Figure-toi, mon ami, que tu es tailleur, et que tu fais à un marmot de sept ans un uniforme de conseiller. Il est clair que le costume sera trop large. Toi, tailleur cependant, tu dis : voyez quel bambin estropié ! je lui fais un uniforme de conseiller, si beau, si bien brodé ; et il ne lui va pas ! L'imbécile !

« Tu prends l'uniforme et tu t'en vas. Puis tu reviens, avec le même habit, sept ou huit ans après, et le garçon en a quinze. — *Encore trop large, t'écries-tu ! cela est intolérable. Si l'uniforme est le même, comment ne lui va-t-il pas ? il est sûr que ce garçon n'est pas fait pour être conseiller ; c'est un sot.* — Tu retournes à ta boutique ; révolté des expériences passées, tu lui fais de bons petits langes ; et tu reparais après dix ans, ton paquet sous le bras. Pendant ce temps-là, le garçon compte ses vingt-cinq ans sonnés. — *Que diantre !* cries-tu épouvanté ! *ce garçon là, mais c'est le diable ! les langes ne lui vont pas non plus. Ah ! Ah ! Ah ! monsieur, il n'est pas habillable (es investible).* — Et sur cela, tu le repousses, et tu le laisses nu.

— Vive-Dieu ! monsieur le tailleur, quelle conséquence !

« Voilà, mon ami, l'histoire d'Espagne depuis l'an 1812 jusqu'à l'an 1854, histoire plus claire que celle du père Duchesne, traduite par le père Isla. Il me semble que tu auras compris quels sont les langes, et je n'ai pas besoin de te dire qui est le tailleur....

« Une nuit, le bruit court que l'on va nous rendre la constitution de l'an 1812. Bravo, m'écrié-je, voilà qui s'appelle faire du chemin. On ignore ici la règle de la multiplication; mais quant à la soustraction, on s'y entend à merveille. Voyons qui s'en tirera le mieux. En 1814, le Roi arrive, et dit: Qui de quatorze ôte six, reste huit; les choses remontent aux us et coutumes de l'an 8. En 1820, viennent les autres, et ils disent: Qui de vingt ôte six, reste quatorze; que les affaires remontent à l'état et au *statu quo* de 1814. L'année 1836 s'y prend de plus haut, elle dit: Qui de trente-six ôte vingt-quatre, reste douze. Que tout revienne à l'an 1812. Ceux-là ont gagné, si l'on excepte l'auteur de l'*Estatuto*[1], qui, jouant mieux, ne posant rien, ôtant tout, nous plante en beau quinzième siècle.

« Diable! et si, une fois, nous remontions à la venue de Tubal! Sachons d'abord comment il

---

[1] M. Martinez de la Rosa.

faut entendre notre progrès. Est-ce en avant?
est-ce en arrière? Rappelons nous le cocher qui,
monté à rebours, conduisait l'équipage.

« Je te l'ai déjà dit: Nouvelle Pénélope,
l'Espagne ne fait que tisser et détisser. Personne
ne vent sa toile, et personne ne fait de toile
neuve. »

Ce langage était compris à demi-mot. Entre les
galères et le gibet, l'Espagne se déridait ainsi de
trois siècles de gravité sépulcrale. Derrière le rideau, Larra montrait dans la Révolution une *comédie de cape et d'épée,* avec ses intrigues de *dame* et de *galant*[1], l'imbroglio des entrées et des sorties, les changements de décoration, les rencontres dans les rues, les coups de dague dans les ténèbres, le public qui, impatienté de l'obscurité du dénouement, finit par illuminer, une nuit, toute la Péninsule avec des couvents, et à cette clarté sublime[2], siffle un acteur qui lui est insupportable, le gouvernement.

Au milieu de la risée universelle, défilent tous les personnages nouveaux, le patriote qui n'a dans

---

[1] De dama y galan.
[2] Ilumina una noche la Península con conventos. Al resplandor de los sublimes flameros, etc.

sa maison que deux choses, son opinion libérale[1], *avec laquelle il se donne à tous les diables*, et une chaise pour s'asseoir ; le bachelier qui fait ses études de droit en poursuivant l'armée de Gomez ; le ministre qui, avec un sang-froid castillan, se contente de dire, à propos de chaque calamité, famine, banqueroute, massacre, choléra : *ce n'est rien, absolument rien,* ce n'est qu'une misère de plus, *nada, una miseria mas* ; le poëte obligé de chercher son public dans le cimetière.

Au faîte de cette société nouvelle apparaît le pamphlétaire espagnol qui doit rassembler dans sa personne les vertus des trois règnes de la Nature : la sobriété du chameau, pour passer des semaines entières sans aliment, et cheminer le front haut à travers le désert ; l'odorat du chien, pour sentir la bête au gîte et aboyer contre les pauvres ; l'instinct de la taupe pour faire le mort pendant la bourrasque ; le pas de la tortue, l'allure du cancre (rien de plus effrayant que de voir marcher en avant le journaliste), l'ouïe du sanglier pour entendre de loin le tocsin ; subtil, fin, lustré, changeant de peau en temps et lieu, avec la

---

[1] Lo que es entenderse, t. II, p. 276.

couleuvre; de l'humeur de la sangsue qui se sent écrasée par celui-là auquel elle a sauvé la vie; patience de bœuf, fantaisie de singe, qui rit de tout, pour ne pas pleurer de tout; voilà pour le règne animal; voici pour le végétal : roseau qui plie aux vents sans murmurer, tourne-sol qui s'incline vers l'astre à son lever, lierre qui étouffe en embrassant; de plus, lourd, ductile, à la manière des minéraux (l'argent seul excepté), le cœur d'acier, la tête de pierre, froid comme le marbre sous les pieds du puissant; de plomb pour courir, de bronze pour éterniser les sottises du pouvoir.

Larra osait tirer des croyances catholiques un fonds d'ironie qui devait faire tressaillir les cendres de la Sainte-Hermandad; il parodiait de la manière la plus étrange les sermons et les sacrements de l'Église. Comment douter que la vie humaine ne soit un pèlerinage, ainsi que le prêche le père Almeida? que rencontrait-on en Espagne, sinon des voyageurs, pieds déchaux, hart au col, qui allaient en pèlerinage, aux galères, dans les îles Fortunées de l'autre monde, dans les Canaries, la demeure de la félicité d'outre-tombe? Tout espagnol recevait à sa naissance constitutionnelle le baptême du sang ; pendant le reste de sa vie il était voué à celui de la pénitence. Quant à celui de l'ordre, on l'avait supprimé aussi bien que celui du mariage, depuis que les gouvernants, en véritables polygames, épousaient chaque jour une nouvelle opinion

Du haut des ruines de l'Espagne, Larra regardait l'Europe ; il y apercevait, sous d'autres apparences, les symptômes du même bouleversement radical (*un trastorno radical*). Tout ce dix-neuvième siècle, demi-jour, demi-nuit, ni debout, ni assis, vêtu de blanc, de noir, se résumait pour lui dans une seule parole souveraine ; en la rappelant à satiété, il a retrouvé une fois la verve des litanies de Rabelais. De cette colonne de misères, il voyait à ses pieds, en France, un peuple *quasi*-libre qui n'a pu faire qu'une *quasi*-révolution ; sur le trône un *quasi*-roi, *quasi*-assassiné, qui représente une *quasi*-légitimité ; une chambre *quasi*-nationale, qui souffre de nouveau une *quasi*-censure, *quasi*-abolie par la *quasi*-révolution ; une grande nation *quasi*-mécontente, et une autre commotion politique *quasi*-prochaine ; en Italie, un souverain Pontife dont *quasi*-personne ne se soucie ; en

Hollande, un roi *quasi*-enragé ; à Constantinople, un empire *quasi*-agonisant ; en Angleterre, un orgueil national *quasi*-intolérable ; en Espagne, une vieille nation qui, un jour, se teint ses cheveux blancs, une autre, non ; un pays que l'on dit n'être pas mûr, et qui pourtant est un fruit passé[1], puisqu'il est tombé de la branche ; dans les provinces, une *quasi*-Vendée, avec un chef *quasi*-imbécile ; par malheur beaucoup d'hommes *quasi*-ineptes ; une intervention, résultat d'un *quasi*-traité, *quasi*-oublié, avec des nations *quasi*-alliées ; en un mot, un grand *quasi* dans tout l'univers.

Souvent cette ironie était trempée de sang ; elle n'était pas pour cela moins bien reçue des contemporains. Singulière charité qui se cache sous le rire du bourreau. Voici comment il raconte le meurtre de la mère de Cabréra.

« Ils t'auront conté dernièrement une petite fantaisie exécutée officiellement sur une vieille, d'après le *visa d'un héros*. Dieu nous garde de tomber entre des mains héroïques. Je te dirai seulement qu'il est bon de remonter aux causes de s

---

[1] Nuestra patria esta mas que madura, esta pasada.

choses, au tronc, non aux branches ; et par exemple la première cause de l'existence des factieux, ce sont les mères qui les ont enfantés. *Ergò*, en retranchant les mères, on retranche le principe. Les théologiens nous l'ont dit: *Sublatâ causâ, tollitur effectus.* Il est fâcheux que l'aïeule soit déjà morte, car plus on remonte haut, plus le coup est sûr. Cependant, contentons-nous de la mère. Il est prouvé que, de même que la force de Samson était dans ses cheveux, le venin des factieux est dans la mère qui est leur fiel. Otez-la, les voilà doux comme des mauves ! C'est ce que l'expérience a démontré, puisqu'en somme, l'autre n'a fusillé, en retour, qu'une trentaine. Qui sait tous ceux qu'il eût fusillés, s'il avait eu une mère ! Donc ce sont les mères qui rendent impossible la félicité de l'Espagne ; et jusqu'à ce que nous en ayons fini avec elles, il ne faut pas espérer un moment de repos. Quant aux sœurs, comme elles sont mariées à des gardes nationaux, il appartenait de les fusiller par moitié, à ceux de deçà et à ceux de delà ; mais nous autres, mieux avisés, nous fusillons le tout. Heureux dans les temps des héros les enfants trouvés qui n'ont ni père ni mère pour les fusiller !.. Après cette échange d'étiquette et de courtoisie, on dit que l'armée se plaint... »

A mesure que les succès de Larra augmentaient, que la joie circulait autour de lui, la tristesse le prenait au cœur. Condamné à provoquer éternellement le sourire, ce servage lui devenait insupportable. A force de jouer avec la mort, elle entrait dans son sein ; ce rieur de profession touchait au désespoir.

La vérité est qu'il ne faisait pas la guerre à une dynastie, mais à la société dont il sentait plus que personne l'agonie. Dans son esprit, non-seulement l'Espagne, mais l'Europe était morte; les peuples de l'ancien monde cheminaient vers le néant. Tout ce qu'il réclamait pour l'Espagne, était le droit d'achever, comme les autres, son pèlerinage dans le vide.

Quand Paul-Louis Courier écrivait ses pamphlets, ce prétendu misanthrope avait un espoir ingénu. Il voyait devant lui une terre promise, l'Eldorado des peuples, dans l'avénement de Monseigneur le duc d'Orléans. Toutes les perfections candides des contes de Fées allaient paraître sur le trône, sans *noise*, ni *chicane*, *ni en consulter les Jésuites*, fierté devant les forts, débonnaireté devant les faibles, désintéressement, amour des petites gens, et je ne sais quelle autre vertu, qu'en sa qualité de païen il jugeait *presque divine*, l'économie, je crois. Plus de procès; plus de gentillâtres; peu de couvents; l'âge d'or des âmes simples. Quoi de plus? le bonhomme Paul s'en faisait le garant [1]. Avec cette vue profonde, Courier a pu s'endormir en paix, fier, à bon droit, d'avoir lu, comme *écriture moulée*, le secret de l'avenir.

Tout au contraire, le pamphlétaire espagnol. Celui-ci ne trouvait pas autour de lui la moindre consolation. Comparez à l'ingénuité du nôtre, l'humeur noire du Castillan! pas le plus petit prince auquel ce mélancolique veuille livrer les peuples sur parole. Il en fut bien puni, comme vous le verrez dans peu.

Son hypocondrie était si grande, qu'il ne s'en remettait pas même à une seule classe du soin de faire le bonheur de toutes les autres. Ce malheureux voyait les choses tellement en noir que l'avénement de la bourgeoisie lui laissa encore quelque chose à désirer ; et notre gentilhommerie de maîtres-forgerons ne lui semblait pas du

---

[1] Œuvres de P.-L. Courier, p. 193. On a vu cette page de Paul-Louis affichée au Palais-Royal et sur tous les murs de Paris, le lendemain de la Révolution de Juillet.

tout faite pour remplacer à jamais ses anciens hidalgos. Au reste, Conservateur quand il avait le spleen, changeant de parti, en homme mal appris qu'il était, c'est-à-dire sans y rien gagner, et uniquement comme un malade se tourne et se retourne dans son lit.

Il vint en France, et cela l'acheva. C'était le temps de cette prose raide, uniforme, endimanchée, que l'imitation des Revues anglaises a inaugurée parmi nous. Au milieu de ces sublimes génies le pauvre Larra se chercha vainement. A la fin, il se découvrit dans sa profonde misère; il se mesura pour la première fois; il se vit tel qu'il était, avec sa prose simple, agile, vive, aisée, naturelle, qu'un peuple de mendiants apprenait là-bas par cœur! O accablement! Quoi! pas le moindre oripeau néo-catholique! pas une seule tirade académique! pas même une *généralité* doctrinaire! Il y avait de quoi en mourir de honte; il en mourut en effet.

Depuis ce moment, Larra n'est plus le même; le Figaro de l'Espagne en devient le Jérémie; il s'exhale en plaintes navrantes sur l'isolement de l'écrivain dans la triste Péninsule. Que n'avait-il vécu, quand l'Espagne couvrait de son pavillon les sept collines de la cité spirituelle, et les montagnes du Mexique! Dans le sillon où elle laissait une trace de sang, sa pensée se gravait alors pour jamais; quand les Espagnols faisaient des papes, *ils trouvaient des traducteurs*! Mais aujourd'hui, écrire à Madrid c'est poursuivre un monologue désespérant; c'est pleurer, c'est crier, dans un cauchemar, sans que personne vous entende! (l'ingrat, toute la Péninsule avait les oreilles ouvertes pour lui!) Pourquoi penser? Pourquoi créer? le génie a besoin d'écho; il n'y a point d'écho parmi les tombes.

Tel était son désespoir. Chaque matin, le public était mis dans la confidence de sa blessure; on suivait, avec angoisse et à la trace, cette âme défaillante au milieu des rires et des sanglots. Qui l'emportera de la plaisanterie ou du sérieux? et comment finira la tragi-comédie, qu'un homme jouait devant un peuple? On ne savait encore. Le jour des morts de 1856 arriva; toute l'Espagne lut avec terreur la page suivante de son jovial écrivain.

FIGARO DANS LE CIMETIÈRE.

Beati qui moriuntur in Domino.

« Le jour des morts, un nuage de tristesse

pesait sur moi ; c'était une de ces mélancolies dont un libéral espagnol peut seul se former et donner l'idée éloignée. Un homme qui croit à l'amitié et qui la met à l'épreuve, un adolescent qui s'amourache d'une femme, un possesseur de Bons des Cortès, une veuve qui a sa pension assurée sur le trésor espagnol, un militaire qui a perdu une jambe pour l'*estatuto* et qui demeure sans jambe et sans *estatuto,* un grand qui s'est fait libéral pour être sénateur, un général constitutionnel qui poursuit les carlistes, image fidèle de l'homme qui court après la félicité sans la rencontrer jamais, un journaliste incarcéré en vertu de la liberté de la presse, un ministre, un roi constitutionnel d'Espagne, sont tous des êtres joyeux, radieux, si vous comparez leur état à la mélancolie qui m'oppressait et me rongeait au moment dont je vous parle.

Les cloches célébraient, dans une clameur lamentable, l'absence éternelle de ceux qui ont été; elles semblaient vibrer plus tristement que jamais. J'étouffais. L'idée me vint que la mélancolie est la chose du monde la plus amusante, pour ceux qui la regardent ; et je réfléchis que je pourrais servir de distraction aux peines d'autrui.... Dehors ! dehors ! m'écriai-je aussitôt, comme si j'eusse vu jouer un acteur espagnol; dehors ! comme si j'eusse entendu parler un orateur des Cortès; et je descendis dans la rue, avec le même calme, la même lenteur que s'il s'était agi de couper la retraite à Gomez.

Les habitants se répandaient en grand nombre et par longues processions dans les rues, en serpentant comme d'immenses couleuvres diaprées de mille nuances. Au cimetière ! au cimetière ! et sur cela, ils sortaient des portes de Madrid.

Voyons ! dis-je en moi-même, où est le cimetière? dehors ou dedans ? Un vertige affreux s'empara de moi, et je commençai à voir clair. Le cimetière est dans Madrid ; Madrid est le cimetière, où chaque maison est la tombe d'une famille, chaque rue le sépulcre d'une révolution, chaque cœur l'urne cinéraire d'une espérance ou d'un désir.

Pendant que ceux qui croient vivre se rassemblaient vers la demeure où ils imaginent que sont les morts, je me mis à parcourir, avec toute la piété dont je suis capable, les rues du véritable ossuaire.

Insensés ! disais-je aux passants, vous vous agitez pour voir des morts ! Gomez a-t-il donc brisé tous les miroirs de Madrid ? Regardez-vous vous-mêmes ; vous lirez sur votre front votre propre épitaphe. Vous allez voir vos pères et vos aïeux, quand vous êtes vous-mêmes les morts. Ils vivent puisqu'ils ont la paix. Ils ont la liberté, la seule possible sur la terre, celle que donne la mort. Ils ne payent pas les contributions qu'ils n'ont pas ; ils ne sont ni mobilisés, ni dénoncés, ni prisonniers. Seuls ils jouissent de la liberté de la presse, puisqu'ils parlent au monde ; ils crient à voix haute et claire, sans qu'aucun jury ose les bâillonner, ni les verrouiller.

Quel monument est ceci ? me demandai-je, en commençant mon pèlerinage ; est-ce le squelette des siècles passés, ou la tombe des autres squelettes ? Le *palais !* Ici, il regarde Madrid, c'est-à-dire les autres tombes ; là, l'Estramadure, cette province vierge... comme on disait autrefois. Au fronton, on lisait : « Ci-gît la *Royauté*. Elle est née sous Isabelle-la-Catholique ; elle est morte d'un coup d'air à la Granja. »

Un peu plus loin. Dieu du ciel ! *Ci-gît l'inquisition, fille de la foi et du fanatisme ; elle est morte de vieillesse.* Des passants avaient griffonné à la craie, dans un coin, ce mot déjà à demi effacé : *Gouvernement !* Insolents qui écrivent sur les murailles ; ils ne respectent pas les sépulcres !

Qu'est ceci ? *la prison ! Ici repose la liberté de la presse.* Eh quoi ! mon Dieu ! en Espagne, dans le pays des institutions libres ? Deux rédacteurs du *Monde* servaient de figures lacrymatoires à cette grande urne. On voyait en relief une chaîne, un bâillon, une plume. Est-ce la plume des écrivains ou des scribes ?

Rue de la Montera. Ce ne sont pas des sépulcres, mais des ossuaires, où dorment, pêle-mêle, le Commerce, l'Industrie, la Bonne Foi, le Négoce. Ombres vénérables, adieu jusqu'à la vallée de Josaphat !

La Bourse. Ci-gît le crédit espagnol. Souvenir des pyramides d'Égypte. Comment est-il possible qu'on ait élevé un si grand édifice pour enterrer une chose si petite ?

La Victoire. Point de monument ; on lisait en caractères imperceptibles : *La Junte lui a acheté ce terrain à perpétuité pour sa sépulture.*

Les Théâtres. Ici reposent *les génies espagnols.* Pas une fleur, ni un souvenir, ni une inscription.

Cependant la nuit arrivait. Les chiens prolongeaient leurs hurlements de sinistre augure. Je sentais partout la mort prochaine. L'immense capitale des Espagnes, le géant moribond se remuait en râlant dans le linceul, et bientôt je ne vis plus qu'un sépulcre. Sur la pierre qui le couvrait, il n'y avait pas une seule lettre; et pourtant les noms du Mort éclataient à tous les yeux en caractères visibles.

Loin de moi! m'écriai-je, horrible vision! Liberté! constitution! opinion nationale! émigration! honte! discorde! toutes ces paroles s'entrechoquaient avec le dernier bruit des cloches, au soir du jour des morts.

Un nuage sombre acheva d'envelopper la terre. Le froid de la nuit glaçait mes veines ; je voulus sortir du cimetière, et me réfugier dans mon cœur, plein naguère de vie, d'illusions, de désirs.

O ciel! c'était un autre cimetière. Mon cœur n'est plus qu'une tombe. Que dit-elle? Lisons. Qui est le Mort? inscription de l'enfer! *Ci-gît l'Espérance!*

Silence! silence! »

Après cette vision de la mort d'un peuple, Larra fit encore un effort pour se retrouver lui-même.

Il prit le surlendemain pour texte d'un nouveau pamphlet le mot de la Passion : *Et il ressuscita le troisième jour*. Dans un délire demi-pieux, demi-burlesque, agonie du génie espagnol, le pauvre Figaro tente de ressusciter, comme son divin Maître (como mi divino Maestro), pour juger les vivants et les morts ; impalpable, insaisissable à la censure, comme un corps glorieux ; ne donnant rien pour rien comme une âme de barbier ; portant son plat sous le bras, comme portent leur tête la plupart de ses anciens amis et de ses vieilles connaissances. Ce ricanement fut le dernier. Un chagrin d'amour acheva d'empoisonner la plaie ; car dans ce lugubre bouffon il y avait un Werther. Il aimait avec passion, depuis cinq ans, une femme mariée. Elle voulut rompre avec lui. Quelques jours après, en se regardant au miroir, José de Larra, la joie de l'Espagne, l'héritier de Quévédo et peut-être de Cervantès, se tuait d'un coup de pistolet au cœur ; il n'avait pas vingt-huit ans !

Ainsi devait finir la vieille ironie espagnole. C'est une chose particulière aux anciens écrivains castillans, depuis Philippe II, que cette plaisanterie sépulcrale. Hôtes de la Mort, ils luttent de malice avec elle : ils invitent les spectres; ils se familiarisent avec eux ; ils en imitent, dans leur prose fantasque, les ris et les feux-follets [1]. Quand le jeu devient trop sérieux, ils en sont quittes pour renvoyer, d'un signe de croix, le squelette dans le tombeau. Larra est le premier qui ait été vaincu dans ce jeu. Il a évoqué, comme ses devanciers, l'Esprit de mort; mais, le jour venu, il a cherché vainement la parole de vie, le signe nouveau pour éconduire son hôte funèbre. Celui-ci, le voyant désarmé, s'est assis à sa place, a grandi, jusqu'à tout envahir. Qui le dépossédera aujourd'hui de ce soleil usurpé ?

Cet esprit de désolation moqueuse ressemble aux cimetières espagnols, dont il s'inspire. Imaginez des avenues de hautes et sèches murailles dans lesquelles les morts sont entassés et maçonnés, les uns sur les autres. Ils forment le ciment, les assises de ces affreuses demeures; murés les uns par les autres, comment pourra ressusciter ce peuple de pétrifiés ? il se scelle, sans espérance, dans le roc blanchi ; il se ferme, en ricanant, même l'issue du sépulcre. Pas un arbre, pas

---

[1] Voyez Quévédo. Visita de los chistes.

un cyprès, dans les rues de ces ossuaires. Il n'y a de place ni pour une fleur, ni pour une larme, sur une tombe espagnole. Grand Dieu! que faut-il prophétiser de ces os ? *vaticinare de ossibus istis* [1] *!*

Tout Madrid assista aux funérailles de Larra ; jamais il ne s'en fit de plus magnifiques pour un écrivain. Le suicide du poëte s'ajoutant à la détresse publique, l'Espagne pleurait dans Larra la perte de l'Espérance elle-même. Déjà la foule se retirait consternée... ; Un jeune homme qui semblait un enfant, *casi un nino,* essaya de lire des vers ; mais sa voix fut aussitôt étouffée par ses larmes; il dut remettre son manuscrit à un ami qui acheva à sa place. Dès les premières stances, l'effet, dit-on, fut prodigieux. On s'arrêta, transporté. Avec cet éclair rapide des peuples du Midi, l'enthousiasme succède au découragement. Avant que la pièce soit finie, la foule se dit qu'il vient de naître un écrivain plus puissant que le mort. Les acclamations arrêtent les larmes. L'Esprit nouveau semble surgir par miracle du fond de cette tombe ouverte ; chacun en se retirant prononce, avec un étonnement mêlé d'amour, le nom de Zorrilla.

[1] Ezéchiel. C'est l'inscription de l'un de ces cimetières.

XIII

LES POÈTES. — ZORRILLA. — LE THÉATRE.

Nous étions assis, le soir, selon l'habitude, de longues heures, chacun en face d'un verre d'eau, à quoi se montait la dépense de la plupart des hôtes ; nous gardions tous ensemble le silence d'Ugolin dans la tour de la faim. Arrive Francisco Alvarez, natif de Castrogeritz. C'était un vieux libéral qui sollicitait une place de police ; il avait évidemment reçu ce jour-là quelque refus. — « Oui, dit-il, monsieur, sans délibérer, je donnerais, les ministres, le congrès, le sénat et ses massiers les journalistes, et toute la machine constitutionnelle pour les deux figures que vous voyez peintes ici sur ma tabatière. » Cela dit, il la jeta avec dépit sur la table, demanda le verre d'eau auquel il avait droit, s'assit, puis rentra, à son tour, dans le silence.

Je pris la tabatière ; j'examinai avec curiosité les deux portraits magiques qui valaient plus qu'une révolution. — Ah! vous ne m'étonnez guère, lui dis-je, après un moment; voilà une vieille connaissance des Cortès; je la retrouve. — Qui ne reconnaîtrait Joachim Lopez? Quelle figure parlante! Quel orateur! ce n'est pas lui qui laisserait sans *destino*[1] un homme de bien avec deux balles carlistes dans le corps! — Vraiment, pour l'autre figure, je ne devine pas; cet ovale sérieux d'hidalgo, ce profil ingénu de ménestrel, ce front d'ange musulman... — On voit bien que vous ne vous souciez pas des auteurs; sans cela, vous auriez nommé déjà le frère jumeau de Lopez par la renommée et par l'amour de l'Espagne, le prince de nos écrivains, la perle de nos poëtes, l'illustre Zorrilla qui, Dieu merci, ne me quitte pas. — Comment! si jeune! Il a l'air du dernier enfant de Niobé, repartis-je. — Tant que vous voudrez! cela ne l'empêche pas de composer, à son âge, comme les vieux, sa tragédie tous les quinze jours; sans compter la pluie de vers, qui tombent, chaque matin, de sa plume.

Quoi! pensé-je, en moi-même, il y a encore un pays dans le monde où le poëte a une place

[1] Emploi.

auprès du tribun, dans le cœur des alguazils désappointés !... Et le silence recommençant, je rêvai à mon aise de la résurrection du seizième siècle.

Le lendemain, j'étais dans un cabinet où pendaient plusieurs couronnes de lauriers verts, dont chacune, sans doute, est le gage d'un triomphe. Ces trophées étaient gardés par un épagneul endormi, de la grosseur du poing. Un jeune homme entre. Le représentant du génie tragique de l'Espagne est devant moi. Dès le premier regard de ces yeux où l'ancienne loyauté castillane se mêle à la candeur et à la douceur de l'enfance, je sentis un ami. Je désirais entendre de la bouche de Zorrilla l'harmonie de sa poésie lyrique, dont les oreilles espagnoles sont insatiables. Il s'y prêta de la meilleure grâce du monde; et il choisit pour cela une pièce fameuse, la plainte de Boabdil en quittant Grenade :

> Espera, señor, espera,
> Solo un momento a llorar la.

Les sons de la langue espagnole ont dans ces stances l'éclat de la harpe. Je ne le quittai pas, que nous ne fussions convenus de retourner ensemble à l'Escurial. Par malheur, le théâtre *del Principe* lui fit demander une tragédie en vers pour la quinzaine. Ces habitudes de composition imitées de Lope de Vega firent manquer notre projet; et je le regrette encore. Car j'ai monté dans ma vie l'escalier de plus d'un poëte; mais je n'en ai pas vu qui m'ait mieux représenté l'heureux fils de la fantaisie, sans souci ni du monde, ni de la critique, bon compagnon, tout à son œuvre, porté en triomphe dans les bras d'un peuple misérable qui lui sourit du fond de l'abîme.

Les premières compositions de Zorrilla gardent toutes un reflet lugubre de la scène du cimetière. L'âme de Larra a passé dans la sienne; et l'on peut craindre qu'il ne marche à une mort semblable. On sent aussi que le génie méridional est entamé par la contagion des mélancolies du Nord. La lune romantique a éclipsé à demi le soleil d'Espagne. Byron, René, ont leur dernier écho dans les roseaux du Manzanarès; l'auteur ne montre les trésors du Midi qu'à la lueur empruntée de nos nuits d'hiver ou de nos soirs d'automne. Il est étrange d'entendre le doute balbutier dans la langue de l'inquisition.

Que pourrait devenir un Faust castillan? c'est ce que je me demande en lisant la *Nuit inquiète* de Zorrilla. Mais le combat ne dure pas longtemps. La nature du Castillan, à peine effleurée, l'emporte; il détourne sa vue des abîmes menaçants; au lieu de s'obstiner à les sonder, il fait serment de n'en croire que le génie de la vieille Espagne.

« Que je sois privé de la lumière du soleil, si
« je mets dans mes écrits rien d'impie, ou d'étran-
« ger, puisqu'enfin je suis né Espagnol. »

Zorrilla parut précisément pour célébrer la fin de la guerre civile. Il se donne, dès le commencement, une mission de clémence; il vient fermer les plaies qu'a irritées le fouet de Larra; et ce désir de pacifier, d'apaiser, de guérir, par le miel des paroles, l'affreuse blessure, est la première chose qui marque d'un caractère nouveau chacune de ses paroles. Assurément, il sentait, il accomplissait la sainte mission du poëte, lorsque, la guerre encore saignante, il faisait entendre en public, au milieu des cris des partis, les stances qui suivent. C'est, de toutes ses pièces, celle où l'imagination a le moins de part; mais le sentiment n'y perd rien. Elle brille de l'éclat d'une belle action.

GÉNÉREUX COMME ESPAGNOLS.

« Il n'y a plus qu'un pavillon et une bannière; un même soleil nous éclaire; un même Dieu nous regarde. Que les deux armées humilient devant lui leur front victorieux ou vaincu.

« La montagne a donné à l'une et à l'autre une même tombe. Le sang de toutes deux coule avec fierté. Chez toutes deux, c'est le sang de l'orgueilleuse Espagne.

« Venez, frères, nous naquîmes égaux, laissons en même temps les luttes impies. Que voulez-vous davantage.... oublions que nous avons vaincu. »

L'orgueil de l'indépendance castillane éclate à la fin, en quelques traits, contre l'intervention étrangère. Depuis longtemps la poésie du Midi ne connaissait plus ces cris de l'âme.

« Fils de l'Espagne, ne demandons pas à d'autres, dans une oisiveté criminelle, la liberté que nous pouvons conquérir; mieux vaut goûter la paix achetée de notre sang.

« Race de vaillants, n'oubliez pas qu'en récompense, les étrangers exigeraient de nous ce que nous avons pu sauver des griffes hypocrites de Rome. »

Le reste de la pièce parut trop clément; l'ayuntamiento n'en laissa pas achever la lecture.

« Victimes qui dormez sans sépulture dans la plaine, et qui laissez voir à travers vos blessures un sol de liberté et d'orgueil, vous pouvez, sans honte, rouvrir vos yeux sur l'abîme sanglant: il ne reste personne pour menacer, ni pour fuir. Levez-vous!

« En soulevant le front, ne craignez pas qu'il se trouve, derrière le rocher brisé ou le mur croulant, un campagnard, en embuscade, qui vous atteigne d'une balle empoisonnée.

« La paix que nous embrassons, nous ne la devons qu'à nous. Nous ne l'avons pas mendiée d'une main étrangère; nous n'avons fait personne juge de notre gloire.

« Il est à nous le sang que nous versons ; elle est à nous la loi qui nous commande. Grande ou petite c'est notre gloire ; ce fut notre œuvre, et nous l'aimons en nous.

« Arrière les lys intrus de la France ! arrière les marchands d'Angleterre ! que la vaillance et la fierté nous restent ! la liberté ni la terre ne nous manqueront pas. »

Rejetant ainsi l'inspiration de la haine, le

poëte, depuis ce moment, a continué sans intervalles son rôle de consolateur. Dans cette idée, Zorrilla excelle à faire oublier à l'Espagne sa révolution. Il me représente un ménestrel au chevet d'un guerrier vaincu et blessé à mort. Dans la crainte de réveiller les plaies du corps et de l'âme, le chanteur écarte tous les souvenirs des dernières batailles; il psalmodie d'une voix printanière une complainte des temps passés; aucun mot ne ravive une douleur présente. Le guerrier, navré au cœur, prête l'oreille; il accepte l'oubli comme un baume; il voit au loin passer à son chevet des rêves de gloire, images sereines de son enfance. Sa plaie n'est pas fermée; mais qui sait? il ne la sent pas et ne demande rien de plus; il agonise et il sourit.

Voilà ce que fait aujourd'hui Zorrilla pour l'Espagne; n'exigez pas de lui plus qu'il ne promet. Prêter un éclair de joie pure[1], un rayon d'amour sans amertume, à ce grand corps percé à la fois de tous les glaives des temps modernes, c'est là seulement ce que le poëte espère; il le

---

[1] O una sonrisa aunque leve.

dit, il le répète ; *Je n'aspire à d'autre gloire qu'à un sourire de ma douce Espagne* [1]. Et Dieu sait si ce peu est difficile à obtenir dans les hoquets de la mort.

Le monde des aventures, muet depuis Philippe II, retentit de nouveau. Une fois déliée, la langue ne s'arrête plus. Les vers sonores, retenus sur les lèvres depuis deux siècles, coulent, jaillissent, débordent, en souvenirs, en légendes intarissables ! Que de secrets, que d'aveux interrompus, que de mystères s'expliquent ! Tout ce qui occupe et berce la rêverie d'un Espagnol, sort du grand sépulcre : hidalgos en habit de velours et de soie, *peintres plus semblables à des bandits qu'à des artistes,* processions des moines, confessions des femmes, qu'écoute l'époux caché derrière le prêtre, un poignard à la main, bruit des hommes en embuscade dans les rues tortueuses, aubades, sérénades, échos des fêtes, où scintille l'or, des deux mondes. La fraîcheur qui circule, à pleins bords, dans les descriptions, tempère l'air brûlant de la canicule. Plus de mi-

---

[1] No aspiro a mas laurel ni a mas hazana
Que a una sonrisa de mi dulce España.
Cantos del Trovadoro, t. I.

sère, la voilà effacée; les bruyères de Castille étincellent de perles sous les pas des chevaux alezans. L'Espagne politique, constitutionnelle, hâve, affamée, crucifiée, disparaît dans les splendeurs renaissantes des rois chevaliers. Comment les contemporains n'aimeraient-ils pas Zorrilla? Il a l'air de ne savoir rien de ce qu'ils ont fait.

On est étonné de retrouver ainsi, de nos jours, le roman dans la forme des livres de chevalerie; et l'on ne sait comment ces fleurs sereines ont pu naître dans le sang des guerres civiles. L'heureux mètre des romances, au *pas amblant*, vous ramène de lui-même au perron de l'Espagne féodale. Cependant, si on les considère de plus près, ces petites histoires qui commencent si ingénument, ont toutes un dénoûment sinistre. Le fond est caché sous un style diapré des couleurs de la rosée; mais presque toujours sous cette rosée je vois du sang. En dépit des efforts du poëte pour sourire, je m'aperçois que la plaie de la nouvelle Espagne finit par se montrer. Vous avez beau broder, émailler de soie ce fourreau ; sous cette broderie, je sens le poignard.

Voici le capitaine Montoya qui chevauche vers la porte d'un monastère. Il entre ; à travers l'obscurité, il se dirige vers la cellule de la religieuse Inez qu'il va enlever. Pour arriver jusqu'à elle, il faut traverser l'église : on y célèbre les funérailles d'un mort. Le capitaine Montoya demande négligemment à l'un des moines qui est le mort ? — C'est le capitaine Montoya, répond l'enfroqué. Le chevalier s'adresse à un autre : même réponse. Il s'approche de la bière; il regarde. Horreur ! c'est lui-même qui est caché au fond de la bière. La terreur le saisit ; il s'enfuit, se convertit et meurt en saint. Le conte est admirablement déduit ; le poëte a joué avec beaucoup d'art sur les deux cordes du plaisir et de la terreur. Mais malgré moi j'achève l'aventure après que le poëte l'a oubliée, et je demande encore : qui est le mort ? quel est ce capitaine Montoya ? serait-ce l'Espagne qui se regarde dans cette bière que vous laissez ouverte ?

Voici une autre de ces histoires dans laquelle la volupté et l'horreur se rencontrent dès le début. Génaro a trompé la vigilance du gardien de Valentine ; il arrive au rendez-vous. Déjà, il a escaladé le balcon ; il entre dans la chambre de sa bien-aimée, il appelle; personne ne répond. A la lueur d'un éclair, il tend les mains vers elle.

Il saisit en effet ses épaules, ses bras, son cou ; mais il ne trouve pas la tête jointe au tronc sanglant :

> No halló la cabeza
> Al tronco sangriento junta.

Après de longues années d'épouvante, Génaro devient artiste. Dans une nuit profonde, il reçoit, d'un personnage céleste, une cassette merveilleuse qui contient le secret de son art. On devine que ce talisman est la tête de sa bienaimée. Toutes les fois qu'il commence à ébaucher les traits d'une Madone, il voit renaître sous son ciseau, la beauté de Valentine. A cette tête coupée, qui devient l'idéal de l'artiste et du poëte, je reconnais, malgré les monceaux de jasmins et de pierreries, le contemporain des tueries du comte d'Espagne et du curé Merino.

Ce retour au passé chevaleresque suffit pleinement à l'effet dramatique de ces récits ; mais quand on transporte le même esprit sur le théâtre, l'absence des passions nouvelles s'y fait trop sentir. Les écrivains brillants et nombreux qui soutiennent aujourd'hui le théâtre en Espagne, Zorrilla à leur tête, semblent s'être entendus pour ne rien laisser paraître des sentiments des modernes. Au lieu de populariser, de développer la révolution dans les âmes, le théâtre ne représente guère que le génie du moyen-âge. Aussi le public s'intéresse-t-il médiocrement à ce musée brillant d'antiquités chevaleresques qui conversent chaque soir, à la pâle clarté de quelques bougies. Sous leur visière toujours baissée, l'âme nouvelle de l'Espagne n'éclate presque jamais. Ce sont les hommes du peuple qui font, en grande partie, le public de ces tragédies. Vêtus eux-mêmes du costume de leurs aïeux, ils assistent à ces passions d'un autre âge.

De leur côté, les poëtes se maintiennent vaillamment dans leur austère solitude. Il semble que l'orgueil de la bonne conscience remplace pour eux l'éclat des succès universels qui leur manquent. Sans faire aucune concession au génie bourgeois des classes supérieures, ils ont l'air de se donner fièrement leur représentation, en tête-à-tête avec leur génie. Toujours montés sur les sommets de la chevalerie, ils disent à la société nouvelle : Tu es descendue, je ne te suivrai pas dans tes petites combinaisons. C'est mon droit de viser au grand; ton devoir est de t'y plaire.

Je t'offre sur la scène les grands sentiments, la religion absolue, la vaillance, la galanterie pure des époques de Guzman, du roi Sanche, de Gonzalve, d'Alvaro de Luna, d'Alphonse-le-Chaste. Ces nobles choses doivent te passionner. Si tu me laisses dans la solitude avec elles, tant pis pour toi! je ne descendrai pas du haut de mes tourelles, pour le plaisir de t'amuser.

Par une contradiction singulière, cette même société qui s'intéresse languissamment sur le théâtre au retour du moyen âge, ne souffre pas qu'on la représente au naturel, telle qu'elle est aujourd'hui. Toutes les fois que les poëtes dramatiques ont voulu mettre leur siècle sur la scène, ils ont été mal reçus[1]. On peut dire de l'Espagne actuelle, *qu'elle ne veut pas qu'on la joue.* Elle détourne les yeux de son portrait, pour peu qu'il soit ressemblant. J'ai bien vu, dans une pièce de Rubi, un homme d'État, roué, madré, sans foi ni loi; mais c'était un Français, *hombre de estado frances.* Autrement, on ne l'eût pas supporté. Tel déclame dans la *Tarentule*

---

[1] Los pocos dramas de costumbres modernas que se han representado, han sido mal recibidos.
Hartzenbusch. Ensayos, p. 238.

contre la corruption publique, qui ne tolérerait pas qu'elle fût montrée vivante sur la scène[1].

Ainsi le poëte et la société s'entendent pour fuir sur le théâtre la vérité trop dure. La scène ne cesse de représenter une Espagne héroïque, chevaleresque, galante, loyale, clémente, magnanime. C'est un rêve dont le public ne veut pas qu'on le réveille; la grandeur du moyen âge rachète pour lui chaque soir les petitesses de la journée; au milieu de tous les vices nouveaux l'Espagne s'assied gravement dès le coucher du soleil, attendant que ses poëtes la louent de ses vertus passées.

Si vous me demandez ce que pouvait faire le poëte espagnol, après la Révolution, je dirai qu'il avait deux voies ouvertes devant lui; et l'une ou l'autre demandait une résolution énergique. Il fallait être ou l'ami ou l'ennemi de la Révolution. Là était l'émotion, le drame. Hors de ces deux conditions, la vie et la puissance manquaient à la parole.

---

[1] Il y a quelques semaines, on représentait la *Conjuration de Venise*. Les spectateurs se révoltent de voir les conjurés échouer, comme le voulait l'histoire; ils brisent les bancs, ils menacent de démolir le théâtre. Le lendemain le directeur faisait afficher la même pièce en ajoutant : « *Nota !* c'est le peuple qui reste vainqueur. »

Je comprendrais aisément, qu'à la vue de la détresse de l'Église espagnole, le poëte eût senti renaître en lui, avec la pitié, le ferment religieux des anciens temps. Protéger, venger ces débris, devenir la voix menaçante ou suppliante de ce passé, la parole de cette multitude de moines errants et déguisés; jeter, en leur nom, l'anathème au siècle qui commence, cette situation eût été grande et tragique. M. de Chateaubriand avait puisé là sa première inspiration; personne ne se fût étonné que le poëte espagnol, s'armant à son tour d'un crucifix brisé, trouvât quelque grande source d'émotion dans le pillage du Saint des Saints.

Rien de cela n'est arrivé. Les reliques dispersées, les moines assassinés ou chassés, il ne s'est trouvé personne en Espagne pour jeter un cri de douleur. Les ruines se sont affaissées d'elles-mêmes sans retentissement. J'ai beau chercher dans toute la littérature contemporaine; au milieu de cette pluie de tragédies, d'odes, de romances, de poëmes, pas une stance, pas un vers, où je sente l'écho d'une plainte ou d'un regret. Que de fois je me suis arrêté dans les décombres des chartreuses de Castille! il ne restait que le Christ battu des quatre vents. J'écoutais, si un gémissement ne sortirait pas de la poussière des saints espagnols... Ce souffle léger, n'est-ce pas un soupir de sainte Thérèse, de Louis de Léon? Mais non! c'est le vent du soir dans les touffes d'orties. Le silence est profond. Pas une ombre ne parle. Qu'est-ce donc que ce cadavre qui tombe ainsi sans rendre un souffle?

Les poëtes sont venus; ils se sont assis sur les ruines comme sur des roses; ils ont dressé un théâtre[1] à la place des bûchers. Les vers du Romancero ont résonné avec les castagnettes; personne n'a songé que sous tout cela il y avait l'agonie d'une Église.

Puisque ces ruines ne parlaient plus à personne, il restait au poëte une chose décisive à entreprendre, qui était de devenir l'interprète religieux de la Révolution. Un orage divin avait passé sur la face de l'Église espagnole, et avait balayé ses reliques. Flagellée par les anges, on touchait ses débris. Cette orgueilleuse était tombée,

---

[1] Le théâtre de Lisbonne est contruit sur la place du palais de l'Inquisition.

et le moindre des passants lui marchait sur la tête.
Voilà ce que chacun voyait des yeux du corps.
Mais pourquoi ce châtiment? comment avait-il été
mérité? quel en était le sens, et qu'annonçait-il
à la nation espagnole ? c'est ce que le poëte avait
mission de dire. Cette seconde voie était plus dramatique, plus féconde que la première. Quand
chaque homme de l'autre côté des Pyrénées cède
au souffle de la tempête civile sans savoir d'où elle
vient, il eût été grand de montrer le doigt de
Dieu sur la muraille, d'étaler, de creuser ce mystère de colère. Le peuple dans son instinct avait
châtié des pierres. Samson aveugle, il avait renversé sur lui-même la colonne du vieux temple.
Une chose tragique eût été de voir le poëte relever le géant et l'entraîner loin du temple écroulé.

Au lieu de ces deux situations opposées qui
renfermaient en soi le principe de toutes les émotions de l'Espagne nouvelle, quelle a été la pensée des poëtes? ils n'ont fait parler ni l'Église ni
la Révolution; ils se sont tenus également à l'écart et de l'une et de l'autre. C'est-à-dire qu'ils
ont supprimé le grand duel de notre époque,
et avec lui, la force même du drame. Indifférents, au milieu de la mêlée, ils n'ont eu l'au-

dace d'aucune croyance. L'instinct du peuple leur avait montré le chemin ; pourquoi n'ont-ils pas osé se jeter après lui dans le sanctuaire?

Au moment d'achever et de proclamer la victoire de l'esprit sur les pierres renversées, ces beaux anges de colère ont été saisis de crainte ; au lieu de porter hardiment la main sur le vieux tabernacle, pour l'attaquer ou le défendre, ils n'ont voulu que divertir. Quand il fallait le fouet du Christ, ils ont pris la mandoline du troubadour. La même timidité que l'on rencontre chez les politiques a éclaté alors chez les artistes ; et par une rigoureuse conséquence, malgré les talents de toute une légion d'écrivains, quel est jusqu'ici le caractère novateur de la Révolution dans le génie espagnol? de l'harmonie à profusion, le rajeunissement des anciennes formes nationales, une poésie brillante et sereine qui s'épanouit sur des sépulcres, et pourtant, aucune œuvre qui emporte avec soi le sceau profond et l'âme d'une époque ; dans la tribune, une éloquence ardente sans théorie ; sur la scène, un art charmant, sans émotion.

Un jour seulement, il se trouva un poëte assez osé pour mettre à nu sur la scène la Royauté et l'Église, chacune dans ses misères. Ce qui n'avait jamais été dit qu'à demi-voix en Espagne, ce jour-là fut affiché en vers éclatants dans le *Charles II* de Gil y Zarate. Le poëte personnifiait trois siècles de ruines, de défaillance sous la figure de ce roi espagnol. Sur la scène, où le monarque avait toujours été inviolable et sacré, on voyait arriver un fantôme de roi imbécile; autour de lui était son cortége de familiers du Saint-Office. Un roi qui, mourant du mal de son propre royaume, se croit ensorcelé et cherche le remède chez les inquisiteurs; des processions de moines, pour guérir cet infirme d'esprit; le confesseur qui le traîne d'épouvante en épouvante, l'agonie cérémonieuse d'une nation sous la terreur du Saint-Office, tout cela parlait de soi-même à l'âme des Espagnols. Il est visible que le poëte ouvrait là une source infaillible d'émotion et de terreur populaire. L'effet de ce drame fut immense, et je n'ai pas de peine à le croire : chacun se sentait, comme Charles II, plus ou moins ensorcelé d'un mal qu'il ne savait comment guérir.

Au reste, on s'étonna presque aussitôt de sa propre hardiesse ; à peine les poëtes sentirent leur puissance, qu'ils s'en effrayèrent. Renonçant à la vie du monde moderne, ils revinrent tout repentants au monde de Lope de Vega et de Calderon : comme si le but de la révolution dans l'art était atteint pourvu qu'on restaurât les formes du génie national ! Sur ce principe, les poëtes de nos jours semblent se contenter de ramener les rhythmes et les mélodies charmantes de l'ancien théâtre. Ils ont recours aux mêmes artifices, ils se servent des mêmes moules et sont étonnés de ne plus produire les mêmes merveilles ; sans s'apercevoir qu'il n'ont pas remplacé par un esprit nouveau l'esprit ancien qui leur manque. Ce n'est pas tout de retremper au soleil de Castille le vers de Lope et de Calderon ; il faudrait encore réchauffer le ferment monarchique, religieux, chevaleresque du seizième siècle, où, sinon, se renouveler soi-même, par des passions nouvelles.

Pourquoi imaginer que les passions contemporaines sont des armes déloyales et que l'art doit triompher sans le secours des modernes ? Ce point de vue tout abstrait, emprunté du Nord, est le contraire du génie castillan, qui toujours sans calcul, sans arrière-pensée, sans crainte de déranger la chronologie des antiquaires, s'est inspiré spontanément des émotions de chaque jour; la vie, non la science, voilà son domaine. Que l'écrivain reste neutre et sans entrailles à Weimar, je le veux bien ; à Madrid, je ne puis y consentir. Si l'indifférence sied mal à un poëte, c'est au poëte espagnol ; je lui accorde tout, excepté de manquer de passion.

Quand je les vois aujourd'hui, accepter le joug de l'histoire, au lieu de la créer, la diviser timidement en scène, accompagner de notes au bas de la page les conversations de leurs héros, j'ai peur que les calculs de la poétique étrangère ne glacent leurs veines ; et je suis effrayé de rencontrer ces enfants du soleil chargés de tant de soucis et de labeurs. Laissez les bibliothèques aux doctrinaires de France ou d'Allemagne ; votre lot est de régner par la fantaisie, de créer, d'imaginer, de puiser à pleine coupe au grand torrent de vie ; vous serez assez fidèles à l'histoire si vous conservez l'ancien amour.

Quel homme, dans le monde, est resté moins indifférent aux passions de son temps, que le poëte espagnol du seizième siècle ? ne s'est-il pas servi de toutes les armes contemporaines, croyances, préjugés, fureurs, fanatisme? Le reste de l'Espagne semblait déjà mort, que la vie publique continuait de battre dans son cœur. L'originalité de l'ancien théâtre, c'est que l'âme oppressée, de la nation de Philippe II semble s'y exhaler comme par un soupirail. Je crois voir un prisonnier d'État, à qui il est donné, chaque soir, de s'échapper de sa bastille pour courir les aventures. Que de vie il dépense dans ce moment unique ! comme chaque personnage se précipite tout haletant dès l'arrivée ! que de mouvement, que d'imprévu, que de passions rassemblées dans cette heure rapide ! L'Espagne a pâli toute une journée sous la raison d'État ; mais le soir vient, le rideau se lève, on respire. Un monde de liberté s'entrouvre ; le génie contenu du Midi s'échappe en paroles précipitées ; il rompt ses chaînes dans la comédie de cape et d'épée.

Aujourd'hui, en dépit de l'imitation des modèles, le contraire arrive. La liberté est dans la rue ; au théâtre, c'est la réserve. Joignez-y la timidité et presque la diplomatie. Malgré l'exemple de la Révolution, à peine si ces chevaleresques poëtes se permettent d'ensanglanter la scène, et d'égorgeter de loin à loin un personnage. La terreur est partout aujourd'hui en Espagne, plus que dans la tragédie.

Quand par hasard l'homme moderne se glisse sous le harnais du quinzième siècle, la contradiction est saisissante. Aucune pièce de notre temps n'a été plus louée que le *Savetier et le Roi*[1] de Zorrilla; elle marque très-bien, en effet, ce qu'est devenue la Révolution politique, dans l'esprit des poëtes. Le titre seul annonce le projet de consacrer la nouvelle alliance entre la monarchie et le peuple. Mais à quelle condition? Déjà ce n'est pas un médiocre étonnement de voir un peuple, au milieu d'une Révolution, adopter sur la scène, pour drapeau, l'absolutisme de Pierre-le-Cruel. Il est vrai que Zorrilla s'est bien gardé de peindre dans le tyran de Séville l'homme que l'histoire connaît, *formidable et abhorré, tan temido y aborrecido*[2]. Le poëte a conservé sur la scène l'ancienne inviolabilité royale; il change en vertus les crimes du monarque, le rangeant toujours du côté de la justice, de la nationalité, de l'égalité. Ce n'est pas le *Cruel*, c'est le *Justicier* qui est le

[1] El Zapatero y el Rey, 1840.
[2] Zurita, tome II.

héros du drame. Les ennemis du roi s'appuient sur l'étranger; Pierre se fonde sur un bourreau national. Puis dans le savetier Blas Pérez, vous reconnaissez le peuple d'intelligence avec le pouvoir absolu. Il est vrai que ce personnage de la démocratie pousse d'abord le dévouement envers le roi, jusqu'à renoncer à soi-même. Blas Pérez le dit en quelques vers qui semblent faits pour nous.

« Vous ne pouvez comprendre qu'un homme qui aime son roi lui sacrifie aveuglément sa réputation, son amour, sa raison, son être. Je n'oserais vous l'expliquer; vous ne pourriez m'entendre, et d'avance je sais que vous resteriez stupéfait. »

Pour agréer à Pierre-le-Cruel, Blas Pérez se fait le bourreau de la femme qu'il aime; il n'hésite pas un moment; le combat intérieur disparaissant, la vie du drame en est anéantie. Mais cette inflexibilité est précisément ce qui captive, de l'autre côté des Pyrénées. Le sentiment monarchique joue dans cette pièce le rôle de la fatalité chez les Grecs. On sent dès le début que tous les personnages passeront sous ce joug, morts ou vivants; et l'un des chefs-d'œuvre de ces révolutionnaires se trouve être ainsi le suicide moral du peuple, sous le bon plaisir restauré du roi du moyen âge.

Je ne puis, cependant, m'empêcher de voir qu'en Espagne l'esprit d'égalité est l'âme du théâtre, comme de la monarchie même. Il y a dans les manières un ton général qui est celui des moindres personnages. Sur ce fond uniforme, se marquent à peine les habitudes particulières de chaque condition. Ce qui explique comment avec la multitude innombrable de pièces d'intrigue, il y en a si peu qui caractérisent les différences des classes. Nul ne porte au front la marque de sa naissance, de son état. Le caractère espagnol est si profondément empreint, qu'il efface à la première vue toutes les différences secondaires ; d'où il résulte que sous ce manteau uniforme, l'Espagne doit être le pays de l'*imbroglio* par excellence. Les méprises, les aventures, les intrigues naissent, se développent d'elles-mêmes : dans un pays où le peuple, la bourgeoisie, la noblesse, pouvaient être continuellement pris l'un pour l'autre, la vie sociale était une éternelle comédie de cape et d'épée.

Les écrivains n'ont rien exagéré quand ils ont

montré la politesse espagnole, également éloignée de l'insolence anglaise, de la lourdeur allemande, de l'afféterie française. Il me paraît seulement qu'ils n'en ont pas assez démêlé le principe. J'ai montré ailleurs[1] que cette politesse a sa source dans le sentiment d'égalité qui est le fond de ce peuple. Il se souvient d'avoir été le chevalier du Christ pendant de longs siècles; et cette fraternité devant Dieu est le sceau que l'histoire a imposé à toutes les conditions. Ni la richesse, ni l'infatuation bourgeoise n'ont pu encore détruire le souvenir d'une vie commune. Les muletiers et les bergers, qui se traitent de *caballeros*, n'ont pas perdu leur titre de noblesse. Le pauvre aborde le riche avec une assurance fondée sur la conscience d'un droit indestructible. Que diraient nos gentilshommes, si, en passant dans la rue, le dernier homme du peuple, un ouvrier, un ânier s'approchait d'eux cavalièrement joue contre joue, et venait leur emprunter, jusque sur leurs lèvres, le feu de leurs cigares? Le riche, chez nous, se sentirait ou-

---

[1] Dans les deux premiers chapitres de l'*Ultramontanisme* j'ai parlé de l'Espagne en général.

tragé et contaminé, pour toute une journée, de cette seule approche du pauvre.

Depuis la Révolution de Juillet, nos bourgeois affichent une grande admiration pour les manières de l'aristocratie française; ils les imitent avec une débonnaireté aveugle, comme le dernier terme du beau social, sans pressentir que ces manières sont elles-mêmes aussi dégénérées que la noblesse qui s'en fait un attribut. En dépit de ce que nous enseignent, à ce sujet, nos romanciers, c'est de l'âme que vient l'anoblissement du corps. La classe qui perd la direction morale d'une société perd aussi l'équilibre qui fait la vraie bienséance. Si l'extérieur seul des manières subsiste, elles se dégradent infailliblement; et le premier signe de la bâtardise dans les habitudes extérieures, c'est l'affectation.

Pour qu'un air soit grand, il faut qu'on ne soit occupé ni de l'avoir ni de le montrer; il est petit dès qu'il s'affiche. Quand la noblesse marche, le cœur haut, à la tête d'un peuple, elle a, dans tout ce qu'elle fait, une grandeur naturelle; c'est à son insu qu'elle possède ce signe souverain. Au contraire, à peine est-elle intérieurement déchue et dépossédée, qu'elle est obligée de s'attacher aux manières, comme à la seule distinction qui lui reste ; elle en fait un arcane particulier ; elle les exagère, les fausse, les multiplie ; la dignité devient impertinence ; la voix grimace comme la figure. Sous la majesté gauche de ce lord anglais, j'aperçois le marchand qui a vendu hier une livre de sa chair, le cœur peut-être. Voyez ce que l'on appelle un grand seigneur français, à la veille de 89. Jamais homme, dans l'État, ne fut plus occupé. Depuis qu'il a perdu l'équilibre, ce n'est plus son âme qui règle son geste, son accent : c'est le caprice des saisons. Pour rappeler sa gloire au monde, il grasseye. Aujourd'hui, sa fatigue est différente ; il travaille à être simple.

Au commencement de ce siècle, dès que les écrivains du Nord, les Allemands en particulier, ont voulu échapper à l'imitation du goût français, ils ont commencé par faire au siècle de Louis XIV une guerre de Vandales. Pour rentrer dans la tradition nationale, ils ont eu besoin d'efforts violents. Les systèmes, la critique, la philosophie, tout a été mis en œuvre dans cet affranchissement laborieux ; jamais on ne fit tant de raisonnements pour se démontrer, à la sueur de son front, qu'on était inspiré. Rien, au contraire, ne marque l'effort dans le retour des Espagnols à la poésie du moyen âge. Ce changement n'est accompagné d'aucune déclamation contre les modèles que l'on cesse d'imiter. On revient à Lope de Vega sans médire de Corneille. Au milieu de cela, personne ne songe à faire précéder ses œuvres d'un manifeste.

Je connais une femme qui, lassée de la galanterie subtile des gens du monde, disait, en parlant de son amant : *Quel bonheur! il n'a pas une idée!* Voilà ce que j'aurais envie de dire vingt fois le jour, en voyant ce réveil du génie espagnol. Heureuse pauvreté, dans des temps de sophismes, pourvu qu'on n'en abuse pas!

Figurez-vous un peuple dont presque toute la littérature est écrite sur les mètres des chansons de Béranger, c'est l'Espagnol. Lorsque en France l'ouvrier écrit des vers, son premier souci est de renoncer au rhythme populaire. Il oublie dès le premier mot les humbles refrains, l'accent, le ton naïf de la foule, pour étudier les artifices de langage les plus compliqués. Dès son coup d'essai, le voilà académicien. En Espagne, le peuple donne le ton, le poëte obéit. Le grand seigneur aspire à reproduire la complainte du pauvre. Je vois le duc de Rivas lutter d'émulation avec son muletier. Dans son beau livre des *romances historiques*, les plus nobles souvenirs de l'Espagne sont chantés sur le ton de la cantilène des *arrieros*. Il n'est pas rare que le poëte s'élève à un élan biblique ; mais l'accent du peuple persiste toujours ; et par son battement uniforme, ce petit mètre qui est à la fois celui du moyen âge et celui de notre temps, celui de l'ânier et celui de Calderon, marque mieux que tout ce que l'on pourrait dire le fond d'égalité qui nivelle toute la vie espagnole.

Dans le reste de l'Europe, la joie cruelle de ballotter pendant une heure l'auteur et sa fortune, couvre presque toujours l'émotion que l'on reçoit d'une première représentation. L'exercice de cette autorité despotique, voilà ce que chacun recherche d'abord au fond du drame : c'est un duel entre l'écrivain et le public ; celui-ci commence par se défendre, il ne se rend qu'à la dernière extrémité. Les spectateurs, en Espagne, arrivent soumis d'avance aux volontés royales du poëte ;

pour unique réponse à la critique, il pourrait dire : tel est mon bon plaisir.

A peine quelques paroles harmonieuses ont retenti, que la foule obéissante reconnaît son maître; non-seulement elle le suit, elle va au-devant de ses caprices. Nul prestige extérieur; des salles noires et misérables; des décorations qui rappellent la mise en scène du quinzième siècle; un paravent qui sépare Don Pèdre et les conspirateurs; d'aigres symphonies, des acteurs intolérables. Mais dans ces salles indigentes coulent chaque semaine des flots de vers nouveaux. La poésie seule remplace le machiniste, le décorateur, l'acteur. Tant que dure cet enchantement de l'oreille, nul ne semble imaginer qu'il manque quelque chose à la pompe du spectacle.

Écoutez cette actrice qui se lamente sans repos dans le *Guzman* de Gil y Zarate. Sa jérémiade inconsolable est pourtant accompagnée d'une nuée de sonnets qui pleuvent de toutes parts. « Quelle est cette voix surhumaine? est-ce une déesse? est-ce un ange? » Les uns envoient des baisers bruyants, les plus flegmes se contentent de lancer, comme une partie d'eux-mêmes, leurs chapeaux aux pieds de la déesse. « Comment se nomme-t-elle, demandé-je à un ânier, mon voisin, qui vient de faire rouler ainsi jusqu'au fond de la scène son majestueux *sombréro*, bordé à neuf, et empanaché de deux pompons. — « Je n'ai pas l'honneur de la connaître, » *no tengo el honor de conocerla*, répond gravement l'ânier sans penser que le gage important qu'il a jeté dans la lice, court en ce moment même le plus grand risque d'être mis en pièces sous les éperons luisants de Guzman-le-Bon.

Certes, cet homme étend à l'acteur l'inviolabilité du poëte; il serait fort étonné, j'imagine, si je lui racontais que chez d'autres peuples il est des écrivains dont l'importante mission est de prouver que les morts seuls ont eu de l'esprit, et qu'ils n'en avaient presque plus du tout vers la fin de Louis XIV. Quand la poésie est vivante dans le peuple, on respecte tout ce qui touche l'écrivain; nul ne comprend que l'on puisse tout ensemble jouir de son génie et goûter, par surcroît, le venin de ceux qui le déchirent.

Le poëte, de l'autre côté des Pyrénées, a conservé son autorité sans contrôle et sans limites;

il est resté monarque absolu. Jusqu'à ce jour, ce roi de l'opinion imite les autres rois du monde; à leur exemple il se contente de relever des ruines. Mais la condition de sa toute-puissance est d'oser des choses nouvelles; il en est un grand nombre que lui seul peut dire et inaugurer chez ces peuples poëtes. Qu'il se hâte donc de souffler hardiment sur la face de l'Espagne l'esprit vivant du siècle. Bientôt, lié par la critique, comme un roi constitutionnel, il descendra de son trône inviolable. Aujourd'hui il peut tout imposer sans discussion. Demain mille voix rebelles à son bon plaisir lui disputeront son droit divin.

XIV

ESPRONCÉDA. MISSION DU POËTE EN ESPAGNE.

Si la situation tragique du peuple espagnol n'est pas exprimée aujourd'hui dans le drame, où faut-il donc la chercher? peut-être dans quelques admirables morceaux lyriques d'un poëte, mort à la fleur de l'âge, Esproncéda. Voilà, il me semble, l'homme qui par intervalle a servi d'écho à ce gémissement sourd que l'on entend au fond de la société espagnole. Véritable poésie de Lazare au sépulcre, sans l'attente du libérateur. Esproncéda ne rit pas comme Larra; il ne s'exhale pas en plaintes vagues comme René ou Werther. Encore moins cherche-t-il à amuser les imaginations du Midi. Son inspiration vraiment indigène est le flegme dans le désespoir, le sentiment de la fatalité musulmane au milieu des convulsions de nos jours. Ni un soupir, ni une larme, ni une parole émue; mais l'endurcissement pour soi-même et pour les autres. Dans ses pièces les plus célèbres, le *Condamné à mort*, le *Mendiant*, le *Bourreau*, l'orgueil d'être au ban du genre humain arrête toute plainte; chacun se fait dans son enfer le roi d'une société maudite. Nos romantiques pleuraient leurs illusions perdues; en Italie, Manzoni, Silvio Pellico se résignent pieusement; l'instinct de l'Espagnol est de n'avoir ni regret pour le passé, ni résignation pour le présent, ni espérance dans l'avenir.

Loin d'accuser l'injustice du sort, le prolétaire d'Esproncéda se drape dans des vers somptueux; regardez-le qui se chauffe fièrement aux rayons de cette poésie insociable.

« Le monde est à moi. Libre comme l'air, les autres travaillent pour que je mange; la richesse est un péché, la pauvreté est sainte. Souvent Dieu se fait mendiant. »

Un chant d'une sublimité féroce est l'hymne du bourreau. Difficilement ce cri de guerre, dégoûtant de carnage, et jeté, du haut de l'échafaud, contre le genre humain, aurait-il pu partir d'une autre terre que de l'Espagne encore saignante du sang des partis. Cette poésie terrible est le grincement de dents des écritures chez un peuple vivant. Après l'enivrement de la bête fauve, l'homme se retrouve vers la fin. Les accents suppliants de la dernière stance expient la joie atroce du début.

« Ils sont justes, et moi je suis maudit! sans crime, je suis coupable! Voyez l'homme qui me paye une mort! avec quel mépris il me jette de loin l'argent, à moi son égal!...

« Le tourment qui brise les os, le gémissement convulsif du supplicié, le cri des nerfs rompus au choc de la hache, sont mon plaisir; et le bruit que fait sur les dalles en roulant la tête bouillante dans une mer de sang, tandis que la foule féroce voit briller mon front serein sur l'échafaud; ils tremblent, et je rayonne de joie. Car en moi respire toute la colère des hommes; la cruauté de leurs âmes impies a passé tout entière en moi; j'accomplis et leur vengeance et la mienne; je jouis dans mon horreur.

« Au-dessus des grands qui foulent la loi sous leurs pieds; les peuples ont vu le bourreau élevé sur les épaules d'un roi; et quand le roi a expiré le bourreau s'est rassasié, s'est enivré de joie; et son épouse, ses enfants ont pu remarquer son allégresse. Au lieu des ténèbres accoutumées, ils ont vu le rire amer se mêler sur ses lèvres à l'éclair sinistre qui jaillissait de ses yeux. Le bourreau, avec sa haine, s'est assis sur le trône; le peuple tremblant à ses pieds a reconnu en lui le roi des vengeances.

« En moi vit l'histoire du monde, que le destin a écrite avec du sang; sur les pages rouges, Dieu lui-même a gravé ma figure. L'éternité a englouti mille siècles; et cependant la méchanceté retrouve encore en moi son monument vivant. C'est en vain que, poussé par un vent d'orgueil, l'homme prétend s'élever à la source de la lumière; le bourreau préside aussi les siècles. Chaque goutte qui souille mon visage accuse un crime de plus chez l'homme; et pourtant j'existe encore, fidèle témoin des âges passés; moi que cent ombres irritées suivent toujours par derrière!

« Oh! pourquoi le bourreau est-il ton père, toi, mon fils, si pur, si gracieux! Dans ta bouche, un ange prête sa grâce à ton sourire enfantin. Hélas! ta candeur, ton innocence, ta douce beauté, ne m'inspirent qu'horreur. Femme! de quoi sert ta tendresse à ce malheureux? montre-toi mère compatissante, étouffe-le; ce sera sa félicité. Qu'importe que le monde t'appelle cruelle? veux-tu qu'il entre après moi dans le même chemin? veux-tu qu'un jour il te maudisse? Celui que tu vois aujourd'hui jouer innocemment, pense que tu le verras plus tard criminel et maudit comme moi. »

On admire beaucoup, de l'autre côté des Pyrénées, l'hymne *au soleil;* la langue espagnole y lutte naturellement de magnificence avec les rayons du jour; les stances s'empourprent des couleurs de l'aube. Au milieu de cet enthousiasme pour la source de la lumière, le poëte s'interrompt; il prévoit le moment où l'ardent soleil d'Espagne pâlira et s'éteindra dans la nuit sans lendemain. Le voile noir que le génie du Midi étend sur l'univers vous consterne; où donc est l'espérance pour ces hommes, si jusque sur la face du soleil d'Andalousie ils voient déjà les rides et les ténèbres prochaines?

« Affranchi de la colère divine, tu as vu s'engloutir l'univers entier, quand au milieu des eaux chassées par le bras justicier de Jehovah, la tempête a mugi sur la face des mers. Le tonnerre a retenti dans les enfers; en tremblant, les ais de diamant de la terre se sont affaissés; l'abîme a frémi; mais toi, cependant, ô soleil, tel que le maître du monde, tu as élevé ton trône sur la tempête et les ténèbres; ta face a rayonné, et tu as resplendi en paix sur d'autres mondes.

« Seras-tu éternel, inextinguible? jamais ton immense chaudière ne perdra-t-elle sa splendeur? suivras-tu, toujours audacieux, ta carrière à travers les ruines du temps, monarque indomptable de l'éternité? Non! si la mort haletante te suit de loin, pourtant elle est déjà sur tes traces.

« Jouis donc de ta jeunesse et de ta beauté,

ô soleil ! le jour épouvantable viendra où le globe s'échappant de la main du Tout-Puissant s'engloutira lui-même dans l'éternité. Brisé en mille éclats, enseveli pour toujours dans les océans, au bruit des tempêtes infernales, ta flamme pure mourra à son tour. La nuit sombre couvrira le céleste berceau ; il ne restera pas même une étincelle de ta lumière. »

Mais quoi ! dans cette orgueilleuse désolation, une chose me donne surtout à penser ; je retrouve encore dans le poëme le plus complet[1] d'Esproncéda le cliquetis accoutumé des squelettes, et la tradition que l'on peut considérer comme la légende de la société espagnole au dix-neuvième siècle. Cette légende que j'ai entendu chanter partout dans la rue, est traitée par Esproncéda avec une énergie qui rappelle la langue de Milton, retrempée dans les brasiers du Midi. Le Don Juan de l'Espagne nouvelle est entraîné sur les pas d'une jeune femme voilée. Il la suit ; il descend avec elle une spirale infinie. Rien ne l'effraye. A la fin, on entend dans le vide un soupir brisé d'amour. C'est le fond de l'enfer. Le jeune

---

[1] El Estudiante. Le peuple connait cette légende dans le nom de l'*Étudiant Lisardo*.

cavalier, sans s'effrayer ni s'émouvoir, arrache le voile de la femme qui l'a entraîné. Ce voile de fiancée ne cache qu'un squelette ; au milieu de l'hymne de l'enfer, le mariage de l'Espagnol et du cadavre se célèbre dans l'éternité.

Sur cela, je vous demande encore une fois, ô poëtes, quelle est cette femme voilée qui vous attire au son des cloches dans l'ombre des cathédrales ; et j'affirme que vous ne remplissez que la moitié de votre mission en variant de mille manières cette histoire de cadavre, sans en montrer le sens. Laisserez-vous votre Espagne *descendre la spirale infinie?* ne l'avertirez-vous pas de ce qui l'attend à ce dernier degré de l'aveuglement et du vertige ? pourquoi n'arracheriez-vous pas vous-mêmes le voile du cadavre, avant que l'alliance soit scellée pour jamais ? Si la morte était par hasard l'Église, telle qu'on l'a faite, ne devriez-vous pas avoir le courage de le dire franchement et de chercher une autre fiancée à ce peuple chevalier ?

Una sordida, horrible calavera
La blanca dama del gallardo audaz.

Ils disent qu'ils se contentent de plaire et

d'amuser. Mais véritablement le jeu commence à devenir trop sérieux. De grâce, ayez pitié de ce peuple, que, dans un plaisir cruel, vous reconduisez toujours, les yeux fermés, au même endroit sans issue. De cercle en cercle, vous le ramenez aujourd'hui, haletant, au seizième siècle ; puis vous le laissez là, égaré, sans un mot qui lui enseigne la voie. En tournant sur lui-même, comment ne prendrait-il pas le vertige et le dégoût de vivre ! Bouche béante, il écoute la moindre de vos paroles harmonieuses, il attend la rosée dans son cœur ; il vous demande le verre d'eau qu'on ne refuse pas à l'enfer. Il est à vos genoux, suppliant, comme à ceux des rois ; et vous, pour imiter les rois, vous le renvoyez avec un sourire officiel. Croyez-vous avoir fait pour lui tout ce que réclame la toute-puissance de l'art, si vous lui donnez une fête d'un soir, au milieu des fusées de vos paroles phosphorescentes, qui éclairent l'horizon et laissent son cœur dans les ténèbres ?

Oh ! que je me représente différemment aujourd'hui la vraie mission du poëte dans le Midi ! pourquoi la parole de lumière lui a-t-elle été rendue, si ce n'est pour éclairer l'énigme de ces races demi-mortes, demi-vivantes qui séjournent au sépulcre depuis trois siècles ? quand viendra-t-il l'écrivain que j'attends ? sans songer davantage à divertir, il descendra dans les limbes de ces nations défaillantes. Soulevant leurs bandelettes, il montrera leur plaie profonde. Il verra, il dira des choses que personne encore n'a vues ni entendues ; car, les autres se vantent de la science des livres ! mais qui aura plus que lui la science de la douleur invétérée ? qui aura habité plus longtemps dans la mort ? On connaît le cri du nouveau-né et le gémissement du mourant : reste encore, sur la terre, à entendre le cri du ressuscité.

La dure infatuation des écrivains du Nord ne provoque-t-elle pas l'homme du Midi à parler, le front haut, à son tour ? Imaginez ce que pourrait devenir la pensée du dix-neuvième siècle, illuminée par les éclairs de ces langues qui scintillent de la Castille au Chili[1] ? quelle épée

---

[1] Je serais bien étonné s'il ne sortait rien de cette petite société enthousiaste du Chili, où le cœur des anciens Indiens vit encore. De jeunes poëtes ont ouvert entre eux, l'année dernière, un concours à Santiago ; qu'ils donnent une voix à l'Amérique du Sud, muette jusqu'ici. Ce sera un beau jour. Ercilla est leur poëte ; mais il faut y prendre garde, le grand style n'est pas là. — V. Certamen literario. Santiago, 1842.

flamboyante pour trancher les nœuds de l'Esprit! pour moi, je ne me figure rien de plus grand que l'âme du monde moderne s'exprimant dans l'idiôme d'Ercilla et de Calderon.

Ne m'opposez pas que votre peuple se refuse à penser, qu'il ne demande de vous qu'amusement, distraction à ses maux, que tout effort pour approfondir un sentiment, une idée, une légende, est insupportable à cet agonisant. Calderon n'a-t-il pas montré à la foule les idées les plus abstraites du catholicisme? Y a-t-il dans dans la philosophie scolastique une pensée si subtile qu'il n'ait osé afficher dans la poésie? Osez seulement faire pour votre temps ce qu'il a fait pour le sien. Prenez votre peuple dans vos bras; arrachez-le enfin au cercle maudit, à la ronde des spectres[1] qui se renoue éternellement autour de lui. Vous le sauverez, et vous aurez l'immortalité par surcroît; jusqu'ici, avouez-le, vous chantez comme les enfants qui ont peur la nuit dans une maison où il y a un mort.

Par une faveur unique, vous avez conservé le rhythme et l'accent du peuple. Il semble que

---

[1] Los espectros su ronda empezaron.

dans un temps de démocratie vous avez là un avantage signalé sur tout le reste des poëtes, qui, à force de science, se sont fermé l'oreille de la foule. Mêlez-vous donc hardiment au grand chœur de la démocratie moderne. Que cette chaîne électrique, qui passe à travers le sang et l'âme des peuples, arrive jusqu'à vous. Prenez-en une extrémité dans vos mains; vous ne vous plaindrez plus que vous mourez de solitude à Madrid, que l'Espagne n'a pas d'écho, que son soleil se glace. Si vous avez un grand Mort parmi vous, portez-le en terre, et ne le conservez pas plus longtemps sous le dais. Sortez audacieusement de l'enceinte de votre église; montez sur ses ruines; le monde vous verra, vous entendra, vous touchera par-dessus les Pyrénées.

Parlez donc à haute voix, hommes du Midi. L'occasion est faite pour vous, le monde se tait. Peut-être que votre parole, gardant une étincelle du soleil inextinguible peut encore réchauffer ou briser les cœurs de pierre et de glace. Jamais pareil silence de sépulcre ne se retrouvera pour vous, une seconde fois. L'Allemagne, qui faisait encore quelque bruit, s'est déjà rendormie sur un signe de son roi fantasque. En France, nous sommes à la fois, par un miracle insigne, à la Bourse et à confesse. Vous pouvez exhumer en nous voyant le mot funèbre des Mémoires de Saint-Simon. *Vers la fin de la vie du roi, ils sentirent le cadavre.* Nous voilà muets, immobiles et attentifs comme des morts. Que voulez-vous de plus? on entendrait dans la grande France voler la mouche de l'Escurial. Hâtez-vous de parler; surtout n'attendez pas le bruit du réveil.

XV

TOLÈDE.

Voyez-vous à travers champs, méprisant les sentiers parcourus, ce coche lancé au galop de seize mules ? Dès le premier choc vous croyez que tout l'équipage est brisé ? un choc en sens contraire rétablit l'équilibre, et mêle, en rase campagne, le tangage et le roulis d'une mer houleuse. Pourquoi vous plaindre ? Cette route barbare conduit à la capitale barbare du royaume des Goths ; dans cette ornière a passé le char de Brunehaut, lorsque jeune, innocente, radieuse, elle sortait de Tolède pour chercher au loin son fiancé mérovingien.

Bénie soit la posada d'Illescas, célèbre déjà dans le Romancero ! C'est là que, voyageurs, Zagals, Mayorals, se remettent un moment de ce naufrage de terre. Chacun s'assied avec sérénité devant un plat de lentilles, sans penser que l'ouragan va renaître. Près des voyageurs s'établissent gravement deux mendiants homériques, barbe d'argent, manteaux longs, sceptres de bois blanc; l'hôtesse leur a donné par droit d'aînesse une bonne part du festin. Plus d'un voyageur leur porte secrètement envie, et les regarde de côté; pour moi, je ne puis comparer la sérénité imperturbable de leurs regards qu'aux rayons du soleil de Castille, dans le solstice d'hiver. La Révolution a passé sans les effleurer au-dessous de leurs escabeaux; eux seuls sont restés, inviolables, au milieu des guerres civiles. A peine si, lorsque le coche s'est ébranlé pour repartir, ces deux rois pasteurs ont fait un léger salut de la main à la triste caravane.

Elle ne s'arrêtera plus qu'elle n'ait atteint la porte arabe de Tolède. Je note cette première rencontre avec la civilisation musulmane. Rien au monde ne m'a plus frappé que cette voûte des Maures placée à l'avant-garde de l'Afrique. Ce signe de l'islamisme s'élève au bas de la montagne. Je passe et je repasse à cet endroit, comme sous la porte des songes. Les bouffées du désert s'en exhalent; l'encens et la myrrhe de la Mecque me font oublier déjà l'odeur morte des buis de l'Escurial. Tout ce que l'on a entendu dire du génie mauresque de l'Espagne se fixe et se dresse devant vous sur le seuil de l'islamisme. De ce côté, le Christ; de l'autre, Mahomet. Cette petite porte, entourée de masures espagnoles, a le front menaçant d'un roi maure, prisonnier dans la mêlée.

Dans Tolède, l'éternelle guerre du Coran et de l'Évangile continue jour et nuit; les pierres combattent; les monuments de l'islamisme et du christianisme sont en présence, groupés comme au soir d'une bataille décisive. Voici encore sur le Tage les deux ponts arabes avec la voûte en croissant; déjà la Madone s'est assise au bas des créneaux musulmans. Mais les anges de l'Islam continuent de lancer, dès le soleil levant, une pluie de flèches brûlantes; quand leur carquois est épuisé, ils détachent une pierre des murailles, pour lapider le chrétien qui passe. Au sommet de la montagne, la mosquée de *Maria la Blanca* domine l'horizon; sultane captive qui se cache dans un magasin de fourrages. Elle est restée blanche et incorruptible dans sa misère. L'immense cathédrale jette un dernier défi au génie mahométan. A mi-côte, la petite église de Saint-Jean-des-Rois suspend pour trophées à sa fenêtre gothique les chaînes brisées des chrétiens de Grenade. Les rois catholiques, Ferdinand et Isabelle, ont gravé à côté des chaînes leurs couronnes en écusson. Hors de l'enceinte de la ville, les statues de don Sanche, Alphonse VIII, vainqueurs des Maures, casque en tête, épée nue, s'embusquent aux défilés. Par les étroites portes d'enceinte, les esprits des mécréants s'enfuient; ils trouvent des sentiers africains où ils disparaissent. Au loin, le sol rouge poudroie comme sous les pas d'une armée. Le Tage, ce doux fleuve des Romances, se trouble en approchant de Tolède. Il prend en passant une âme espagnole; dans son humeur de torrent, il charrie des ruines.

Comment l'Esprit musulman ne s'obstinerait-il pas à survivre jusque dans les pierres? l'Espagne commence à prendre dans Tolède une face africaine. Quand le roi maure, assis au haut de l'Alcazar, voyait autour de lui ces montagnes pelées, ces gorges tortueuses, ce fleuve changé en torrent, la ville serrée dans une ceinture de granit, qui se dénoue sur une oasis, il devait se dire: ce mélange d'Arabie Pétrée et d'Arabie Heureuse est à moi par le droit d'héritage. La terre et le ciel le confirmaient dans son autorité. De

Damas arrivé à Tolède, il retrouvait en toute chose le sceau d'Allah sur une nature pierreuse; point d'ombre, l'air transparent de l'Yémen, une montagne qui se courbe sous les mosquées, comme un chameau chargé au bord d'un fleuve; l'horizon embrasé au loin et qui marque sans doute le commencement du grand désert; dans les ruines des Romains et des Goths, les ruines d'un peuple châtié par la colère céleste, comme le peuple de Tyr ou celui de Palmyre. A l'heure où la voix du muézin s'élevait de la mosquée, il n'y avait pas dans la montagne et dans la plaine un seul objet qui ne resplendît d'un reflet du Coran. Des gorges profondes sortait un écho de la caverne de Mahomet. Qui a roulé en monceau ces rochers au bord du Tage? les anges d'Allah, pour lapider les nations rebelles.

Moi-même, lorsque je regardais cet horizon, que de fois, fasciné à mon tour, oubliant l'Europe, j'ai vu au loin une caravane sortir des défilés, turban au front, cimeterre au vent! Immobile à ma place, j'entendais déjà le cri d'Allah! mais à la vue des clochers gothiques de Tolède, la caravane se dissipait dans l'air. Par l'effet de l'exorcisme, la caravane était changée incontinent en une troupe d'ânes bridés qui, trottinant sur le pont d'Alcantara, venaient escalader le marché, chargés des herbes et des concombres de la Véga.

Ce genre d'illusion, plus naturel peut-être à Tolède qu'en aucun lieu du monde, m'aide à comprendre le mirage moral qui grandit outre mesure les imaginations espagnoles. Jusqu'ici j'avais méconnu le génie de Don Quichotte. Je le prenais avec tout le monde pour une fiction ; depuis hier seulement, le grand homme castillan m'apparaît dans son aube orientale. La vérité est qu'il ne pouvait naître qu'en Espagne ; parmi nous où rien n'est disposé pour piper l'imagination, ce héros doit passer pour un fou à lier. De l'autre côté des Pyrénées, sa folie est sagesse, ses aventures sont réelles ; et je vous défie de toucher la noble terre de Castille sans le sentir revivre à chaque pas en vous-même.

Dès le premier mot de cette langue grandiose, qui semble sortir d'un porte-voix, comment ne pas vous redresser et prendre au moins cinq ou six coudées de haut? Pauvre raison humaine, comment résister à ce monde de théâtre, que la nature, l'histoire, élèvent constamment autour de vous, sur de magnifiques tréteaux? Dieu qui fit l'Espagne semblable à l'immense Orient, est le premier inventeur du roman de Michel Cervantès; et l'homme amusé, trompé, berné par cette perspective lointaine, est ici entre ses mains l'éternel Chevalier de la Triste-Figure. Partout, à distance, l'Asie, l'Arabie apparaissent avec leur grandeur incommensurable. Amusé par ce leurre, vous cheminez sur votre humble Rossinante, jusqu'à ce qu'au delà de ce mirage vous reconnaissiez et palpiez l'Europe dans son génie trivial.

Je découvre à l'horizon le désert, l'infini, une ville idéale qui scintille sous un ciel d'émeraudes. Avançons, mon fidèle écuyer. Déjà le palais des péris s'est changé en un magasin de *douanes nationales*. Grimpons à travers les petites rues tortueuses de Tolède; elles résonnent encore, si je ne me trompe, du cliquetis des rapières féodales. Que de palais! que d'écussons! que de portiques! que d'armoiries appendues ou gravées aux portes! Certes, voici le moyen âge de la Table ronde, tel que je l'ai toujours cherché. Entrons chez les Amadis.

Ciel ! une mandoline a résonné à ce balcon vitré que l'art mauresque a découpé en forme de prisme. Ou je m'aveugle singulièrement, ou il cache sous ses rideaux de soie une beauté incomparable, qui, jusqu'à ce jour, s'est dérobée à la lumière, et a vécu dans l'attente de ce moment unique. Mais quoi ! le portique féodal conduit à un poulailler ; cet autre, à une étable. Par la méchanceté des Esprits noirs qui me poursuivent, le seuil passé, la féerie a disparu. Où j'entendais la romance d'Églantine, d'Yseult, de Carmen, de Dolorès ou de Zaïda, reste un troupeau de chèvres qui broutent, dans la compagnie de l'âne de Sancho, l'herbe menue d'une cour dévastée. Le palais est un taudis.

Revenons sans perdre courage à mon hôtellerie. Heureux augure ! c'est celle des *Chevaliers, de los Caballeros*. Faisons donc résonner nos souliers ferrés en guise d'éperons sur les dalles. Je laisse derrière moi, au milieu de la cour, la citerne du désert. Sous des galeries arabes, une eau pure circule dans de petites rigoles de marbre, ainsi qu'il est écrit dans le Coran. Une toile blanche, sans doute tissée par les filles de Mahomet, m'ombrage du soleil de la Mecque. Quel appartement vaste et digne! quelle simplicité grandiose! point de meubles; à peine un lit; mais une haute porte à vitraux que j'ai brisée par mégarde. Le repas frugal, ainsi qu'il convient à un preux, se fera longtemps attendre.

Venez donc, ô mes chères hôtesses, nobles châtelaines, perles tombées de la couronne de Castille! prenez place sur ce banc de noyer. Votre costume est humble, mais votre tête est royale. A vos cheveux d'ébène, à la flamme de vos yeux en amande, à ce sourcil peint par une fée, je vous ai reconnues pour les descendantes du roi maure Miramolin. Parlons un peu des croisades et de la bataille de Las Navas, où vingt-cinq chrétiens coupèrent la tête de trois cent mille de vos parents.

Impression qui tient du rêve! Dans ces ruelles blasonnées, sépulcrales, où gît le moyen âge, un seul bruit se fait entendre, vif, éclatant, capricieux, celui des Romances populaires. Que fait Tolède, la reine découronnée des Deux-Castilles, qui se penche, en désespérée, sur les gouffres du Tage? Ne craignez pas qu'elle se précipite dans l'abîme; elle chante. Dans les endroits les plus déserts, une femme s'assied au soleil, sur la poussière blanche des palais, des couvents, des églises. Elle regarde un vieux pan de mur. A son insu, cette poussière héroïque lui parle, l'inspire, la jette dans une sorte d'extase. Tant que le jour dure, elle chante des lambeaux d'air fantasque, qui tiennent des caprices du feu follet. Tolède vit pour moi dans l'impression de ces mélodies exhalées des ruines chevaleresques. Pas un carrefour d'où je n'aie entendu sortir une de ces éclatantes fusées de voix.

Je me rappelerai toujours le chant radieux des galériens sur le pont Saint-Martin ; leur travail forcé était, il paraît, de chanter à pleine poitrine, et ils s'en acquittaient en hommes à qui la vie est légère. D'autres voix leur répondirent des deux côtés du Tage, pendant qu'eux-mêmes s'accompagnaient du bruit de leurs chaînes, en guise de cymbales et de *pandéros*. Que disaient-ils ? je ne sais. Les paroles n'arrivaient pas jusqu'à moi ; mais je sentais que de vieilles légendes passaient dans l'air, que les revenants sortaient des tombes, que les Esprits des hidalgos chevauchaient sur des ponts invisibles. Don Sanche, Padilla, le roi des Maures Abdallah, se montrèrent un moment, en linceul, au haut de l'Alcazar et de la cathédrale. Alors les galériens continuèrent avec frénésie de frapper leurs fers en cadence. A ce bruit funeste, l'Espagne entière répondit en chantant et traînant, des Pyrénées à Cadix, une chaîne sonore au bord d'un fleuve de sang. Je voulus crier : *Brise-la, et n'en fais pas une cymbale.* Mais personne n'entendit ma voix ; elle alla se perdre avec la joie sinistre des *Presidiarios* dans le bouillonnement du fleuve ; un peu après, je me retrouvai seul, sans savoir comment, à la porte de la cathédrale.

Au milieu de la mêlée de deux civilisations, la cathédrale[1] s'élève comme un cantique de victoire. Il est certain que le gothique d'Espagne respire le triomphe et la conquête. Cette architecture qui, dans tout le reste de l'Europe, représente le sépulcre du Calvaire, marque en Espagne la gloire du Christ vainqueur d'Allah. A mesure que l'Islamisme se retire, une cathédrale s'élève dans le sang d'un champ de bataille. L'itinéraire du Christianisme est marqué de Burgos à Séville par ces trophées de pierre.

---

[1] Voir de précieux détails dans *une année en Espagne,* par M. Charles Didier.

Les chapiteaux gothiques se ceignent de lauriers; les tours portent des couronnes.

En France, en Allemagne, en Angleterre, l'Église du moyen âge, c'est le deuil éternel. En Italie, le luxe de l'art moderne va jusqu'à effacer l'impression religieuse du passé; d'ailleurs le gothique n'a jamais pu y prendre profondément racine. L'Espagne est le seul pays qui ait concilié l'austérité des nefs du Nord avec la splendeur païenne du Midi. Sur la face macérée du moyen âge elle a jeté le linceul de pourpre de la renaissance. Imaginez Notre-Dame de Paris couverte de l'or des Incas et des Caciques, un mélange de religions et de dieux opposés, l'ascétisme de la cathédrale, les treillages et les jalousies de marbre de la mosquée, la magnificence du temple du Soleil, Cologne, Damas, Mexico subitement rapprochés dans une légende de pierre.

Vous diriez que sous ces voûtes ont été réunies, avec le butin des deux Indes, les prémices de la monarchie universelle, et que l'âme de l'empire de Charles-Quint respire dans cette alliance forcée du Nord et du Midi. De tout cela résulte quelque chose d'immense et de monstrueux, où les extrémités du globe se joignent pour fêter l'Alleluia du catholicisme espagnol. C'est même le seul endroit du monde où vous sentiez confusément l'unité de cet empire sur lequel le soleil ne se couchait pas. Si le génie de la vieille Espagne est tout entier rassemblé quelque part, depuis les conciles des Goths jusqu'aux juntes de 1812, c'est assurément là. Tolède est l'âme du monstre; Madrid n'est que la cour, *la corte*.

Une de ces pages à la fois sombres et embrasées de Calderon, de Louis de Léon, dans lesquelles le mysticisme chrétien, tout chargé des couleurs de l'Arabie et du Pérou, nage dans un ciel de rubis, donnerait seule l'idée de ce moyen âge vêtu de pourpre et de porphyre. Peut-être est-ce en priant sous ces voûtes que sainte Thérèse a conçu l'image du château de diamant où l'âme pénètre par sept enceintes ; car le dieu espagnol se cache, à l'exemple d'Allah, sous plusieurs enceintes de jalousies gothiques.

Froide comme le Golgotha, brûlante comme la maison du Soleil, ascétique et pompeuse, n'est-ce pas là l'âme de l'Espagne ? n'oubliez pas surtout l'orgueil et la joie du triomphe. Au milieu des débris des Maures, les anges et les saints dans les tours, les rois et les barons couchés dans les chapelles, et la dalle usée que je foule en entrant, crient jour et nuit à Tolède, comme l'archevêque Rodrigue, dans la bataille de Las Navas : Victoire! victoire ! *Te Deum laudamus !*

Autour du chœur, j'ai remarqué sur des colonnettes un troupeau de petits sphinx de porphyre, qui chaque jour jettent une énigme au chanoine paisiblement assis dans sa stalle. Fatale énigme ! Ces sphinx gothiques finissent aussi par dévorer ceux qui ne la devinent pas. Dans la sacristie, on m'a montré les têtes coupées de plusieurs saints du moyen âge ; reliques d'un christianisme africain qui semblent fraîchement rapportées d'un champ de bataille des Maures.

Presque toujours, j'étais seul dans l'église. A l'heure de l'office du soir, deux ou trois ombres seulement s'agenouillaient dans l'immense nef. Le clergé espagnol n'a rien emprunté encore de la mignardise du nôtre ; il a conservé dans le culte la rudesse du moyen âge. Des voix de pierre chantaient là jusqu'à la nuit pour le peuple de pierre, couché dans les chapelles. Les paroles de la liturgie prenaient un sens particulier. A travers les vitraux, le croissant de la lune s'empourprait de sang; il semblait que les morts chrétiens exorcisaient les Esprits renaissants de l'Islamisme. En l'absence des vivants, les spectres des deux cultes se prenaient froidement corps à corps; et ces trépassés se disputaient, autour de moi, l'ombre éternelle.

XVI

LES BRIGANDS! DEBEMOS GRACIAS A DIOS.

Paraissez, Navarrois, Maures et Castillans!

Venez tous, Esprits noirs, qui ne savez que mordiller dans la nuit, gens au cœur dur, en robe courte ou longue, Capitans et Matamores de Revues, Docteurs sans pitié, Écoutez cette aventure! et s'il vous reste, par hasard, une fibre sympathique, réveillez-la à ce tragique récit.

J'avais toujours pensé que si je devais faire connaissance avec l'une des espèces de brigands dont la classification forme une des richesses de la langue espagnole, cette rencontre devait avoir lieu d'abord sur les bords enchantés du Tage. Il m'était même arrivé de fixer d'avance, avec une stratégie dont je m'honore, ce point sur la carte, entre Tolède et Aranjuez. Mon opinion se fondait sur ce que cette vaste plaine, entièrement dépeuplée, étant un des domaines de la couronne, jouit, à ce titre, du privilége royal de nourrir les plus rusés et les plus nombreux bandits de la Castille et de l'Estramadure. Je savais, de plus, que je devais être seul dans ce trajet, les habitants aimant mieux se détourner de trente lieues, par Madrid, que parcourir ce champ de fleurs. En conséquence, je me remis à l'expérience du seigneur Lorenzo de Uriza, le priant de m'envoyer le lendemain, à ma porte, la meilleure *caballeria* du royaume de Tolède, pour brûler au galop huit ou dix lieues d'embuscade.

Le lendemain, au lever du jour, de violents coups de pied ébranlaient la porte voisine de la mienne. Celui qui me donnait cette aubade s'était trompé de chambre. Cette méprise retarda le départ de quelques minutes, et ces minutes décidèrent de mon sort. Voici comment.

Au lieu des chevaux piaffant, annoncés par Don Lorenzo, je trouvai, sous la galerie arabe,

Rossinante attelée à une calessine. Que la pauvre bête me parut changée depuis trois siècles! Cette calessine à une seule place, tendue de damas et frangée de soie, portait en outre à l'arrière une scène de bergers peints en bleu sur un fond d'or. Avec toute cette coquetterie, coche et attelage dataient du règne des rois catholiques. Mon compagnon, jeune Tolédain, s'assit sur le brancard; pour donner moins d'otage à la fortune, il s'était avisé de se mettre à peu près à nu. L'attelage releva un moment sa plume de coq; laissant aux prises le gothique avec le mauresque, nous entrons au pas dans les *Despoblados*.

Je me souvins de la romance :

Fleuve du Tage,
Je fuis tes bords heureux.

Rien ne me parut moins heureux que ces flots pâles qui se dérobent sous les maremmes. Le Tage de Castille est loin d'être le fleuve sonore de Camoëns; il ressemble, à travers les landes, à la jeunesse des grands poëtes, qui se traîne languissamment dans l'obscurité avant d'arriver à la mer de gloire.

Le jour était on ne peut plus mal choisi. C'était le dimanche de Noël : la solitude en était encore augmentée, les Espagnols s'abstenant de tout voyage pendant les jours de fêtes. Tout alla bien, néanmoins, tant que nous restâmes dans le pays ouvert. Quelques lapins seulement, dont ces landes abondent, sortirent de leurs embuscades et vinrent nous narguer, en relevant leurs moustaches blanches de rosée, à l'entrée de leurs terriers : du reste, la paix de l'âge d'or dans ces vastes pacages. Tout à coup, à l'endroit où les hauteurs forment un coude et serrent le fleuve, un cri : *les brigands! los bandoleros!* sort de terre. Une femme effarée fuit à toutes jambes. Je regarde ! je vois un groupe d'hommes gravir la montagne, dans un nuage de poussière. C'était une troupe de huit bandits à cheval qui, depuis le matin, s'étaient tenus en embuscade sous un pont que je devais traverser, à moins de deux cents pas de là. A la fin, la patience leur ayant manqué, ils venaient de se jeter sur trois voyageurs que le hasard avait mis devant moi ; ils les enlevaient sans façon dans la montagne pour les rançonner jusqu'au sang.

Debemos gracias a Dios! s'écria mon Tolédain en se jetant à terre. Je traduisis de grand cœur en moi-même cette invocation; et j'y ajoutai même, en pensée, un petit ex-voto de marbre sur le bord du chemin. Mais les moments pressaient. Que faire? rester, reculer, avancer, était également difficile. Nous tînmes conseil. Je jugeai qu'après cet exploit, les bandits devaient songer à se retirer avec leur proie dans leur caverne, et qu'il fallait profiter du moment pour traverser rapidement le défilé. Heureux si la mule n'eût pas été d'une opinion précisément contraire, et qui ne céda qu'à la force; c'est au pas immuable de cette bête obstinée que nous dûmes parcourir les quatre ou cinq lieues qui nous restaient. Les yeux fixés sur les hauteurs, nous nous attendions incessamment à voir fondre sur nous la cavalcade. Une fois, le Tolédain me montra une tête d'homme caché dans la lisière d'un hallier. Il en sortit un cavalier, une longue rapière au côté, un chapeau à grands rebords battant sur les épaules, dans l'admirable accoutrement des chevaliers d'aventure de Salvator Rosa. Ce *matamore* nous apprit qu'il avait, de par la reine, charge de garder l'horizon, lequel, grâce à lui, jouissait d'une parfaite sécurité. Les bandits, assurait-il, avaient repris, à la lueur de son épée, le chemin de l'Estramadure. Cependant il jugea à propos d'opérer sa retraite dans une compagnie aussi *respectable* que la nôtre; ce qui nous ménagea avec son escorte une entrée triomphale sous les arbres majestueux d'Aranjuez.

Telle est, cher lecteur, ma première aventure; je ne sais si tu en approuves la conclusion ; sans doute, tu penses qu'un séjour prolongé dans la caverne de ces bandits eût offert un dénouement préférable, jusqu'à ce que tu m'eusses apporté ma rançon.

Quel que soit le motif de ton jugement, innocente curiosité ou malicieux désir de te délivrer d'une voix importune, tu ne t'offenseras pas si dans cette unique occasion j'adopte une opinion littéraire absolument différente de la tienne; et tu me permettras de goûter un moment sans regret la fraîcheur des bosquets, dans les jardins classiques de Philippe V, au bruit des cascatelles du Tage.

XVII.

UNE CONVERSATION EN TRAVERSANT LA MANCHE.

Encore un champ de bataille où les Français

ont vaincu ! Occana ! plateau sans limites, vide et stérile. Le soleil qui commence à poindre ensanglante la chaumine comme un feu de bivouac. J'entends à mes côtés un long soupir et ce mot prononcé bas : *Trahison !* Les cœurs se serrent autour de moi, les conversations tombent ; dans le silence qui suit, l'année 1810 reparaît, traînant sur la route ses files de prisonniers hâves, nus, pestiférés. Un vieux berger seul est debout, appuyé sur son bâton, au milieu de ce champ maudit par tout bon Espagnol.

Deux heures après, les longs bras d'un moulin à vent s'agitent dans la plaine ; le géant de Don Quichotte nous ouvre, sans coup férir, les portes de la Manche. Sur les fronts de mes compagnons passe un rapide éclair ; nous respirons tous plus librement.

La maison de Sancho Pança n'a ni balcons, ni jalousies. Elle s'assied massivement au bord du chemin, comme un proverbe banal ; en passant, Dona Teresa me donne un verre d'eau qu'elle me fait philosophiquement payer au prix de l'élixir de longue vie. Au loin, la terre ressemble au paysan espagnol. Nue comme lui, elle s'étale au soleil dans son manteau troué d'ivraie.

Elle est silencieuse comme lui; nul ramage d'oiseau, nul babil de ruisseaux ni de feuillage. Sobre comme lui; la rosée seule la fertilise. Indépendante comme lui; ni fossés, ni haies, ni barrières: l'égalité est gravée sur sa face. Comme le paysan ne reconnaît que la souveraineté de Dieu, de même sa terre ne s'incline qu'aux pieds des rochers éternels de la Sierra Morena. Dans tout le reste de l'horizon, pas un seul manoir, ni une ruine féodale ne la domine; elle ne permet pas à un seul donjon de la couvrir d'une ombre outrecuidante.

« Après tout, dit la même voix qui avait si profondément soupiré sur le champ de bataille d'Occana, la France est un grand peuple. Ce qui me surpasse, le savez-vous? c'est qu'il s'y trouve des hommes qui osent tirer sur un roi. Il y a là une *grandeza* qui confond; où la retrouverait-on ailleurs? Nation inconcevable, si le ciel la bravait, elle tirerait, je crois, sur Jésus-Christ lui-même. »

Celui qui renouait d'une manière si gracieuse la conversation était un vieil officier que la chute d'Espartéro rendait malgré lui à la vie champêtre. Il ne rapportait que son épée dans ses montagnes de Lorca. Singulière figure de mécontent, petits yeux caressants de loup sur une face cuivrée de soldat d'Annibal ; bonne figure au fond, et qui de la voix la plus douce tenait les propos les plus africains, sans avoir l'air d'y songer. Il comptait bien que son épée, dégaînée depuis cinquante ans, ne pendrait pas longtemps au croc obscur de son *pueblo*.

« Quoi qu'il arrive, reprenait son voisin, j'ai du moins avancé une affaire d'importance. Figurez-vous, qu'à Cordoue j'ai pour homme de confiance le meilleur bandit de la contrée ; il a bien tué quinze hommes à ma connaissance ; avec cela le meilleur cœur du monde. Je ne confierais pour rien à nul autre ma femme et mes enfants quand je les envoie à la campagne. Il a de plus toujours deux chevaux *muy nobles* à mon service, dans le cas où je serais compromis auprès du chef politique. L'été dernier, cet homme de bien se trouvait d'aventure avec un autre bandit, qui retint le butin. Mon homme ne dit mot ; on arrive à une fontaine ; il met pied à terre, dégage son tromblon sous son manteau, et vous dépêche à bout portant son compagnon qui buvait tranquillement au fil du ruisseau. J'ai fait valoir cette action dans les bureaux. Je rapporte son *indult*, et, par-dessus le marché, la promesse d'un emploi convenable dans la *Loterie nationale.* »

Si les deux premiers interlocuteurs représentaient ce qu'il y a encore d'indiscipliné dans les classes cultivées, en revanche, le seigneur Rodriguèz résumait dans son honnête personne tout le désir d'inertie, de *despotisme éclairé* qui envahit la bourgeoisie naissante. Il occupait, au fond de la carriole, la place d'honneur, sans jactance. Les aveux de ses deux voisins étaient évidemment fort pénibles pour lui. Ce digne négociant de Grenade étendait un voile de soie sur toute l'Espagne ; il détournait mes yeux des *croix de meurtre* ou *miracles andalous*, des pauvres en haillons, des masures, des *despoblados;* il avait en vérité fort à faire. Si je l'eusse écouté, depuis l'avénement des moderados toute la Péninsule dormait sur des roses.

En face de lui était un avocat boiteux, encore jeune, l'air très-noble. Singulier homme de procès ! depuis sa thèse, il n'avait plaidé que le mousquet à la main dans l'armée de la Foi. Couvert de blessures, il quittait décidément le harnais pour les dossiers ; il semblait sortir d'un songe. « Mais encore une fois, disait-il, seigneur Rodriguèz ! la Révolution n'a pas de but, nous avions l'égalité ; que pouvions-nous demander davantage ? »

Ces hommes qui représentaient tout ce que l'Espagne renferme de plus violemment opposé, conservaient entre eux les habitudes les plus cordiales ; je dois même dire à l'honneur particulier du seigneur Rodriguèz, qu'il n'épargnait rien dans la vue de faire oublier le triomphe de son parti, étant toujours prêt à pacifier la discussion en distribuant avec magnificence à chacun de nous une croûte de pain pierreux, ou quelques noisettes, dont ce sage des sages s'était abondamment pourvu.

Il y avait aussi à l'arrière de ce groupe un paysan que le progressiste me dépeignit d'abord comme un des *cancres* les plus rétrogrades du siècle ; car il demandait avec anxiété s'il était vrai que *l'innocente reine* allait au théâtre. Ajoutez un étudiant en théologie près des escopétéros, et je ne sais comment égarée dans ce chaos, une jeune comtesse, qui apparaissait par intervalles ; placée auprès du mayoral, elle semblait l'étoile qui entraînait ce petit monde après elle. Il roulait, cahoté, comme la société espagnole, à travers la plaine poudreuse et les précipices de la Sierra Morena. A l'hôtellerie de las Cardénas, il arriva quelque chose de significatif. Cette compagnie, demi-moulue, s'était étendue sur les carreaux afin d'y passer la nuit. Chacun s'était emparé d'une couverture de mulet et d'un banc pour y poser sa tête. Deux seuls personnages ne purent trouver place; je vois encore le théologien et l'avocat absolutiste errer sans espoir dans la chambrée; ces deux représentants du passé avaient l'air de dire à la société espagnole, comme Macbeth : « La table est pleine. »

Quant à toi, lecteur, qui nous a accompagnés jusqu'ici, il n'y a pas dans ce taudis une seule place digne d'un esprit tel que le tien. Puisque tu n'es qu'une pure intelligence, sache au moins en profiter. Vois! sur ce seuil de l'Andalousie, les étoiles brillent comme des clous d'or, en relief, à la voûte du ciel. Fais une promenade de nuit avec tes confrères les esprits, pendant que nous ranimons ici nos forces, par un sommeil souvent interrompu. Mêle-toi à leurs boléros nocturnes, toi qui n'as à redouter ni les voleurs, ni les loups errants. Cette ombre gigantesque qui touche au firmament, c'est la crête de la Sierra Morena. Mais le mot est plus effrayant que la chose; à peine le premier contrefort est franchi, qu'une autre monde plus chaud se déroule. La nature se hérisse et sourit en même temps; l'horrible défilé s'ouvre à Sainte-Helena, à la Carolina, sur le jardin de l'Andalousie. Des plantes inconnues envoient déjà à ta rencontre les exhalaisons de l'Orient. Ne sens-tu pas, autour de toi, les génies aériens, tes compagnons, qui t'apportent dans d'invisibles cassolettes les parfums des mosquées disparues?

Te voilà à deux pas du champ de bataille de Las Navas où l'Islamisme d'Europe a été brisé pour jamais. Quel silence sur ces noirs sommets après le duel de deux mondes! Pendant les trois jours qui ont suivi, les flèches arabes ont suffi à alimenter d'immenses bûchers sur ces cimes. Marche d'un pied léger; car chaque brin d'herbe couvre la sépulture d'un esprit. Si tu as peur de la mêlée des mécréants, abrite-toi dans les châteaux d'Espagne qui se dressent de terre, dès que la lune les évoque en frappant son bouclier d'argent; ou plutôt, reviens à ma voix, sans t'égarer avec les morts. Déjà j'entends le mayoral qui, contrairement à ses promesses, réveille ses mules deux heures avant le lever du soleil.

XVIII

BAILEN.

« Rien n'est changé dans le *pueblo*, dit avec gravité, en se parlant à lui-même, le vieil officier, au moment où nous atteignions une bourgade éparse dans une prairie. En face de ce palmier, le beffroi de cette petite église et sa cloche découverte me rappellent quelque chose. — Que voulez-vous dire? repris-je, soupçonnant la réponse. — Hé bien! oui! hier Occana, aujourd'hui Baïlen. L'un vaut l'autre, tenez! n'en parlons plus, et fumons ensemble ici un cigare, sans rancune. »

Mes autres compagnons gardèrent le silence; mais leurs yeux rayonnaient.

Sous un soleil éblouissant, je vois miroiter des maisons blanches de neige; chacune d'elles a ses fenêtres enfermées de noires cages de fer;

ce qui donne à ces cabanes un aspect tout à la fois tragique et radieux. Au bout d'une ruelle déserte, où se traîne un ruisseau de fange, un groupe de paysans aux longs chapeaux andalous s'arrête; ils portent encore les longs hoyaux dont ils ont pourchassé une armée prisonnière. L'air tiède vibre à mes oreilles, du tocsin de 1808. Dans les prairies, les petites feuilles des pâles oliviers tremblottent à un souffle insensible, qui semble s'exhaler de terre comme la respiration des morts. Premier village d'Andalousie! Fourches caudines de la France! seul champ de bataille où l'honneur soit resté! Dix-huit mille Français ont posé ici les armes, en rase campagne, devant un ramassis de paysans et de recrues.

Napoléon avec le bruit de cent victoires n'a pu couvrir le tocsin de cette petite cloche fêlée, qui continue de tinter à travers les prés et les vergers. Des millions d'hommes sont morts pour racheter ce qui a été perdu ici en une heure. Au milieu des fêtes de l'Empire, ce clocher à huit faces se dresse comme le signe de Dieu dans la Fête de Balthazar. Les victoires continuent; mais le défaut de la cuirasse a été trouvé; ce jour de 1808 prophétise 1814. Derrière le char triomphal de l'Empire, une voix de mort crie incessamment Baïlen ! Baïlen ! et rien ne peut l'étouffer. Pas une ville d'Espagne, ni un village qui ne prétende devenir un autre Baïlen. Ce nom tragique passant au delà des Pyrénées, l'Autriche, la Prusse, la Russie, le cherchent à leur tour chez elles, à Wagram, à Eylau, à la Moskowa. La guerre devient éternelle; Baïlen appelle Waterloo.

Journée inouïe ! le 19 juin 1808, à trois heures du matin, le général en chef de l'armée d'Andalousie, Dupont, arrivait avec neuf mille hommes sur ce plateau d'oliviers, à une demi-lieue du village ; il venait y rejoindre le reste de ses troupes, et se réjouissait d'avoir dérobé une marche à l'armée espagnole, laissée derrière lui, de l'autre côté du pont d'Andujar. Dans les ténèbres ses soldats en marche se heurtent contre un peloton. C'étaient vingt-cinq mille Espagnols de nouvelle levée ; ces conscrits avaient eu l'audace singulière de passer le Guadalquivir, et de se jeter entre les deux corps français pour couper la retraite du général en chef. Dupont voit le danger ; il se déploie sur-le-champ des deux côtés de la route, et commence l'attaque : il rompt la première ligne. Ses dernières réserves arrivent ; il charge trois fois sur trois colonnes ; les paysans espagnols tiennent ferme. Derrière eux était l'enthousiasme de la Junte de Séville.

A onze heures, la chaleur étant excessive, Dupont fait demander une suspension d'armes. Soldats, officiers se couchent sous les oliviers, s'endorment ou se dispersent pour chercher un filet d'eau. Chaque moment aggrave le sort de cette armée, assise au milieu de ses morts, qu'un soleil cuisant commence déjà à putréfier. Les généraux même, couchés sur la terre, ne se parlaient plus[1]. C'était un silence de pierre qui contrastait avec les cris de vengeance que poussaient les ennemis en resserrant de plus en plus le cercle. Il y avait aussi cette différence que le corps français était comme enchaîné sur la grande route, par cinq cents voitures de butin ramassé dans le pillage de Cordoue, tandis que les Espagnols, restés nus, avaient tous leurs mouvements libres. Quelques-uns des chefs avaient laissé leur cœur dans leurs fourgons.

---

[1] Le général Marescot déclare qu'ayant passé toute la nuit couché sur la terre auprès du général Dupont, ils ne se dirent pas un mot l'un à l'autre.

Dupont, d'après le conseil de Marescot, interroge les chefs de corps sur les moyens de rengager le combat. Deux généraux déclarent que l'infanterie est à bout, un troisième, que la cavalerie pourrait tout au plus *fournir une faible charge*. Sur cette réponse, le général en chef, tout brave qu'il était, manquant de hardiesse d'esprit, se juge perdu; il demande à capituler.

Que n'a-t-il tenté du moins d'abandonner cette funeste grande route, le soir ou la nuit, et de percer en une seule colonne serrée, sur une des ailes, à travers champs! J'ai parcouru cet intervalle; le terrain ne lui eût offert par lui-même aucun obstacle. « Il ne connaissait pas les lieux! il les croyait impraticables! » Soit! Ce qui reste après tout inexcusable, est de n'avoir pas recommencé l'attaque, à tout prix, ce même soir du 19, quand, à moins d'une lieue, il entendit le canon sauveur de Vedel qui, brûlant de réparer sa faute, venait en force le dégager avec dix mille hommes. Le corps espagnol, pris en tête, en queue, déjà entamé, ne pouvait résister.

Lié par sa capitulation hâtive, Dupont envoie à Vedel victorieux l'ordre de cesser le combat, de rendre ses prisonniers, de déposer les armes. Ce qui fut exécuté aveuglément. La capitulation aussitôt violée [1], les généraux seuls et quelques officiers d'état-major revirent la France; le reste, officiers et soldats, alla, jusqu'au dernier homme, mourir de faim et d'avanies, sur les pontons de la patrie de Hudson-Lowe.

Je me souvenais d'avoir lu, dans la lettre manuscrite du général Dupont à Berthier, la phrase suivante : « Nous nous trouvions au mi-« lieu des *montagnes impraticables de la Sierra* « dans la situation d'une armée assiégée. » D'après cela, j'avais toujours pensé expliquer à mon tour cette journée par l'aspérité des lieux. Quel ne fut donc pas mon étonnement, lorsqu'en étudiant le pays, de l'Herrumblar au Guadalquivir, je ne vis partout qu'une plaine ondulée, ou de petits mamelons à pente douce, çà et là clair-semés d'oliviers, qui de tous côtés ouvraient, comme en un verger, des avenues et des issues naturelles! Si ces dix-huit mille hommes eussent été taillés en pièce, du moins l'ennemi eût senti le contre-coup. Mais aller obscurément, sans défense, rendre les ar-

[1] Par le général Castanos; le Gouvernement français vient de lui envoyer la grand' croix de la Légion-d'Honneur.

mes et se coucher sur le lit d'avanies, voilà qui tenait du prodige! A ce signe, l'Espagne reconnut la main de Dieu ; sa guerre sacrée commençait par un miracle [1].

Une nouvelle faiblesse serait, chez l'historien, d'excuser cette journée; autant vaudrait apprendre à la recommencer. Ils avaient chaud! et le soleil ne luisait-il pas aussi sur les Espagnols? Ils étaient entourés! les Espagnols ne l'étaient-ils pas, avec plus de chances contraires, puisqu'au moindre échec, ils étaient rejetés et noyés dans le Guadalquivir? Ils avaient faim [2], n'ayant pas mangé depuis la veille au soir à Andujar! Que ne mangeaient-ils, comme à Mayence, les chevaux des fourgons gorgés d'or? L'inanition morale les a tués bien plus que la faim du corps. Cette heure rapide était de celles où le soldat vit de l'âme des officiers; pourquoi les généraux ne l'ont-ils pas soutenu, au moins pendant une matinée,

---

[1] Depuis ce jour, Joseph, le roi des Espagnes et des Indes, ne fut plus pour elle que Josépillo.

[2] On a écrit que les troupes de Dupont étaient exténuées de *quinze* heures de marche. Parties d'Andujar à neuf heures du soir, arrivées sur le champ de bataille à trois heures du matin (*Dupont, dans sa défense, dit deux heures*), cela fait six heures d'une marche de nuit sur une bonne route, et non pas quinze.

de ce levain d'honneur[1] qui avait tant de fois trompé la faim et la soif dans les campagnes du Rhin et d'Italie? Les Espagnols avaient dérobé aux Français l'âme de leur révolution ; patrie, indépendance, liberté, avec ces paroles que nous leur avions apprises, ce sont eux qui firent le miracle. L'affaire d'Espagne a commencé politiquement par une usurpation, militairement par une indignité ; Baïlen a été le châtiment de Bayonne.

Puisqu'il faut que nous buvions cette lie, j'aime mieux laisser parler à ma place un poëte espagnol qui a tenu l'épée dans cette guerre, le duc de Rivas. Le morceau suivant, où revit l'enthousiasme de 1808, exprime avec plus d'exactitude qu'aucun document officiel le caractère des lieux et l'impression populaire qui a suivi cette journée. A cette hauteur de l'âme, les ressentiments humains n'arrivent plus, ne blessent plus personne. L'orgueil d'un peuple

---

[1] Honneur ! qu'est-ce que cela ? Je viens de voir (et c'est à peine si j'en crois mes yeux), une statue élevée dans Versailles à l'homme qui a montré à l'armée russe le chemin de la France. Une statue érigée par le Gouvernement du roi de Juillet à Moreau que la Providence a tué d'un boulet français dans les rangs ennemis ! Je n'ai rien à ajouter ; la parole manque.

disparaît dans l'émotion religieuse. Après la fureur d'une nation, il reste l'étonnement, l'action de grâces, un calice de sang offert à genoux au milieu d'un champ d'oliviers. Rien ne ressemble moins à la joie haineuse des poëtes allemands après Leipsick. Dans la pensée de l'Espagnol, ce n'est pas l'Espagne, c'est Dieu qui a vaincu la France. Les hommes se retirent pour laisser voir la Providence; et le châtiment tombe de si haut, qu'il grandit ceux-là même qu'il immole.

« Baïlen! nom magique! quel Espagnol, en te prononçant, ne sent pas dans son cœur la lave brûler!

« Baïlen! la plus pure gloire de ce siècle a élevé son trône au milieu de tes champs!

« Baïlen! dans tes vergers d'oliviers, tranquilles et solitaires, sur tes muettes collines, au bord de ton ruisseau, sur tes prés, le Dieu trois fois Saint a placé son trône inflexible; il a juré l'indépendance éternelle de l'Espagne! »

. . . .

« La voix de Dieu a prononcé; — il est obéi. La troupe des vaillants, couverte d'acier, les grenadiers invincibles, les chevaux belliqueux, les bronzes tonnants, les chefs intrépides qui s'étaient ouvert un chemin facile par-dessus les crêtes du Mont-Cenis, et du Saint-Bernard,

« Ceux qui avaient humilié les flots de la Vistule et du Danube, de la Meuse, du Rhin et de l'Arno, ne peuvent gravir[1] la douce pente de la douce colline de Baïlen, ni trouver un gué dans le petit ruisseau de l'Herrumblar.

« Et ceux qui avaient traversé des mers de feu, renversé des murailles de baïonnettes n'osent résister au fer des conscrits, à l'espingole des paysans.

« Ils s'agitent, ils se fatiguent en vain. Hommes et chevaux reculent en roulant sur la terre.

« Et les aigles altières, aux plumes sanglantes, abaissent leur vol, jusqu'à se perdre dans la fange.

« Et les légions prisonnières qui avaient humilié l'univers, changeant leur gloire en opprobre, défilent enchaînées devant la foule qui, il y a deux mois, artisans ou laboureurs, ne savait pas charger une escopette.

« Vive l'Espagne ! s'écrie le monde en se ré-

[1] No pueden la mansa cuesta
Trepar del collado manso
De Baïlen.

veillant de sa léthargie. A ce cri de la terre, une étoile s'éteint au firmament.

« Et dans le temps que Dupont dépose son épée et le laurier de ses compagnons aux pieds du chef espagnol, deux archanges prennent leur vol du haut du trône de l'Éternel,

« L'un pour porter la nouvelle au pôle et changer ses glaces en feu, l'autre pour creuser sous la zône torride, dans le rocher qui domine l'Océan, un sépulcre à Sainte-Hélène. »

A l'endroit où je passai le Guadalquivir, le fleuve arabe brillait comme un cimeterre d'or. Les Goths, les Arabes, Mahomet, Napoléon, ont ensanglanté l'horizon. Mais aucun souvenir visible, aucune ruine ne ride la face de cette terre que l'hiver même ne peut dompter. A mesure que l'on approche du royaume de Jaen et de Grenade, la nature de plus en plus impassible porte le sceau de la fatalité orientale. L'année finissait, et déjà le soleil recommençait à brûler. A travers le bourdonnement de la vie renaissante, chaque insecte criait comme les califes Almohades : *Dieu seul est vainqueur*.

XIX

L'ALHAMBRA. — LA FÊTE DE GRENADE.

Qui ne s'est bâti, une fois, en imagination, son palais des rois maures ! qui n'a élevé, dans une heure de ravissement, ce ciel terrestre, à mi-côte d'une colline d'orangers, où toute chose sourit d'une promesse de bonheur ? surtout, si pendant deux cents lieues de bruyères, votre esprit n'a su où se recueillir et se reposer, vous cherchez avidement des yeux, en approchant de Grenade, cette oasis attendue, ce seuil de félicité qui s'abreuve des eaux du Coran. Les landes muettes, les mornes Sierras, les horizons dépeuplés, les villes tombées, Burgos, Tolède vous ont jeté, l'un après l'autre, ce seul mot : Alhambra ! Avec cette parole mystérieuse, vous avez traversé impatiemment le grand désert d'Espagne ; vous arrivez rempli d'une soif ardente de joie, de paix, d'amour, de délices, comme si ce nom magique, entr'ouvrant des trésors enfouis, allait payer, en un moment, des années d'attente.

Enfin, vous touchez au but. Tout haletant, vous levez les yeux sur le château enchanté. O surprise! leurre éternel! Des tours sinistres, nues, menaçantes, liées entre elles par une muraille de citadelle, couronnent la montagne. De laides meurtrières, de rares soupiraux sont l'unique décoration de ces lugubres demeures. Une forteresse, une prison, un cachot, est-ce là le sourire et la joie de l'Espagne?

Au-dessus de la *porte judiciaire,* une main de géant sculptée dans le mur vous fait signe. Est-ce la main du dieu du Coran? Vous vous abandonnez à ce signe et vous franchissez l'enceinte formidable. Un village, le plus hideux que vous ayez rencontré, vous reçoit dans ses ruelles tortueuses. Çà et là, des croix noires, clouées dans les décombres, rappellent qu'un homme a été assassiné dans ce lieu solitaire. Du fond des masures s'échappe le son d'une guitare, mêlé au bruit accoutumé des fers des galériens. De loin à loin, une femme passe, les pieds nus, une urne sur la tête. Suivez-la jusqu'auprès d'une citerne. Là, sur une esplanade se dresse un lourd château de la Renaissance. Au lieu du palais des Arabes, vous trouvez la demeure des rois de Castille ; le seuil enchanté des houris est gardé par le spectre de Philippe II.

Qu'est devenu l'Alhambra ? les esprits moqueurs du Coran ont-ils renversé la demeure du roi maure ? ils me promènent en ricanant dans l'horrible village. Je les entends qui me disent à l'oreille devant chaque masure : Voilà l'illustre Alhambra, le palais de la félicité humaine, le paradis des songe-creux ! Une imagination si bien faite que la tienne l'avait-elle donc rêvé autrement ? Sans te lasser davantage, assieds-toi, pour l'éternité, parmi ces belles touffes d'orties en fleur. Les parvis célestes n'ont pas, crois-moi, un bouquet qui leur soit préférable.

Un des galériens, voyant mon embarras, eut la générosité de me montrer du bout de sa chaîne une petite porte basse. Je frappe ; elle s'ouvre, se referme. Dans ce moment rapide comme l'éclair, je vis, je sentis ce que toutes les bibliothèques des Orientalistes ne m'auraient jamais enseigné. J'étais dans la cour des *Arroyalès*, au milieu de la féerie du palais des rois maures. A ce changement instantané, je reconnus la main des Négromants orientaux qui d'un coup de baguette, dans les Mille et une Nuits, transforment une cabane en un château de lumière. La magie était en effet consommée que j'entendais encore de l'autre côté du seuil les fers du galérien qui m'avait si généreusement ouvert le septième ciel. En même temps je m'expliquais la majesté farouche des murailles dont j'avais franchi l'enceinte; dans cet appareil guerrier je retrouvais le génie du Coran. La menace éternelle qui, dans le livre sacré, couvre chacune des promesses de Mahomet, ne doit-elle pas aussi envelopper d'enceintes de colère les délices de l'Alhambra? Ne faut-il pas que la demeure du Croyant frappe au loin d'épouvante, que la terreur repose sur le front jaloux des tours, que la joie, la paix promise aux victorieux soient partout recélées sous les apprêts de la guerre sacrée? Maison où se livre le bon combat de la vie. Au dehors, les batailles, les assauts, les vigies, les sentinelles sur les plates-formes, les prisons, les geôles; au dedans, les jardins, les eaux vives, les ombrages, les colonnades, les pavillons des houris. Tel, l'ami d'Allah, revêtu de fer et la visière baissée, enferme dans son cœur des trésors de volupté et d'amour. Je me souvenais en outre que dans le paradis du Coran, les bienheureux ravivent leurs jouissances par la vue des damnés; ce mélange de délices et de terreur s'offrait à moi dans chaque chose. A travers les bosquets des sultanes apparaissent les tours sépulcrales où languissaient les rois détrônés, dans l'attente du supplice : l'Éden de l'Alhambra touche partout à son enfer.

Par un bonheur unique, j'arrivais à la veille de la fête de Grenade; tout était préparé déjà pour la solennité. Les jets-d'eau, ordinairement muets, s'élançaient dans les bassins altérés. Les lions de pierre, en bons musulmans, s'obstinaient seuls à ne prendre aucune part à la fête. A peine si leurs gueules lançaient, par intervalles, quelques rares flocons d'écume, au lieu des joyeux torrents d'eau vive sur lesquels la Grenade chrétienne paraissait avoir compté. Je fus sur-le-champ frappé de l'accord des longues voûtes musulmanes, avec les arcades jaillissantes. Que ce fût un jeu du hasard, ou l'une des intentions des artistes arabes, l'architecture de l'Alhambra, ce jour-là, imitait, éternisait dans l'albâtre ces gerbes de vapeur, ces jeux capricieux des flots, ces murailles liquides que le soleil changeait en pierreries. Au milieu de ce mouvement perpétuel de l'eau, l'Alhambra apparaissait comme un palais jaillissant de cristal. Le marbre, dans ses formes fantasques, rivalisait avec le mouvement des ondes; et je surprenais là, dans des cascades de jaspe, une des harmonies secrètes de l'architecture arabe avec les sources vives de l'Éden.

Charmes, incantation des fontaines éternelles dans un paradis brûlant; caprices, fraîcheur, mystère des ondes rendues permanentes dans le royaume des âmes, voilà, pour moi, la première impression de l'Alhambra; la seconde est celle des fleurs. Les murailles, les voûtes en sont tapissées comme le bord d'une eau profonde. Bouquets de jaspe, de marbre, de porphyre, d'argent, de filigrane, jasmins, anémones, tulipes, œillets, roses, couvrent la surface entière des portiques et des salles, de même qu'ils émaillent la poésie des Arabes et des Perses. Dans ces bosquets de marbre s'exhalent avec le parfum des vers de Saadi, de Hafif, les amours, le langage, les mystères des fleurs mariées aux pierreries. Au bruit perpétuel des eaux souterraines, vous sentez partout le souffle endormi d'une grande âme végétale qui respire dans l'oasis. Cette âme, n'est-ce pas la fraîche houri, toujours nouvelle, toujours inépuisable, qu'aucun amour ne peut souiller? Les voûtes imitent tantôt les stalactites d'une grotte, tantôt le bleu du ciel étoilé; quelquefois elles s'amassent en pendentifs, avec mille incrustations d'azur, de violet, de pourpre, image des nuées qui apportent la rosée du ciel sur le front des heureux.

Mais ce qu'aucun livre ne m'avait dit, ce qu'aucune description ne m'avait seulement fait pressentir de loin, c'est le parti que l'architecture arabe tire de l'écriture. Combien de fois n'avais-je pas prononcé, répété avec tout le monde, cette expression orientale : *la parole édifiée,* sans me douter que cette métaphore est vraie dans toute la rigueur du mot! Les anciennes lettres koufiques de l'écriture arabe se prêtent à d'élégants dessins, et forment de véritables bas-reliefs qui s'enchaînent aux fleurs du désert; en sorte que les paroles des légendes deviennent le principal ornement tant des corniches que des murailles; et tout le palais semble supporté par les caractères mystérieux qu'ont écrits les anges du ciel.

Les harmonies de la parole sculptée, jointes à

celles de l'eau vive et des fleurs, c'est là le génie de l'Alhambra ; car il ne faut pas se figurer seulement des mots épars, des inscriptions gravées ; mais bien des discours, des poëmes entiers, qui construits et entrelacés les uns aux autres, deviennent comme le fond même de l'édifice. Ces discours ciselés, émaillés, sculptés, forment les vrais bas-reliefs de l'architecture arabe. D'où il résulte que *les murs parlent,* dans le sens le plus positif de l'expression. Ils s'appellent ; les tours se provoquent ; elles se jettent de chambre en chambre des défis de beauté. Ce sont littéralement des odes édifiées, et le palais entier est un monologue d'albâtre.

La cour splendide des *Arroyalès* commence ce soliloque magique. Dans son poëme sculpté, elle dit de sa voix de jaspe, mêlée à la voix argentine des jets d'eau : *Je suis la préférée de mon époux, le lieu de ses délices ; moi seule j'égale le trône suprême.* A ce défi, la cour des lions, moins solennelle, moins religieuse, répond par les paroles de marbre qui se mirent dans le grand bassin murmurant : *Vois-tu comme l'onde se précipite et tarit par intervalles ! tel, un amant qui se fond en chaudes larmes essaie de les retenir, dans la crainte* *qu'un témoin le trahisse... Vois comme la montagne de perles transparentes brille dans les cascades dont les lions s'abreuvent! Ainsi s'étend la main libérale du calife, quand il répand s*es *trésors parmi les lions rugissants de la guerre.* Le poëme que j'abrége se prolonge, entrelacé de feuilles d'oliviers et de sycomores. Dans la salle qui fait face à celle des Abencerrages, la sultane habitait réellement un poëme bâti, du pavé jusqu'au toit, en longues lettres semées d'étoiles. Plus loin, un autre défi éclate au milieu des armoiries d'Alhamar dans une autre salle : *Contemple mes marbres, mes pierreries; elles reluisent de l'éclat de mon prince. Ma splendeur est enviée du ciel.* La tour majestueuse de Comarès, qui domine toutes les autres, la plus redoutable au dehors, la plus brodée au dedans, réplique par les légendes des Almohades : *Dieu seul est vainqueur; la toute-puissance est à lui.* Et ces voix magiques, ainsi éternisées, vont se fondre dans cette légende suprême qui reluit, éclate à chaque pas : *Félicité! félicité!* Cri des pierres, âme de l'Alhambra, ce mot que l'homme s'étonne de prononcer jaillit ici avec une force indomptable dans le marbre et dans l'émail; les ruines, les chapiteaux, les voûtes vous renvoient l'accent d'allégresse parti d'une poitrine heureuse ; et l'Alhambra semble fait pour éterniser le cri de joie de la terre et du ciel dans l'Éden d'Andalousie. Hors du seuil des Tours Vermeilles, la plainte humaine commence. Au pied des murailles, passent les Révolutions, les Empires, les douleurs terrestres; mais dans l'enceinte heureuse, tout rit des promesses du Coran. Chaque jour le soleil qui se lève, l'herbe qui point, l'eau retombée en perles, l'insecte, la brise, le citronnier répètent : Félicité !

Peu à peu ces écritures mystérieuses dont vous êtes enveloppé, la solitude au milieu des délices, le bruit continuel de l'eau dans chaque réduit, la blancheur des colonnades, une odeur que je n'ai respirée que dans ces jardins, tout produit l'effet des plantes enivrantes de l'Orient. J'imagine que le vertige de l'opium ou du haschich donne l'idée de ce somnambulisme de l'âme auquel tout convie dans l'Alhambra. Vous n'apercevez d'abord aucun ensemble, aucun plan réfléchi dans ce fleuve de pierreries qui se creuse çà et là des voûtes, des grottes profondes. Mais une puissance énervante, comme celle d'un élément, vous attire invinciblement de grotte en grotte, de portique en portique : dès le premier pas je ne pus m'arrêter que je n'eusse parcouru toutes les sinuosités. L'œil n'embrassant jamais de grandes perspectives, une inquiète curiosité vous attire, vous sollicite ; l'horizon toujours trop étroit, vous oppresse de ses enchantements ; même avec les houris, je craindrais de m'y sentir captif. L'appât de ces murailles est une volupté qui enchante, sans jamais remplir entièrement ; labyrinthe des sens, où tout vous enlace, vous charme, vous éblouit, où rien ne vous absorbe dans la possession d'une beauté infinie.

Veux-tu connaître le vertige céleste dont les poëtes musulmans sont enivrés ? viens ! Des rêves heureux bâtissent autour de moi leur demeure sur de grêles colonnes, et le palais touche à peine la terre. Si les portes du réel pouvaient ne se rouvrir jamais !... Aussi bien, dans cet édifice des songes tout est diposé pour le sommeil. Voilà partout de mystérieuses alcôves de marbre, sous des coupoles constellées. Près du chevet, les jets-d'eau versent dans les rigoles de porphyre l'assoupissement avec leur gazouillement éternel. Sommeil de l'âme ou du corps ? lequel des deux ?

non pas, certes, l'un et l'autre, à la fois. Qui se souvient ici du massacre des Abencerrages sur les dalles couleur de sang? Qu'importe que la Véga soit envahie, que l'ennemi menace, que mille bannières se déroulent dans la plaine, et que la croix approche de Grenade? Nul autre messager n'arrive ici que le souffle des orangers dans la cour de Lindaraja. Le ciel bleu, éternellement limpide se découpe dans la salle parfumée, à travers les trèfles d'albâtre. D'où viens-je? qui suis-je? Roi maure ou pèlerin, croyant ou infidèle; qu'importe? Félicité! félicité, ce mot est aussi de ma langue. Murailles qui parlez, fleurs, sources d'eau vive, moi aussi, je suis votre sultan pour une heure! Dites : où est-il le trésor que cette inscription promet? où l'architecte l'a-t-il caché?

Éveillez-vous dans le cœur, souvenirs, désirs, espérances, joies enfouies au fond des citernes! Souffle attendu d'Orient, arrive avec la brise du citronnier! Année des roses, viens, parais sur le sol magique; apporte dans tes mains les dons promis avant la mort!

De salle en salle, de chambre en chambre, de cour en cour, de palais en palais, de souterrain en souterrain, je me hâte, je monte, je descends, je cherche, je me perds, je me retrouve, j'écoute, j'appelle: Félicité! félicité terrestre, où es-tu?

Voilà des pas sur les dalles... quelqu'un a soupiré dans la chambre du secret... un manteau de soie a effleuré les murs... — Non, c'est la pluie des jets-d'eau; c'est une feuille de citronnier qui est tombée dans le bassin. Après mille détours, je reviens accablé au même endroit sans issue. Alhambra! demeure des délices, labyrinthe des stériles pensées! bonheur! volupté cruelle! chimère! Félicité, m'as-tu trompé? il n'y a ici personne. Les fantômes se sont exhalés avec les faux parfums des murailles. Le soir a ramené l'ombre funeste. Déjà! oui, déjà, il faut sortir, il faut redescendre la montagne. Demain, un autre viendra à la même place; il lira sur les murailles les mêmes promesses, il boira des mêmes eaux enivrantes; il poursuivra le même trésor. Dans les salles éternellement vides, le même écho lui répondra! Félicité! il est trop tard!

Au pied du trône vide de Boabdil, un beau bélier étonné, seul gardien de ces lieux, s'enfuit en deux bonds; je m'abandonne à cet envoyé fantasque de la magie. Il me conduit, à travers des réduits et des palais, jusqu'à un kiosque suspendu sur une vallée; de là on domine tout le pays. C'est le Mirab, l'Oratoire d'où le prêtre de l'Alhambra venait faire la prière du matin. Le royaume de Grenade est là, sous vos pieds, encore plongé dans l'extase de l'Iman.

Priez! ô croyants! voici l'heure, tout prie. La terre, pleine de germes nourriciers, se réveille et répand une odeur d'encens sur le seuil du printemps. Les prémices des saisons s'exhalent en senteurs plus pénétrantes que le bouquet de l'été. C'est le temps aimé des poëtes arabes-andaloux, le moment où la violette se revêt de deuil parce qu'elle est jalouse des roses, où les rameaux des cyprès *se balancent enivrés de joie, parce que les jasmins renaissent.*

Déjà le soleil, le faucon d'or s'est élancé; il plane sur son nid d'azur. Les premiers groupes des montagnes se rangent en cercle au pied des Alpuxarras, mosquées éternelles de neige aux dômes colorés de teintes de cuivre. D'obliques ravins dessinent des arabesques noires, bleues, orange, sur leurs flancs de cristal; à cette distance, les bois de pin paraissent des brins d'herbe incrustés dans l'émail. Au-dessous du Mirab coule, dans un précipice de cinq cents pieds, le Darro, sous des guirlandes de forêts. Où reverrez-vous ailleurs un fleuve d'orangers qui se répande, à son embouchure, dans une mer de verdure? de cette hauteur, les tours sombres de l'Alhambra plongent leurs pieds dans une végétation paradisiaque. De l'autre côté de la vallée, cette végétation se change en une montagne hérissée de cactus, d'aloës, de plantes sauvages qui rappellent le désert, la demeure stérile du noir Yblis, le démon, l'impur. Que Dieu le déracine et ne le laisse pas s'étendre jusqu'à la riche Véga où est le séjour des bons! Mille ruisseaux la baignent; mais surtout le sang des croyants l'a fertilisée. Il n'est pas un cep de vigne, pas un tronc de figuier qui n'ait été engraissé par un combat. Aussi, quelle terre sourit comme elle? ne lui comparez que l'Éden. La plaine est entourée de montagnes dentelées, aux flancs tigrés de nopals, afin que nul autre que l'ami d'Allah ne puisse entrer dans le jardin des heureux. De ce côté, la chaîne d'Albolote s'aiguise en forme de scie; en face, le pic d'Atarfé se dresse en minaret à l'entrée du défilé. Le voyez-vous? qui l'a élevé, si ce n'est Dieu? il l'a bâti sur le roc bleuâtre pour garder le camp des fidèles. Dieu est grand, louez-le! il vous regarde du haut de cette cime inhabitée.

Sous l'Alhambra, au fond du précipice embaumé, Grenade s'ouvre comme un fruit partagé, dont on peut compter les grains. Les toits des rues opposées se rencontrent; elles tracent de longues raies d'ombre noire sur les flancs zébrés de la montagne d'Elvire. Çà et là, un cyprès verdit à côté d'une tour; mais aucun bruit ne s'élève de la ville pieuse. Les quartiers du Zacatin, de l'Albaycin, qui chacun forment un royaume séparé, ont cessé la guerre civile. Priez! priez, Zégris et Abencerrages! je vois la main d'Allah écrire les légendes magiques du palais en arabesques de verdure, de granit, de neige sur toute la face de l'Andalousie. Les cimes prochaines de Monte-Frio disent en lettres d'azur: *Veux-tu voir la beauté? regarde mes flancs de saphir.* Les blanches Alpuxarras répondent en lettres de glace : *Je suis le trône de la magnificence;* et au milieu du bassin de la Véga qui les sépare, entendez-vous murmurer les guirlandes de verdure dans la langue du rossignol et des roses : *Félicité! félicité!*

Imaginez au bout d'un petit sentier, entre deux buissons champêtres, la porte en cœur d'une mosquée dans une maison de ferme, un enfant de paysan assis sous un cyprès découpé en turban, des murailles brodées d'arabesques, des chapiteaux de grenades et d'olives, égarés sous des hangars de laboureurs, un paon qui s'étale sur des légendes brisées, un mélange de palais arabe et de chaumière espagnole; qu'est-ce que cela? Mais qu'est-ce aussi que le refrain d'une romance mauresque chantée dans la campagne par un gardeur de moutons? qu'est-ce qu'un sourire, un soupir, un regard muet au soleil couchant? Tout et rien. Je doute que dans le temps de sa splendeur, le Généralife (car c'est lui que j'essaie de peindre) ait renfermé plus de délices que dans ses ruines. J'y placerais volonlontiers la fiancée du Cantique des Cantiques de Salomon; mais j'aime mieux encore en faire la demeure de la poésie populaire des Espagnols, qui, elle aussi, cache sous des dehors rustiques les pierreries du génie arabe. Joignez à cet air champêtre un fond de sublimité religieuse qui ne s'efface jamais des moindres débris musulmans. Sous chacune des pierres du Généralife, cachées dans la verdure, je sens brûler le nom d'Allah !

Écoutez ! une cloche retentit dans l'Alhambra, au haut de la tour de la Véla qui regarde la plaine. Pendant une journée entière, ce bruit solennel éclate sur Grenade. Des processions de jeunes filles montent à la tour ; chacune frappe le battant. C'est une promesse de bonheur, pour la vie entière, que de toucher aujourd'hui la corde de cette cloche qui ne doit pas se taire un moment. Quelle est la nouvelle annoncée avec tant de fracas ? une grande nouvelle : l'anniversaire de la prise de Grenade sur les rois maures. A ce bruit, les songes de l'Alhambra se dissipent ; la Grenade chrétienne se réveille ; j'arrive, à point nommé, pour la fête nationale de l'Andalousie.

Vous diriez que la ville a été prise d'assaut, tant la foule se hâte, tant les regards s'allument, tant les montagnes, les ravins se remplissent de cris, de chants, de cavalcades, de guitares et de tambours de basque. Le premier flot de cette foule bigarrée se rue dans la cathédrale, sorte de Chimère, la face gréco-romaine, la queue gothique. Tout le monde se presse vers la chapelle où les rois catholiques Ferdinand et Isabelle ont voulu être ensevelis dans leur conquête. Les deux époux sur le lit de marbre, entourés de cierges, rayonnent de joie, pendant que la bannière de victoire qu'ils ont donnée à Grenade est exposée à tous les yeux, au-dessus de leurs tombeaux. On y a joint, sur un coussin de velours, leur couronne d'argent, leur sceptre, leur épée raccourcie. Un peu avant mon arrivée, le recueillement religieux n'avait pas empêché une vieille femme d'usurper, à travers les barreaux, le sceptre d'argent des rois catholiques et de l'emporter lestement sous son manteau. On lui avait repris sa conquête au moment où elle franchissait le seuil de l'église ; mais sa liberté n'en avait souffert aucune atteinte, le privilége des ravisseurs de sceptre et de couronne lui ayant été appliqué d'une commune voix.

Le caractère religieux de la fête dépendait beaucoup du sermon. Quelle grande occasion que cette journée de triomphe, pour le clergé espagnol ! par malheur, l'orateur sacré fit précisément le contraire de ce que chacun attendait. Au milieu des éclairs de bonheur qui jaillissaient des yeux de l'auditoire, il ne put trouver qu'un accent lamentable. Le divorce de l'Église et de l'Espagne ne fut peut-être jamais plus frappant. Ce gémissement se traînait au milieu de la fête, comme s'il était sorti des décombres et des couvents dévastés, qui en effet ne sont en aucun endroit plus nombreux qu'à Grenade. Des plaintes contre l'*esprit* du temps, contre *Napoléon, le tyran de l'Europe,* voilà ce que cet anniversaire splendide, la défaite suprême de l'Islamisme inspirait au prêtre espagnol. Ce n'est pas qu'il manquât d'une certaine majesté dans sa défaillance; mais il semblait trop que la victoire restait aux mécréants, puisque l'Église n'avait que la force de pleurer. Un tel contraste n'échappa à personne.

Il a fini ; le même mot circule dans toutes les bouches : A l'Alhambra ! à l'Alhambra ! Des campagnes voisines, la foule des Andaloux est déjà arrivée sur les sommets de la montagne. Précédée de guitares et de tambourins, cette foule diaprée pénètre dans le palais, envahit les salles solitaires. L'œil en feu, le peuple s'élance à travers les chambres des rois maures ; dans sa joie impétueuse, respire encore l'ivresse de la victoire; on dirait d'un dernier défi jeté à l'Islamisme debout sur les Alpuxarras.

A mesure que le soleil vient à baisser, cette

première violence s'adoucit; elle se change par degrés en un ravissement mêlé de longs silences, pendant lesquels tout un peuple semble rêver. Cette multitude se partagea naturellement en une infinité de groupes, et les danses commencèrent. Je remarquai que chaque groupe formait un petit monde séparé, qui ne se mêlant jamais à aucun autre, laissait ainsi l'impression de l'intimité au milieu de la foule. Sur les esplanades des tours, et dans les réduits les plus mystérieux, la guirlande des boléros, des fandangos improvisés s'épanouissait, serpentait à travers les voûtes, les colonnades. La plus petite société avait, outre son joueur de guitare, une chanteuse qui l'accompagnait, assise auprès de lui. Ces mélodies n'étant prononcées qu'à demi-voix et comme en rêvant, ne se heurtaient pas les unes les autres; en sorte que de tout cela résultait un immense murmure mélodieux, qui tantôt croissant, tantôt diminué, se perdant au loin dans les cours, bercé au gazouillement des mille jets-d'eau, relevé par le bruit pétillant des castagnettes, entrecoupé du son des cloches, s'exhalait, dans toute l'enceinte des Tours Vermeilles, en un souffle infini de joie, de sérénité, de bonheur.

Au milieu de cet Éden, chaque danseur gardait fidèlement à sa ceinture sa large *navaja;* et je ne répondrais pas qu'il n'y ait eu çà et là quelque brillant coup de couteau, entre deux fandangos, dans la salle des Abencerrages; mais, du moins, il n'y parut pas, et je crois véritablement qu'il n'en fut rien.

De loin à loin la foule était partagée par un cavalier andalou, luisant d'acier, qui arrivait du fond des Sierras, avec sa danseuse en croupe. Tous deux mettaient pied à terre; ils liaient le cheval à un cyprès, et se mêlaient au boléro, lequel ne cessait de tourbillonner autour de l'Alhambra. C'est alors que la noble danse andalouse prenait un sens et parlait à l'âme, surtout à ce moment où les danseurs tremblent, frissonnent comme l'oiseau qui bat de l'aile. Fascinés par une vision, il semble qu'un vertige d'amour surhumain les éblouit. Ils chancellent, ils défaillent à mesure que le palais des rois maures les enveloppe du cercle des houris invisibles

Que sont tous les spectacles du monde à côté d'une fête véritablement nationale! Malheur à qui n'a pas d'oreilles pour entendre le cri de la terre et des pierres quand elles se fendent de joie. Le Prado de Madrid ne me semble plus que triste et cérémonieux, après le jubilé de l'Espagne dans l'Alhambra. Il est certain que le fond sincèrement religieux de la fête prêtait une âme à chaque chose. Chez nous, nos petites dévotions routinières, sans enthousiasme, séparées, isolées de la patrie, éteignent, pétrifient les physionomies des femmes. Voyez les teintes maussades, violacées du Sacré-cœur se répandre avec une froide bise sur ces fleurs qui se fanent sans avoir eu de parfum. Ce jour-là au contraire c'était la fête de la vie, le triomphe de l'âme ; Mahomet vaincu par le Christ, l'Afrique par l'Espagne, un peuple qui après huit cents ans achève de se délivrer et de renaître ; la résurrection, la pentecôte d'une nation. Quoique confuses, toutes ces impressions ne laissaient pas d'être assez réelles pour ajouter un éclair d'enthousiasme à la grâce enfantine des Andalouses. Puisque le clergé avait manqué à la fête, elles étaient les vraies prêtresses de cette journée d'allégresse ; la vérité est qu'elles ne négligèrent rien pour répondre en toute conscience à l'ivresse de l'Andalousie. La tête nue, les boucles de cheveux soulevées par la brise, dans un fond de ciel rougissant, elles rappelaient, sur l'esplanade de l'Alhambra, le mouvement, la fierté, surtout l'extase des vierges de Murillo, qui marchent sur la tête du serpent et sur le croissant. Mais ce que le peintre n'a pas reproduit, c'est le contraste mystérieux de ces fronts de marbre et de ces regards de flamme où l'âme mahométane et l'âme chrétienne semblent lutter encore et gronder en secret dans un perpétuel orage. Les traits orientaux avaient plus de magie dans l'encadrement des murailles et des dentelures du palais arabe. Je retrouvai là, avec un mélange indéfinissable d'énergie et de finesse, les sultanes des Romances mauresques, Zaïda, Fatima, Celinda, Zara. Le soleil du Prophète continuait de brûler sous leurs paupières, malgré les longs cils qui les voilaient. C'était toujours l'ancienne langueur orientale, mais dans un esprit plus fier, plus robuste, plus libre. Ravies d'extase, elles passaient au travers des jalousies et des trèfles de pierre leurs petites têtes chargées de fleurs et de perles, d'où rayonnaient des gerbes de vie musulmane et chrétienne.

Puissance des grandes choses! elles parlent

toutes seules. De quelle aventure futile, de quelle espérance prochaine étaient occupés ces cœurs *qui semblaient se fondre en cendres* [1]? de quelles confidences éphémères étaient remplies ces *bouches de rubis?* Une seule chose était certaine, le grand cœur de l'Espagne était là ; il battait avec force. Dans tout cela, il y avait de l'amour, et comme une chaîne de pierreries, il montait de la terre au ciel, avec un éclair d'allégresse, sourire de l'Espagne délivrée. Chacune de ces femmes errantes à travers le palais du vaincu, rêvait, en ce moment, d'un alleluia sans fin dans une éternité heureuse. De toutes ces poitrines dilatées, de toutes ces lèvres agitées ou muettes, sortait encore une fois le cri de l'Alhambra : *Félicité! Félicité!*

Le soir venu, la foule quitta l'Alhambra pour le théâtre. Elle accourait à un Autos qui depuis des siècles a le privilége d'être représenté à chacun de ces anniversaires : *Le Triomphe de l'Ave-Marie* [2]. Maures et chrétiens, au milieu des litanies de la Vierge et des imprécations du Coran,

---

[1] Caldéron.
[2] El Triunfo del Ave Maria. De un Ingenio de la Corte.

se défient à outrance. Un des champions apporte sur une cavale *couleur de cygne*, à la grande Isabelle, la tête saignante du dernier chevalier maure. La reine accepte gracieusement le présent ; l'empire mahométan s'écroule ; le rideau se baisse. En sortant du théâtre, je jetai les yeux sur la montagne. Elle était déserte. Au bruit lointain d'un tambour de basque, la noire citadelle de Boabdil ensevelissait Grenade dans l'ombre immense des tours de l'Hommage et de la Captive.

XX.

UN VOYAGE A VOL D'OISEAU.

Oui, lecteur, j'élève ici le ton, plus fier que si j'avais défait le roi Almanzor. Quoique je n'aie détrôné personne, je viens d'accomplir heureusement, triomphalement, l'expédition la plus chevaleresque d'Espagne. Un observateur digne de foi, M. de Custine, raconte que pour pousser dans ce voisinage une pointe de deux lieues, il était obligé de se faire accompagner de sept hommes armés jusqu'aux dents; pour moi, je viens de parcourir seul trente lieues de pays, dans les circonstances les plus funestes, non pas dans la plaine, mais à travers les gorges et les coupe-gorge. Ces jours-là, je ne les donnerais pas pour tous les autres; ils sont pour moi de beaucoup les plus riches, ceux qui me laisseront les plus longs souvenirs. Prête donc l'oreille à cette noble et agréable aventure, *alta y agradable aventura*, sans contredit la plus instructive de ce voyage, tant pour la connaissance des choses que pour celle des hommes. Pendant que j'écris ces lignes sur la table de la *posada del Puente,* une guitare gronde à mes côtés ; elle servira d'accompagnement continu à mon récit. La voilà qui s'interrompt pour changer de prélude ; j'en profite à mon tour pour recueillir dans ma mémoire les sublimes détails dont je te préviens que je n'omettrai pas un seul.

Avant tout, garde-toi de croire que le règne des bandits ait pâli devant la monarchie constitutionnelle, et que le reste des chevaliers errants n'existe plus que dans la poésie de Zorrilla. Dieu merci, ils sont en ce moment des personnages plus réels que jamais. Entre la régence et la majorité d'Isabelle, s'étend dans la société un moment d'interrègne ; il est rempli de droit divin par la souveraineté des bandits, qui, à aucune époque, ne jouirent de franchises plus sacrées, et ne fleurirent sur une plus grande étendue de territoire. La trêve de Dieu leur est accordée pour fêter la monarchie nouvelle.

L'*Héraldo* et l'*Eco del Comercio,* qui se font en toute autre matière une guerre acharnée, s'accordent au moins dans un même gémissement quotidien sur le *brigandage fatal*[1] *qui nous dévore*. Si j'écoute les exaltés, la probabilité de rencontrer les

---

[1] La ladronera fatal que nos devora.

bandits *équivaut à une certitude*[1]; si les modérés, j'apprends que dans *toutes les parties de la Péninsule, des bandes dominent le pays et commettent les plus affreuses atrocités*[2]; cette unanimité d'opinion est heureusement confirmée par l'expérience. Ce ne sont que signalements tragiques, *calzon bombacho, sombreros redondos calañeses*, embuscades, voitures pillées, enlèvements, meurtres, mêlés aux récits des fêtes de la majorité. La veille de mon passage à Val de Pénas, dix-sept preux, tous à cheval, *todos a caballo*, se campent sur la route, en face de la voiture. Sans mot dire, ils la saluent d'une fusillade nourrie[3]. Un voyageur reste sur la place, sans compter deux blessés. Le surlendemain, même expédition, au même endroit, augmentée d'une dizaine de braves. Je passai précisément dans le jour d'intervalle[4].

Ici les bandits ont conservé la courtoisie la plus engageante envers les femmes; ils avaient des gants, et l'on n'a eu qu'à se louer de leurs procédés de gentilshommes. Là a paru le célèbre Groc;

---

[1] Una probabilidad que raya en cuasi seguridad y certeza.
[2] Cometiendo las mayores atrocidades. 17 diciembre 1843.
[3] Sufriendo una y otra una descarga que dieron los foragidos.
[4] La même chose venait de m'arriver près d'Aranda.

brûlé du zèle du Seigneur, il se fait appeler le *défenseur du Christ*. Aussi a-t-il décollé l'autre jour de sa belle main orthodoxe, au sortir de l'église, sans lui *laisser le temps de se confesser*, un secrétaire libéral et passablement philosophe de l'ayuntamiento. Le soir, sur la place publique, exposition du cadavre, accompagnée d'un concert composé de deux flûtes[1], deux clarinettes, un cor, un tambour de basque, cymbales, castagnettes, le tout au prix d'une pièce de deux réaux pour chaque exécutant : ce qui arrache au *Castéllano* la réflexion assez naturelle que voici : *Sommes-nous dans une population civilisée, ou au milieu de hordes de Hottentots*[2]?

Dans ces récits de chaque jour, Lérida, Aranjuez, la Manche, brillent d'un éclat particulier; mais tout, il faut l'avouer, cède à la chevaleresque Cordoue. Les variétés ailleurs séparées du brigandage se réunissent sans exception dans sa province. Bandits à pied, à cheval, solitaires ou associés, simples coupeurs de bourse ou assassins, *simples dineristas y asesinos*, quelque nom

---

[1] Dos flautas, dos clarinetes, pandero, etc. Al rededor del cadaver, dando les despues una peseta à cada uno.

[2] O en medio de Hordas y Hotentotes.

que prennent ces chevaliers errants, lorsqu'ils sont traqués dans le reste de l'Espagne, trouvent un refuge dans le berceau de Gonzalve, entre Grenade et Cordoue. Pourchassés par un siècle prosaïque, ces héros se cachent dans l'ombre du grand capitaine. La province leur appartient par droit de poésie.

D'après cela, ne vous étonnez pas si j'étudiai avec quelque réflexion les approches de la ville d'Almanzor. Pour se rendre de Grenade à Cordoue, il y a trois manières. La première, la seule usitée, consiste à revenir trente lieues en arrière, sur la grande route, pour prendre à Baïlen celle de Madrid à Séville. C'est ce que tout le monde fait sans exception. Il y a une autre voie praticable : un chemin de muletier, avec un détour d'une vingtaine de lieues par Malaga. Dans l'un et dans l'autre cas, on ne court que les chances ordinaires. Enfin, on peut aussi s'aventurer directement et à vol d'oiseau à travers les montagnes. Ce chemin-là est abandonné scrupuleusement aux bandits qui vont se refaire dans les sierras. Nul voyageur, que je sache, ne l'a décrit ; mais c'est le chemin des expéditions des rois catholiques ; c'est celui où chrétiens contre maures,

Cordoue contre Grenade se sont entre-choqués pendant trois siècles. C'est le seul qui me tentait, en dépit de tous les avertissements. Pour me dissuader de cette route fatale, un négociant avait déjà contracté pour moi un engagement avec l'illustre[1] muletier Lanza, qui répondait à peu près de moi jusqu'à Malaga. Mais dans la nuit, Ferdinand, Isabelle, Gonzalve me poursuivirent de rêves. Ils me montraient la route des montagnes, et bataillaient sur les cimes. Ces songes l'emportèrent sur les sages conseils du seigneur Garriga. Le jour venu, mon choix était fait, mon engagement rompu. Je ne voyais plus rien au monde qu'une seule chose, la chevauchée à travers les monts. Toute l'Espagne, pour moi, était là.

Quand je me préparai à partir de Grenade, le 5 janvier 1844, j'étais mathématiquement convaincu que je rencontrerais les bandoléros. Aussi étais-je bien décidé à jouer avec eux le mieux que je pourrais; et, je me confiais, au fond, dans la tactique consommée que je me proposais d'employer à leur égard.

---

[1] Le même qui a accompagné M. Théophile Gauthier. V. Tras los montes.

Dernier retour de jeunesse! enjouement! sérénité! heures légères! où êtes-vous? Le souvenir de la caléssina d'Aranjuez était trop près pour ne pas me porter conseil; j'avais juré de ne plus me lier à un fourgon de ce genre. D'un autre côté, un long voyage à pied, quoi qu'en dise Jean-Jacques, a ses tristesses, surtout en Espagne. L'homme est si petit! il rampe si lentement sur le flanc décharné des montagnes! Si l'impatience le saisit, le voilà dévoré. Une solitude mortelle écrase cet insecte. Il lui faut un compagnon; et je n'en connais pas de meilleur qu'un cheval, non de manége, mais courageux, robuste, infatigable; je mets encore pour condition, s'il est andalou, qu'il garde au moins les dehors de la statuaire antique; je veux aussi qu'il ait les crins tressés et pendants jusqu'à terre, l'air à la fois doux et farouche, la robe tigrée comme ceux de Raphaël, sinon dorée ou noire de jais. Avec cela, ce n'est pas seulement une compagnie, mais bien un accroissement de votre être. Vous n'avez ensemble qu'un esprit, un souffle, une ombre. Le cheval sent battre dans ses flancs le cœur du cavalier. Une haleine puissante sort d'une double poitrine. Quand vous partez le matin, et que la terre vous appartient, votre cœur hennit de joie. Vous prenez une âme de centaure; vous frappez de vos pieds d'airain les rocs sonores, et au loin, la nature incommensurable abaisse ses barrières! O souvenirs de mes premiers voyages! Temples visités de Sparte, de Phigalée, de Sicyone! Souffle profond des petits chevaux nerveux d'Arcadie sur les ruines de Némée! Restes vivants quoique amaigris des quadriges de Phidias! je ne vous ai pas oubliés[1]. Il m'est arrivé de demeurer avec vous plusieurs mois de suite, sans parler, dans ce commerce intime avec la nature sauvage; je ferais de cette manière le tour du monde sans m'apercevoir d'un instant de fatigue.

Ma grande affaire fut donc le choix d'un cheval. Je lui voulais nécessairement toutes les qualités de ceux des romances *moriscos;* ce qui m'obligea de visiter chaque palefrenier de Grenade. A la fin, je rencontrai rongeant son frein un de ces descendants des palefrois d'Hischem le Grand; véritable emblème de la noble Espagne du moyen âge, ramenée au licou doctrinaire de l'*Estatuto Real!* Quoique la décadence fût cer-

[1] V. mon Voyage en Grèce.

taine, il sauvait encore les apparences, et gardait un reste de feu sacré.

Era el caballo morcillo, etc.

Sur cette ressemblance avec le romancéro, je m'en accommodai sur-le-champ, et n'eus pas lieu de m'en repentir; je lui adjoignis, pour mes bagages, un mulet dont on me loua le parfait caractère. Mon Sancho Pança était un Grenadin qui me servait de guide, de muletier et d'écuyer tranchant. Nos armes offensives devaient se composer de son espingole, ajoutée à mes deux pistolets que j'étalai fièrement à mon arçon. Quant au nerf de la guerre, j'avais eu la précaution de cacher une pièce d'or dans chacune de mes bottes. Un inconvénient réel était ma valise, qui ne pouvait manquer de frapper l'œil d'épervier des chevaliers postés sur les sommets ; j'y remédiai en couvrant le bagage d'une natte grossière. Cela achevé, j'avais satisfait à tout ce que réclamait la stratégie la plus savante. Après avoir jeté un dernier coup d'œil sur notre ordre de bataille et serré la main de mon hôte qui insistait encore pour me faire changer de route, je donnai le signal du départ. Le pavé résonna sous les pas de nos deux montures, pendant qu'à chaque coin de rue je me retournais du côté de l'Alhambra et du Généralife.

En entrant dans la Véga, je vis mon arrière-garde grossie par une file de sept mules lourdement chargées. Elles prêtaient un flanc démesuré à l'ennemi. « Qu'est-ce que cette caravane, dis-je à mon guide? Où vont ces mules? — Avec nous. — De quoi sont elles chargées? — De coton, de papier gris, de laine. — Qui les conduit? — Mon frère, *un homme de bien* (hombre de bien). — Où est-il? — Dans ce village, il nous attend.

Nous arrivons dans le village. Le frère ne paraît pas. Il aura pris les devants; nous le trouverons au pied de ces rochers. Le temps se passe; j'appelle; personne ne répond. Bref, l'homme ne se montra jamais, et je restai en rase campagne, chargé d'escorter la lourde caravane. Il était évident que l'*arriéro* avait jugé fort habile de faire filer ses ballots sous ma garde, sans avoir à risquer sa précieuse personne. Grenade m'honorait, ce jour-là, du titre de son *muletier de confiance* auprès de Cordoue.

J'aurais pu laisser là ces maudites bêtes sur le chemin. Quel contre-temps! il pouvait faire manquer tout mon plan de campagne. Eh quoi! j'avais fait six cents lieues pour goûter un moment la liberté de l'épervier à travers la nature inhabitée. Je touchais à cette heure désirée; déjà, je galopais, en esprit, dans la région des nuages, au milieu des fantômes du Coran, debout sur les créneaux des Atalayas. Et par une malice incroyable de la destinée, à l'instant même où je m'élève vers les cieux, voici un esprit d'embûches qui me lie sur la terre, dans le suplice de Brunehaut, à la queue de sept mules, probablement chargées de ballots d'épicerie! Dieu sait si je fus tenté de les abandonner toutes à la dent des loups et aux hommes de rapine! d'autant mieux qu'elles doublaient réellement pour moi le péril des défilés en tentant les saints eux-mêmes par l'appât d'un si riche butin. Malgré cela, considérant qu'elles étaient nées à l'ombre de l'Alhambra, qu'elles portaient les messages des filles de Grenade, qu'elles avaient bu l'eau du Darro au pied du Généralife, et tondu l'herbe sous les pas des houris, qu'enfin une confiance patriarcale les avait commises à ma garde, je consentis à leur assurer, jusqu'au coucher du soleil, mon entière et loyale protection ; me réservant, il est vrai, de m'en séparer, après les avoir laissées en sûreté dans la meilleure hôtellerie d'Alcala la Real. Détermination qui a été exécutée consciencieusement de point en point, malgré de nombreux inconvénients, dont cette digression est, sans contredit, le moindre de beaucoup.

J'avais trente lieues de gorges, défilés et sierras à traverser. La matinée était admirable ; après quelques gouttes de pluie, le ciel avait repris son imperturbable sérénité. De petits nuages roulés en turbans frangés de pourpre, enveloppaient le croissant de la lune qui s'éteignait dans le bleu du ciel. A l'extrémité de la plaine, nous commençâmes à gravir une montagne abrupte dans le lit rocailleux d'un torrent. En grimpant cette rampe, je me souvins du roi Boabdil ; je me retournai comme lui, et j'entendis à loisir dans les fentes des rochers le *soupir du dernier des rois maures*. Au loin s'amoncelaient les unes sur les autres les cimes blanches des Alpuxarras. Les derniers plans en fuyant ressemblaient à une immense armée vêtue de burnous qui se disperse. A leurs pieds trois cimes brunes, encadrées par les cyprès du Généralife, s'allongeaient en forme de tombes, sur lesquelles se dressait le spectre des Tours Vermeilles. La plaine, partout fermée, s'étendait en une oasis au milieu d'un désert de Syrie. Derrière moi, c'étaient d'effroyables défilés, des gorges hérissées de dents de granit. Rien n'égale, dans ce que je connais, la grandeur de ces lieux sauvages. On y respire la majesté d'un paysage de la Bible. Il n'y manque, pour moi, que le Prophète écrivant sur la pierre, en lettres de dix coudées. Car ces défilés s'ouvrent, çà et là, sur de vastes et blanches solitudes, espèces de lacs de sable et de craie. Le rêve de saint Jérôme, qui de sa grotte voyait les voluptés de Rome, est ici réalisé à la lettre, puisque du fond de ces repaires la vue plonge encore sur les délices de Grenade. Telle est la magnificence de cette Véga, que la moindre brise apporte par bouffées l'odeur des orangers, des citronniers et l'haleine des houris dans les cavernes et les ossuaires pierreux de la Josaphat d'Andalousie.

O bon roi Boabdil, que tu as raison de pleurer! où retrouveras-tu jamais en Orient une autre Grenade? Arrête-toi ici, au détour de ce ravin, et contemple une dernière fois ce que tu as perdu pour toujours. Vois la montagne d'Elvire qui dresse sa tente bleue, au bord de l'oasis! vois *le cyprès de la sultane* dans le Généralife abandonné. Écoute ce cri de joie parti de ton Alhambra, et répété au loin par tous les objets. Tu ne l'entendras plus. Si tu le veux, je pleurerai en secret avec toi; car j'avais aussi un royaume enchanté. Il renfermait, comme le tien, un palais tout rempli de promesses et de paroles magiques; et je suis arrivé à ce sombre seuil de la vie, d'où il faut que je dise adieu aux Tours Vermeilles qui m'ont abrité jusqu'ici. Jeunesse, espérance, projets, désirs, édifices de diamant, croulent dans le lointain avec le fantôme de ton Alhambra. Tu t'enfuis, à travers les rochers, vers le désert. Et moi, où cette voie austère me mène-t-elle? vers quelle Afrique? vers quel désert? J'ai laissé aussi en arrière mes jardins de citronniers et d'orangers. Pour quels ombrages dans mon âge mûr? dis-le-moi. Tu as été vaincu par l'épée; et moi, comment l'ai-je été? à quel moment, et qui a navré mon cœur? le sais-tu? Voilà qu'en même temps ton palais de pierre et mon palais de nuage ont disparu derrière la montagne. Il reste à peine un point qui scintille. C'en est fait, nous ne les reverrons plus. Mais à cette place secrète, un homme semblable à toi aura mêlé un vrai soupir au soupir du dernier des rois maures.

A peine sorti de sa Véga, mon Grenadin se trouva aussi dépaysé que moi. Le chemin effondré dégénère en sentier; le sentier disparaît; nous n'avions pas fait deux lieues que nous étions égarés. De loin à loin, sur le piton de quelque roche avancée, apparaissait une vieille muraille au bas de laquelle nous défilions. Tour des Maures! *Torre de los Moros*, disait avec importance mon guide, en pressant le pas, comme si les fantômes de la chevalerie arabe allaient faire une sortie dans la vallée, lance en arrêt. Un événement était de rencontrer un berger. Assis à terre, au milieu de ses moutons, son long bâton épiscopal à la main, à moitié nu, il me représentait Saint-Jean du désert, tel que Murillo l'a peint plusieurs fois. Du plus loin que le Grenadin l'apercevait, il criait : chevalier! *caballero!* est-ce le chemin de Castro? Sans mot dire, le chevalier en guenilles montrait de son bâton un coin de l'horizon entre deux rocs escarpés. Nous nous remettions dans cette direction, et nous continuions de chevaucher.

Une fois seulement, nous nous croisâmes avec une caravane. Trois hommes armés étaient en tête, trois autres en queue, le centre occupé par les bagages et par un citadin monté sur un âne. Jamais je n'oublierai le regard étonné de ce voyageur à la vue de ma faible colonne. Ce qui me frappait, c'était l'exquise politesse du peu de gens qui se trouvaient sur notre passage. Je ne tardai pas à me convaincre que cette urbanité princière venait de l'effroi que les passants s'inspirent les uns aux autres. Mes pistolets bien luisants et apparents, à mes arçons, m'attiraient une considération d'autant plus profonde dans les Sierras, que ces sortes d'armes sont prohibées et ne sont guère portées que par les malfaiteurs. Cette réflexion me donna à penser que, bien *embossé* sournoisement dans mon manteau, je pouvais sans difficulté passer de loin pour un brigand en chasse, que je faisais au moins autant de peur aux autres qu'ils pouvaient m'en faire à moi-même ; et sur ces observations, voici la tactique dont je m'avisai. Dès qu'une créature humaine se dessinait à l'horizon (dans ces solitudes, tout être humain est un danger) je me lançais au galop au-devant du paladin. Le plus souvent, le paladin se trouvait être un ânier ou un muletier, qui alors, de très-loin, me tirait un grand coup de chapeau en l'accompagnant d'un : *chevalier, allez avec Dieu; caballero, vaya usted con Dios.* Quelquefois aussi, c'était un homme à cheval, tout cuirassé d'escopettes et de tromblons, à la gauche et à la droite. Étonné de mon mouvement, mon homme croyait que j'étais suivi. Il passait à côté de moi comme une flèche,

Pasa como una saeta [1],

sans desserrer les dents. Parmi ces personnages à la face effroyable, il y avait certainement de rudes misanthropes. Cette tactique, qui eût été parfaitement inutile devant une bande, se trouva excellente à l'égard des individus.

Quant à mon Grenadin, dès qu'il croyait apercevoir un danger à l'approche d'un défilé ou d'une petite croix de meurtre plantée dans l'anfractuosité d'un rocher, sa stratégie était également invariable. Il restait une vingtaine de pas en arrière du défilé, pour serrer une sangle. Puis aussitôt il entonnait d'une voix éteinte, comparable au grondement de l'abeille, un chant dont

---

[1] Romancéro.

les paroles n'arrivaient pas jusqu'à mes oreilles ; mais je suis sûr d'en reproduire fidèlement le sens, en l'interprétant par la version suivante : « Vous l'entendez, seigneurs bandits ! je suis un pauvre diable, bien décidé à ne vous gêner en rien. J'ai laissé, pour vous être agréable, mon escopette à la maison. Ma ceinture est vide. Si vous cherchez aventure, voici justement un étranger, un cavalier Français que Dieu vous envoie, tout cousu d'or. Il est à vous. C'est votre part. »

Tel était l'esprit de mon guide, avec lequel j'eus le temps de faire amplement connaissance. Il ne m'eût, assurément, prêté main-forte en aucune occasion ; car il professait la foi la plus absolue en l'infaillibilité du moindre bandit qui représentait, à coup sûr, pour lui le destin andalou. D'autre part, je doute qu'il se fût rangé sans nécessité contre moi. Ce qu'il y avait de plus certain, c'est qu'il conserverait la plus entière neutralité. C'était un homme d'une trentaine d'années, grand, parfaitement pris dans sa taille, les cheveux blonds du Nord, avec les yeux noirs de l'Orient, ayant au moins autant de sang mécréant que de sang chrétien dans les veines, d'ailleurs bon catholique, se signant devant chaque croix, malgré son nom un peu judaïque de Balthazar, menteur à outrance, avec un aplomb impayable, et même, je crois, un peu fripon, mais ne manquant pas de précieuses qualités, infatigable, gracieux, d'un caractère égal, vivant de rien, toujours prêt à entonner sa chanson avec un filet de voix très-limpide, et qui finit même par se prendre pour moi d'un certain goût, et par me proposer de faire ensemble, en chevauchant, le tour du monde.

De val en val, nous avions, à travers les défilés, les plus étranges discussions théologiques; je n'en citerai qu'une seule. Le soleil étant très-vif, la fantaisie me prit de lui demander si je pourrais trouver une pomme dans tout l'horizon pour me désaltérer. Par malheur, je manquai la prononciation du *z* andalou dans *manzana*, et notre conversation s'arrêta court, sans espoir de passer outre; car j'avais remarqué que son intelligence ne faisait jamais une avance, que si, dès le premier coup, elle ne saisissait pas ma pensée, toutes les répétitions devenaient inutiles; elle restait achoppée contre une syllabe, comme une mule contre un caillou qui l'a blessée. Pressé par la soif, le voyant d'ailleurs si bon chrétien, et peut-être aussi n'étant pas fâché de tenter l'épreuve, je poussai mon cheval à côté de lui, au bord d'un profond ravin, et le plus sérieusement du monde, je lui dis : « Écoutez-moi, Balthazar. Ce que je demande, ce que je désire, ce que je paierais très-cher, c'est le fruit de ce même arbre, que nos premiers pères ont mangé, d'après le conseil de Satan. »

Mon homme ouvrit une grande bouche étonnée qui me montra la plus blanche rangée de dents mosarabes. Il s'arrêta, plein de stupeur. Je continuai en pressant nos montures.

—Comment, Balthazar! se pourrait-il? un chrétien tel que vous ne connaîtrait pas le fruit de cet arbre du bien et du mal, pour lequel, vous et moi, nous avons encouru la damnation!

— Mais, sénor, de quel arbre voulez-vous parler?

— De celui qui a été planté au milieu du Paradis, et dont notre première mère a cueilli le fruit pour notre malheur. Je vous demande encore une fois si, en nous détournant, nous ne pourrions pas en trouver une demi-douzaine chez quelque *ventéro* ou *posadéro* du voisinage, ou dans cette cabane que j'aperçois là-haut, car je meurs de soif.

— Par la Vierge! il ne manque pas de jardins à Grenade. La place du marché de Vivarambla est, Dieu merci, la plus belle d'Espagne. C'est là que tout abonde.

— Voyons, Balthazar, réfléchissez avant de répondre. Comment s'appelait notre première mère?

— Ma grand'mère, sénor? la Conça Balthazar, morte à Ronda...

— Non! je vous parle de la première femme, après la création, de celle qui a causé votre chute et la mienne, et celle de tous les hommes.

Un silence profond, obstiné, suivit cette question; le Grenadin, sentant qu'il ne s'était déjà que trop compromis, hocha la tête. Il resta, cette fois, la bouche close, les yeux cloués sur les oreilles de sa mule, à peu près comme un homme qui, entouré subitement de gueules de tromblons, demeure immobile, sans savoir de quel côté se dérober à l'embûche. Je sentis qu'il fallait le rassurer à tout prix.

— Amigo! lui dis-je! un homme de bien peut avoir oublié sans honte le nom d'une femme; et c'est la soif seule qui m'a poussé à une question indiscrète. Tenez ; dites-moi seulement, pour finir, le nom de notre premier père à tous, de celui dont nous sommes descendus tous les deux, par lequel vous natif de Loja et moi natif de Bresse nous sommes frères, issus des mêmes côtes, de la même terre, du même couple, enfin de celui qui a mangé le fruit cueilli par la femme, sur le conseil du Démon roulé autour du tronc ; car cet arbre me revient toujours à la bouche.

Après cette énumération, qui dans la réalité fut beaucoup plus longue, j'eus un moment d'espérance. J'étais compris. Les yeux de Balthazar brillèrent. Son visage bistre s'épanouit, comme l'aube quand la lumière éclatante est près de jaillir des ténèbres. La face allumée, le bras tendu, mon homme s'écria d'une voix perçante :

— C'est Jésus-Christ ! *Jesu-Cristo !*

Déception ! Balthazar confondait le Christ avec Adam. Il ne me restait plus qu'à raconter au long, sans nul retour personnel, à ce chrétien, la première scène de la Genèse, dont il n'avait jamais ouï parler. J'y consentis aisément, au milieu de cette nature qui est elle-même biblique, et où il semblait que personne n'avait mis le pied avant nous. Je n'étais interrompu dans ce sauvage Éden que par la voix des aigles et des vautours familiers. Pour lui, il apprit tout ce qui concernait Adam et Ève avec la satisfaction et la soumission d'un fils. Je n'avais plus l'espoir de gagner la pomme, qui resta, ce jour-là, un mystère entre nous. Mais je fus bien récompensé de mon récit par la Providence qui me fit rencontrer, à l'improviste, un ruisseau au fond d'une gorge aride. Le lieu commençait à être un peu moins farouche, quoique toujours très-solitaire. L'eau était près de sa source. Nous nous couchâmes ventre à terre, pour y boire à loisir, pendant que nos montures et les mules inconnues se désaltéraient au même courant, un peu plus bas.

Nous n'avions rencontré ce jour-là qu'un village sur un torrent, Puente de Pinos, *lieu très-renommé*[1] dans l'histoire des Maures, et non moins misérable. La nuit était déjà sombre quand nous atteignîmes Alcala la Royale. Son château, arrondi en diadème autour de la montagne, ne couronne que des cabanes ; à peine eûmes-

---

[1] Lugar muy nombrado y famoso. Zurita. Anales.

nous approché de ces masures, qu'il en sortit une troupe d'hommes qui s'attachèrent à mes pas. Sans prétendre nuire à la bonne renommée d'Alcala, je suis forcé d'avouer que cette partie de la population ressemblait fort à une meute de limiers qui suivent, tout haletants, jusqu'au gîte, une proie fatiguée et rendue. La tête cachée entre leurs chapeaux et un pli de leurs manteaux, ils plongeaient sous mes vêtements et dans ma valise certains regards acérés qui m'avaient déjà transpercé dans les ravins. Ainsi escorté, j'arrivai à la posada; elle se trouvait à l'extrémité de la ville. Là s'expliqua pour moi la physionomie morale de mon escorte. Famine ou férocité, j'étais encore embarrassé de savoir quel nom lui donner.

Jamais, depuis que j'ai passé une frontière, il ne m'est arrivé de me plaindre de mon gîte. L'hôtellerie d'Alcala fera exception; je veux qu'elle apparaisse en un point noir dans ce récit; car elle n'était pas seulement nue, mais sinistre. Mon hôtesse était une vieille auprès de laquelle la Lisarde de Gil-Blas aurait pu passer pour une ingénue. Cinq ou six grands capitans étaient toujours là pour soutenir le moindre de ses propos.

Nous entrâmes dans une cour dont la porte se referma sur nous; après quoi l'hôtesse me dit : Caballéro, descendez ici, vous n'y manquerez de rien. L'assemblée répéta ces aimables paroles, absolument sur le ton dont elle eût voulu dire : Vous êtes mon prisonnier ; ne faites pas de résistance. Je montai dans le grenier qui se trouva être l'appartement que l'on me réservait. L'hôtesse, toujours suivie de son monde, y entra avec moi, et après m'avoir montré les agréments du lieu, me pria de commander mon repas; je n'avais garde de l'oublier, étant à jeun depuis Grenade.

— Donnez-moi ce que vous voudrez, lui dis-je, je m'en rapporte à vous.

— Seigneur, commandez ; vous n'avez qu'à ordonner.

— Qu'avez-vous donc ici ?

— Tout ce qui vous plaira ; voyez ! choisissez.

— Mais enfin ?

— Seigneur, parlez vous-même le premier, cela vaudra mieux.

— Eh bien ! avez-vous de la viande ?

— Non, seigneur !

— Des œufs ?

— Non, seigneur !

— Des légumes?

— Non, seigneur!

— Du poisson? de la farine? des pommes? des pommes de terre? du lapin? du renard? des noisettes?

— Non, seigneur! il n'y en a pas.

— Alors, faites comme vous l'entendrez.

Tout homme qui a voyagé en Espagne avouera que ce dialogue est plus ou moins celui qu'il a dû affronter dans les lieux difficiles; mais, ici, il fut poussé des deux côtés jusqu'aux dernières limites de l'obstination et de la famine.

Le résultat fut qu'après deux heures d'attente, un homme de mine atroce m'apporta avec pompe un grand plat d'une sauce pourpre et étendue; deux autres l'appuyaient, la *navaja* à la ceinture. Un peu après, entra toute la ville d'Alcala, dans son manteau royal un peu troué sur les bords. Je vis ce plat qui ne s'était pas encore montré à moi dans les Espagnes. Je le goûtai. Non! depuis que saint Jacques a franchi les Pyrénées, jamais rien de semblable n'a approché des lèvres d'un Chrétien. Le pis était que cette essence de piment brûlait comme l'eau forte, et mes lèvres en restèrent entamées pour plus de huit jours. Je revins à la charge, je fermai les yeux. Balthazar se plaça auprès de moi pour m'encourager. Il me parlait bas, sa figure s'allongeait, et il crut sérieusement, comme il me l'avoua depuis, que j'étais en danger de mourir de faim. J'essayai de nouveau. Impossible d'avaler. Ce feu d'enfer me brûlait les dents. J'y renonçai. J'avais fait autrefois d'assez minces repas d'herbes dans les vallées d'Arcadie; mais, c'était un banquet des dieux auprès de ce brouet andalou ; et il est certain que je restai ainsi trois jours, presque sans rien manger, à cheval douze heures de suite, nourri et charmé par le songe des rois catholiques. Je compris là la sobriété espagnole. Non-seulement ce régime ne m'a pas fatigué, mais il m'a parfaitement convenu. Balthazar, qui voyait que décidément je ne mourais pas, avait repris sa bonne humeur; il me disait : Vous êtes soldat! *sois soldado*. Pour moi, je ne pouvais me défendre d'un peu de honte en pensant qu'au milieu de ma belle stratégie empruntée des rois maures, j'avais oublié une chose aussi importante que la subsistance d'une armée.

Au milieu de la nuit, les rôdeurs se dispersent dans le bouge. J'examinai les moyens de défense du grenier où je restai seul avec une lampe qui s'éteignit d'elle-même. La porte ne fermait pas. J'imaginai de me coucher en travers, après avoir placé près de moi mes deux pistolets armés sur le plancher. Plein du sentiment de confiance que m'inspiraient mes hôtes, je m'endormis au bruit éloigné de leurs paroles. On m'avait toujours averti que le vrai péril est dans ces repaires, qu'il faut à tout prix cacher aux visiteurs l'endroit où l'on se propose d'aller. J'avais en conséquence donné mes instructions à Balthazar ; mais, grâce à sa discrétion, tout Alcala savait dès notre arrivée qu'un *magnifique étranger* allait à Cordoue par le chemin de Castro ; les bandits, s'il y en avait, étaient parfaitement instruits. Cela ne laissait pas de me donner quelque sujet de réflexion. A la pointe du jour, j'entendis des pas à la porte du bouge. Je me levai. Par une fente de la planche qui servait de vitres et de contrevents, j'aperçus des hommes, l'escopette en main, qui, rasant les maisons, marchaient dans la direction que je devais prendre. Cette observation ne me fut pas inutile. Je me résolus immédiatement à faire un crochet d'une grande lieue dans une direction opposée, tant la vue de ces visages m'inspira une médiocre envie de lier davantage connaissance avec eux, au coin d'un bois.

Le jour venu (et j'attendis pour me remettre en route que le soleil pût éclairer la moindre de mes actions), la Lisarde de cette caverne me demanda le prix de ma nuit; il eût paru exorbitant dans le plus riche hôtel de Londres. Prévoyant l'objection, l'hôtesse, au milieu de ses inséparables acolytes, se mit aussitôt à détailler les délices dont j'avais joui sous son toit. Eh! sénor! disait-elle, comptons. N'avez-vous pas eu, outre un excellent dîner, un appartement, *un cuarto* de prince, bon escalier, bonne porte, bonne cour, bonne fenêtre, bonne toiture? et tout cela pour rien! J'admirai du coin de l'œil la face des bandits qui encadraient la sienne; je jugeai immédiatement, comme elle, que l'on ne saurait en être quitte à meilleur marché.

Comme je franchissais le seuil à cheval, un spectacle imprévu s'offrit à moi. Trois âniers, majestueusement montés sur leurs ânes, et rangés solennellement sur mon passage, attendaient immobiles dans la rue. Ces paladins, qui se découvrirent en m'apercevant, portaient pour couleur, gris de bruyère, et leur devise écrite distinctement sur leur figure était : *J'ai faim sans espérance. Hambre sin remedio.* L'un d'eux fit faire un pas à sa monture; le chapeau à la main, il s'approcha de Balthazar, qui, en fidèle écuyer, me transmit sur-le-champ les paroles de l'inconnu. Ces hommes ne demandaient rien de moins que mon assistance. Ils requéraient de voyager à l'ombre de mes pistolets, me priant de leur accorder jusqu'à leur village ma compagnie et ma protection. Je leur octroyai volontiers l'une et l'autre, seulement sur leur bonne mine. Les mules de la veille furent remplacées par les âniers; décidément le sort faisait de moi le protecteur et le chevalier des faibles et des orphelins d'Andalousie.

Pour en finir sur-le-champ avec ces inconnus, je dirai que j'ai accompli exactement ma promesse en ce qui touche les deux premiers; je les ai mis, eux et leurs bêtes, à l'abri de la violence des méchants. A l'égard du troisième, il en a été autrement. Le fait est qu'il était loin de payer de mine comme les deux autres. Toujours caché jusqu'au yeux dans son manteau, je n'ai pu apercevoir une seule fois son visage sous sa visière baissée. Vingt fois je m'approchai de lui pour connaître au moins le son de sa voix; je n'arrachai jamais que de farouches monosyllabes. Enfin il y eut, comme dit Dante, un point qui l'emporta.

<blockquote>Ma solo un punto fu quel, che ci vinse.</blockquote>

Nous étions seuls. Je l'aperçus qui ramassait derrière moi, à la dérobée, de grosses pierres; il en remplissait à la hâte sa besace. Que peut faire d'un tas de cailloux roulés sur sa monture, un voyageur dans ces parages, me disais-je en moi-même? quelle industrie ce peut-il être? cette idée me travaillait. Je trouvais dans ce mystère je ne sais quelle ressemblance avec l'ermite qui, dans Zadig, finit toujours par occire son bienfaiteur. Sans me consulter davantage, je piquai des deux; l'ânier resta en arrière. Après un peu de temps, je le vis qui tournait bride et revenait sur ses pas.

Ai-je forfait aux lois de la chevalerie? ai-je livré mon frère innocent aux mains des mécréants, quand j'avais charge de le défendre envers et contre tous? Lecteur, c'est à toi de le dire. Pèse les circonstances, le moment. Considère la solitude, les rochers, le lieu sauvage, les flancs de cette vallée qui commence à se tacheter de bois. Elle se replie ici comme une panthère. Suis à perte de vue ces montagnes d'ivraie, ensemencées par un dieu de colère. Regarde à tes pieds ces deux croix de meurtre qui te saluent. Au-dessus, le vautour plane, et il appelle. Écoute, examine tout cela, et prononce.

Avançons. Voici à l'entrée d'un hallier une hutte d'où sort une faible fumée. Le seuil est gardé par le plus beau contrebandier qui ait jamais brillé sur les planches de l'Opéra. Manteau lustré, plume de coq au chapeau, il nous apprend qu'il est la Sainte-Hermandad de cette contrée. Pas un coup d'escopette ne se tire dans l'Andalousie sans sa volonté. Grâce à ses moustaches, ce coin de terre dort en paix. Continuons donc d'errer en toute sécurité, après avoir payé à ce géant Fierabras notre tribut, pour les jours de lait et de miel qu'il répand sur ce royaume. Déjà, sous la protection de son espingole, la nature se désarme, les rochers s'éloignent; aux défilés succèdent de vastes bassins vides, écorchés çà et là par quelques rares sillons; ces traces solitaires font l'impression des pas d'hommes sur le sable dans l'île déserte de Robinson. Mais, où est le bon Vendredi? où sont les laboureurs?

J'omets plus d'une alerte; je tais mainte aventure, telle, par exemple, que la rencontre de Dulcinée. Cette ressuscitée portait sur la tête une cruche, ou plutôt une urne antique, pleine d'eau, à des laboureurs qui avaient sans doute grand' soif; car ils s'étaient arrêtés au beau milieu du sillon. Sa démarche était d'une princesse ou d'une almée, sinon d'une reine. Elle s'arrêta, se plaça en face de moi, et inclina sa cruche sur mes lèvres. La tête renversée, en buvant cette eau vive, je contemplais ces yeux humides et fiers, d'où sortait une source de flammes, qui étincelait sur l'azur incandescent du ciel, cet air de *grandeza*, ce nez arqué de la grande Isabelle, ce cou de marbre doré; et je partageai l'éblouissement du chevalier de la Triste Figure. Les laboureurs farouches regardaient avec impatience; une voix même appela d'un ton qui n'avait rien de pastoral. Les bœufs prirent soudainement une face de taureaux de combat. Cependant la noble dame ne laissa pas de désaltérer aussi ma suite, mon cheval et ma mule, en souvenir d'Isaac et de Rébecca; après quoi, nous entrâmes tout refaits dans Baëna.

Que n'ai-je le don des choses immortelles? j'assurerais volontiers d'un mot la gloire à Baëna, *ære perennius,* en échange du morceau de pain, et de l'assiette de pommes de terre que je finis par y découvrir. Pour m'acquitter de mon mieux, je dirai du moins qu'avec ses maisons blanches, rangées en amphithéâtre, elle ressemble à un bouclier d'argent perdu dans la bruyère; et cette comparaison a en outre le mérite d'annoncer que j'approche du champ de bataille où le maître Alfonso de Monténéyo a pourfendu en bataille rangée les mécréants; victoire qui lui a valu d'avoir son tombeau dans l'oratoire de la mosquée de Cordoue.

Le lit d'un ruisseau embarrassé d'arbustes me conduit à ce champ de victoire. C'est Castro el Rio, jolie oasis montagneuse que le sang des preux fertilise tout seul. Un grand gémissement sortait de terre; je ne doutai guère que ce ne fût l'âme des trépassés qui continuaient de lutter à leur place de combat. Balthazar m'avertit que cette plainte était celle des roues et des poulies dont les habitants de ce champ de carnage se servent pour l'irrigation de leurs jardins. Je voulus y passer la nuit. Elle ressembla beaucoup à celle d'Alcala. Même jeûne, mêmes stratagèmes, mêmes évolutions nocturnes. Malgré cela, je n'en médirai pas; que l'ombre de Monténéyo la couvre!

À mesure que j'approchais du terme, chaque détail de ce genre de vie m'attachait davantage. J'allongeais le chemin, au grand désespoir de Balthazar, par d'infinis détours, m'attachant à mériter de mieux en mieux le titre de chevalier errant. Cependant il faut finir. Nous atteignons l'extrémité d'un grand plateau jonché de pierres roulées. Balthazar crie : *Cordoba !* Je regarde, je vois à mes pieds une ville brillante comme une perle, au bord d'un fleuve. Jamais pèlerin arrivant du désert, et contemplant la Mecque pour la première fois, ne fut saisi d'un pareil ravissement. Il se composait d'une foule de sentiments que je ne puis décrire: la difficulté vaincue, le petit triomphe dont je ne laissais pas d'attribuer secrètement une bonne part à mes dispositions, un élan de reconnaissance vers la Providence qui avait éloigné de moi tous les dangers, des souvenirs plus antiques, plus religieux, plus puissants qu'à Grenade, et puis le dirai-je aussi, l'impression d'un livre bien médiocre, mais lu dans ma première enfance, que je n'ai pas revu, le *Gonzalve de Cordoue* de Florian, qui ramenait pour moi le sentiment de mes premières années et les mêlait aux perspectives de l'Arabie ; voilà ce qui formait cette impression unique pour moi. Aucune ville de la Grèce, non pas même Athènes, ne m'avait parlé davantage. Nous descendîmes lentement au bord du Guadalquivir pour gagner le bac. Le batelier qui prenait sa *comida* nous fit attendre. J'en profitai pour graver dans mon cœur ce paysage. Il ne s'y effacera plus.

Le soleil était encore dans tout son éclat. Il y avait dans l'air d'imperceptibles parfums ; c'était l'exhalaison des germes nourriciers, épanouis prématurément sous la terre. A un peu plus d'une lieue s'arrondissait, en forme de croissant, la chaîne de la Sierra Moréna dont les roches brunes encadraient la moitié de l'horizon. Je cherchai le palmier du roi Abderhaman ; mais il a disparu ainsi que tous les arbres qui couvraient autrefois la plaine, et cette nudité me rappela celle de l'Attique. Le Guadalquivir coulait à flots insensibles, *Placidum Betim.* De l'autre côté, une longue avenue d'aloès épanouis en forme de lances, conduisait à Cordoue. Je pouvais compter les portes, les bastions, les murailles crénelées de l'enceinte du moyen âge; et je ne manquai pas de placer au haut des tours arabes les plus belles personnes, tant de la cour des rois maures que de celle des rois catholiques; car dans ce moment d'extase, je ne voulais pas les séparer. Ces charmants fantômes avec des écharpes de mille couleurs, qu'elles secouaient aux fenêtres des donjons, me faisaient signe d'approcher. Il n'y avait plus ni haines ni défis. Tout était joie, beauté, accord, délices, amour, entre les maures et les chrétiens; et j'étais le héraut chargé d'apporter cette trêve de Dieu.

Ordinairement je mettais pied à terre dans les villages. Ce jour-là, par exception, je voulus traverser la ville, et arriver à mon gîte, à cheval, en véritable vainqueur, quoique le pavé, à vrai dire, soit des moins triomphants, et que mon palefroi surmené bronchât devant les califes à ma grande confusion. Ajoutez que les rues de cette ville des houris, au lieu d'aller d'un point à un autre, reviennent, se replient sur elles-mêmes, en labyrinthes inextricables. C'était un autre voyage. Tout était fermé comme dans une ville prise d'assaut ; et pourtant le murmure des guitares et des jets d'eau dans les cours annonçait que les fêtes d'Almanzor continuaient. Je ne rencontrai, il est vrai, pas une seule sultane. Mais dans les ruelles désertes, il m'a semblé que plus d'une captive, maure ou chrétienne, a soupiré derrière sa jalousie, en entendant ma caravane. Enfin, je touche à la *posada del Puente;* par un bonheur inespéré, elle n'est qu'à deux pas de la mosquée. J'y cours.

Je soulève la lourde draperie. J'entre ! O merveille ! éblouissement ! Ciel réalisé du Coran ! Oasis d'arbres aux troncs de jaspe et de porphyre ! Dès le second pas, j'étais égaré entre les mille colonnes. J'entendis un dernier son de l'orgue dans cette immensité. C'était comme le rugissement du lion, dans l'Éden, au premier soir du monde.

Allah ! Allah ! Jéhovah ! Elohim ! c'est toi qui protéges le voyageur et le pèlerin. Tu les escortes pendant le jour à travers les montagnes ; pendant la nuit, tu les couvres de ta main, jusqu'à ce que tu les amènes, sains et saufs, au seuil de ta demeure.

Que ta maison est resplendissante ! les sentiers

y sont ombragés de feuilles de marbre qu'aucun simoün ne peut flétrir Quel parfum emparadisé s'exhale de ta forêt éternelle! la sève des palmiers vierges circule dans des rameaux de porphyre. Les voûtes s'élèvent sur les voûtes ; elles n'ont point d'appui sur terre ; mais elles reposent sur ta parole. Qui pourra les ébranler?

Au dehors, ta maison se hérisse de tours guerrières, de créneaux couleur de sang, où tes anges combattent. Le cliquetis des cimeterres résonne à travers les meurtrières de ta forteresse ; mais sitôt que le seuil est passé la forteresse se change en Éden. D'un côté, siége le Supplice, de l'autre la Miséricorde. Dans le sanctuaire, les pierres répètent paix ! paix ! et les délices habitent sous ton toit de jaspe.

Ainsi, au dehors, ton visage est redoutable aux méchants ; tu les menaces des yeux, tu les frappes du glaive. Mais heureux le pèlerin qui pénètre jusqu'en toi-même ; celui-là te trouve désarmé. Il goûte la myrrhe dans ton sein ; il boit la félicité à la source des cieux.

Dans l'intérieur de ta mosquée les chemins sont innombrables ; ils partent de tous les points, ils vont dans toutes les directions ; tels les sentiers du désert qui effleurent le sable. O miracle ! l'un conduit au couchant, l'autre au levant, et chacun ramène à toi. Sous ta tente de granit, toutes les caravanes de la terre passent et campent sans se heurter. Allah ! Jéhovah ! que ta maison est merveilleuse ! chrétiens et maures peuvent s'y abriter ensemble.

Je rentrai à ma posada exténué et ravi. Je la trouvai encombrée par d'heureux bohémiens qui voyageaient dans une galère. A peine arrivés, la guitare résonnait ; une femme jouait des castagnettes, d'autres chantaient : à ce concert improvisé deux jeunes filles dansaient le fandango. Dans la disposition d'esprit où j'étais, ces almées me parurent aisément incomparables de grâce et d'indolence. Le reste des voyageurs, assis par terre, formaient le cercle. Je priai la compagnie de me permettre d'assister au ballet ; ce qui me fut très-courtoisement accordé. Ainsi finit la journée. Don Quichotte, dans son meilleur temps, en a-t-il eu beaucoup de semblables ?

XXI.

LA MOSQUÉE DE CORDOUE. — UN NOUVEAU CHAPITRE DU CORAN.

Revenu de ce premier éblouissement, j'essaye de m'en rendre compte[1]. Si la poésie musulmane m'a expliqué l'Alhambra, pour la première fois le Coran se révèle à moi dans la mosquée de Cordoue. Voilà bien la maison du dieu des batailles, telle que je l'avais imaginée. Du haut de ces bastions, de ces boulevards célestes, la guerre sacrée continue jusqu'au jour du jugement. Pendant des siècles, toute l'Espagne, courant à l'assaut de l'Islamisme, s'est brisé la tête contre ces formidables remparts. Je cherche au haut du minaret l'ange au carquois d'or qui, jour et nuit, garde le camp de l'Islam. Je ne vois qu'un clocheton de la renaissance à la place du croissant. La lourde forteresse d'Allah semble s'abîmer de colère sous la petite croix imperceptible qui la surmonte.

[1] Voir deux chapitres sur l'*Islamisme* dans le *Christianisme et la Révolution française*.

Ce que je désespère de peindre, c'est le brusque passage du spectacle de la guerre éternelle au séjour des éternelles délices. Ce saisissement doit être celui du croyant qui, après avoir combattu le bon combat dans le monde extérieur, passe le seuil de la mort pour se réveiller incontinent dans les jardins des houris. Je ne manque pas, au seuil de chaque porte, de faire ainsi, en un clin d'œil, le voyage de la terre au ciel du Prophète. Quand j'écarte la draperie, il me semble que je passe sous une voûte de cimeterres, pour entrer dans l'Éden; et l'Islamisme est tout entier pour moi dans cet éclair de terreur et de délices. Je me représente, au dehors, un beau roi maure, à la tête d'une armée; la guerre sacrée s'allume. Les chevaux bardés de fer hennissent au bas des remparts de Dieu. Par malheur, mon héros est frappé au cœur dans la mêlée. En un clin d'œil, cette âme a passé le *pont étroit comme un cheveu;* elle se relève encore palpitante dans le jardin d'Allah! Les houris la regardent, de leurs grandes prunelles noires, à travers des jalousies cristallines. Elle lit de ses yeux, à peine rouverts, dans des légendes de diamant : paix! immortalité ! lumière !

Un autre enchantement dont je ne revenais pas, est l'effet des voûtes redoublées qui montant comme la prière, ne s'appuyant que sur elles-mêmes, paraissent n'avoir aucun fondement sur terre. C'est une cité qui descend du ciel; à peine si elle rase la surface du sol; tente immense, suspendue dans le vide, à la parole immuable de Mahomet. Dans nos cathédrales chrétiennes, les plus grandes hardiesses reposent toujours sur un fond de raison. On est rassuré aussitôt qu'étonné; voyez comme les tours du catholicisme sont profondément enracinées, comme elles posent un large pied sur terre. Elles ne tendent pas à renverser les lois de la gravité, et les mathématiques éternelles; leurs élans les plus extraordinaires sont soumis à certaines conditions qui sont celles de la création même. Au contraire la maison d'Allah est celle d'un dieu qui ne reconnaît d'autre loi que son caprice. Bouleversant à son gré les mathématiques, se faisant, à chaque heure, une géométrie nouvelle, il est tout l'opposé de cet architecte éternel qui conforme son plan à la nature des choses. Logique, expérience, principe, raison, nature, tout cela disparaît devant une fantaisie du sultan de l'univers; en sorte que la gloire de sa maison consiste à contrarier, à renverser toutes les habitudes de l'éternelle géométrie. Il maintient contre les lois de la pesanteur les pierres suspendues dans le vide de l'air, tyrannisant ce que l'homme appelle science[1], règle, nécessité. Nulle loi, nul principe ne l'enchaîne; et pour que sa mosquée lui ressemble, il faut qu'elle ne repose que sur sa seule fantaisie. C'est même en quoi consiste la première épreuve du croyant, qui voit sur sa tête ces rochers amoncelés, sans qu'aucune force raisonnable les soutienne. Qu'a-t-il à craindre? la foi les porte.

Rien n'égale d'ailleurs la puissance d'aspiration avec laquelle ces voûtes s'élancent. En deux bonds, elles rencontrent le ciel musulman, puis elles s'arrêtent; cet élan ressemble à l'explosion de l'Islamisme qui a atteint son but dès son commencement. En deux paroles, voilà la mosquée élevée, achevée, œuvre d'un moment, architecture spontanée, s'il en fut, éclair rapide qui a jailli du rocher. C'est encore tout le contraire de l'église gothique où vous retrouvez la lente em-

---

[1] C'est aussi là, si l'on y regarde de près, l'originalité de la philosophie arabe.

preinte de chaque siècle, et la main d'un Dieu patient. Allah, dans son génie impétueux, n'a pas attendu des siècles avant que sa maison fût close. Elle a été achevée, comme le Coran, en une seule époque. Les temps se sont succédé ; mais pas une pierre n'a été ajoutée à la mosquée, pas une lettre aux écritures, pas une tradition à la loi ; tout a été scellé irrévocablement dans l'Islamisme dès la première journée.

Il s'ensuit que le gothique, que l'on a tant comparé à l'architecture arabe, la repousse à certains égards. Dans nos cathédrales, la végétation divine plus resserrée monte, aspire de cimes en cimes. Le tronc plus vigoureux des piliers porte haut son branchage. Sa beauté est dans la nue, tandis que la sève arabe va s'épuisant dans la foule des rejetons et des colonnes. Mais, ce que cette architecture perd d'un côté, elle le regagne de l'autre, le sublime de la mosquée étant de n'avoir pas de limites à l'horizon. Elle s'étend, en un moment, comme le royaume de l'Islam, sur une surface sans bornes. Dès que vous êtes engagé dans les colonnes, vous perdez de vue l'enceinte. Point de murailles ; il reste l'immensité monotone d'Allah, partout semblable à lui-même, beauté, majesté, solitude incommensurable, religion du désert.

Les neuf cents à mille colonnes qui vous entourent, les unes cannelées et torses, les autres rugueuses comme le palmier, ou nouées comme le bambou, ou lisses comme le bananier *chargé des fruits du sommeil*[1], sont plantées et mêlées avec l'abandon de la nature édénique. On serait tenté d'y chercher l'antilope et la gazelle des premiers jours. Pourtant, dans ce désordre, il y a un art naïf; car, avec un peu d'attention, je reconnus que cette forêt vierge est plantée en quinconces; ce qui fait que les dix-neuf nefs se partagent en une foule innombrable de chemins, et tous conduisent au sanctuaire; là s'élève le bosquet de marbre où est déposé l'exemplaire incréé du Coran. Des ogives festonnées pendent en stalactites à la voûte de la grotte d'Éden. Allah se cache dans le Saint des Saints, sous des jalousies d'albâtre, d'où sa parole résonne. Son monologue éternel se prolonge sous les arceaux; la mosquée est partout un écho d'Allah.

Mais toi, prophète, à quel endroit du jardin céleste es-tu caché! Fais-tu reposer ta caravane près

[1] Le Coran.

de cette citerne, ou t'es-tu retiré pour méditer dans la cour des orangers? Vois! une main invisible a écrit pour toi, dans la nuit, en lettres d'émeraude, un nouveau chapitre du Coran. Dans le silence de ce paradis, Dieu dicte son livre, et personne ne l'écoute; il se promène, éternellement seul, à travers sa forêt. Toute sa maison résonne de son soliloque; les feuilles des figuiers, des palmiers, des nopals frémissent; et les colombes te cherchent dans l'oasis pour te porter le sura que cette nuit a révélé :

« Hommes! répondez! qu'avez-vous fait de mes dons? j'avais mis dans votre main mon cimeterre, vous l'avez tourné contre votre sein. Vous vous êtes déchirés jusqu'au cœur; si je tarde à vous reprendre l'épée, la mort sera plus prompte que moi. »

« Un nouveau jour approche. Regardez l'aube qui commence à poindre. Malheur à ceux qui ne la sentent pas luire en eux-mêmes! Grenade et Cordoue étaient des lieux de délices; voyez ce qu'ils sont devenus Ainsi, je traiterai les royaumes qui ne prendront pas un cœur nouveau; je traînerai les vieux empires comme des squelettes au désert. »

« Dis-leur! avertis-les! le jugement est préparé; je l'ai scellé de ma main; il va éclater sur le front du roi infidèle et du mauvais riche. Ils demeureront dans le feu ; ils boiront l'eau bouillante; ils verseront des larmes de bitume ; mais déjà il est trop tard pour pleurer! le temps de la miséricorde est passé. Que leur sort s'accomplisse! »

« Voici une nouvelle ; répands-la aux quatre vents. La réconciliation du Christ, de Jéhovah et d'Allah s'est faite au plus haut des cieux. Leur longue haine est oubliée. Les houris ont versé les parfums de leurs cheveux sur les pieds du Christ. O peuples de bonne volonté, qu'attendez-vous pour faire la paix, quand elle est célébrée par Allah, dans les hauteurs du ciel? »

« Dis-leur encore ceci : une nouvelle croisade est proclamée. La guerre sainte n'est plus entre les maures et les chrétiens. Le pèlerin n'est plus appelé à Jérusalem ni à la Mecque. La Caaba est dans le fond de son cœur. C'est là qu'il me trouvera assis parmi les sources d'eau vive. »

Pendant que la voix intérieure ébranlait la mosquée, j'entendis au loin ces mots répétés par l'écho : *In secula seculorum.* En approchant, je vis quelques chanoines qui achevaient les vêpres dans une cathédrale gothique que renferme l'immensité de la mosquée. Les Psaumes de David montaient à la voûte, portés par les anges de Mahomet. Ils agitaient leurs carquois, d'où tombait une pluie de flèches d'or, qui, mêlée aux rayons du soleil couchant, illuminait toute l'enceinte jusqu'en ses plus sombres réduits.

XXII

UN PROLÉTAIRE ESPAGNOL.

Plusieurs habitants de Cordoue, après avoir entendu parler de ma campagne dans les Sierras, sont venus me faire visite. Parmi ces étrangers il en est un qui m'a pris décidément sous sa protection. Personne ne m'a mieux représenté l'Espagnol du dix-neuvième siècle dans le moule de Cervantès. Il tiendrait également bien sa place dans l'excellentissime *Ayuntamiento* et dans la boutique de l'*Émile* de Rousseau. Avec ce mélange heureux de noblesse et de naturel, ce gentilhomme est un maréchal ferrant. N'allez pas à ce mot vous figurer un dos courbé par un travail sordide. Mon ami Célio est retiré; puis il demeure sur la place du Roi Almanzor; et quelle est la tache de suie que ce mot-là ne couvrirait pas?

Le fait est qu'artistement drapé dans son manteau, son chapeau à pompons un peu penché sur l'oreille, ses cheveux blancs d'argent encadrant la figure la plus honnête, la plus fine, la plus pensive, la plus discrète des Espagnes, le profil délié et correct, l'œil vif, la voix mordante et harmonieuse, je ne sache aucun endroit où il ne jouât fort honorablement son personnage. Il n'est sorte de services désintéressés que ne me rende cet excellent vieillard; outre que sa conversation pleine de choses, souvent d'un tour élevé, sans aucune ombre de prétention, est surtout inappréciable pour moi. C'est l'esprit de Cordoue, avec les légendes mêlées des Arabes et de l'empereur Napoléon.

Dès le matin, Célio est debout à mon chevet. Toute la journée, nous errons à travers la ville mystérieuse des émirs. Les portes verrouillées depuis des années s'ouvrent à sa voix. S'il arrive, par hasard, que dans les rues désertes nous rencontrions un étranger, Célio va rallumer son cigare à celui de l'inconnu, et cette fraternité du champ de bataille lui sied à ravir. Grâce à lui, j'ai accès auprès des nobles chevaux maures dont les riches Cordouans sont singulièrement jaloux; à notre arrivée ils hennissent comme si c'était le retour des Ommiades. Puis leurs regards se voilent; ils soupirent; car ils ne reverront plus les joutes ni les balcons pavoisés d'Abderhaman.

Notre première visite est dans l'agréable prison de l'Inquisition; deux amis de Célio y sont au cachot, comme suspects politiques. Des jardins leur envoient par bouffées l'odeur des citronniers; sous leurs pieds, dans une oubliette, est leur dénonciateur, lequel s'est trouvé inopinément chargé de deux ou trois assassinats dont il voulait se blanchir par cette innocente délation. Car Célio est progressiste; il a cette même tristesse que j'ai reconnue dans les personnages les plus élevés de l'ordre politique. Pendant que je songe aux splendeurs du califat, il songe aux splendeurs éteintes des progressistes; nous mêlons à travers les rues tortueuses ces deux regrets; et nous formons, à coup sûr, à nous deux le groupe le plus mélancolique d'Andalousie.

Qu'est devenu l'Ayuntamiento de 1840, disait Célio? Il y avait alors du zèle, et l'on n'aurait pas vu les rues encombrées par ces troupeaux d'ânes et de mules?— Que sont devenus, répondais-je, les cinq cents mosquées, les trois cent mille habitants, les écoles d'Avicenne, d'Averroës, et les légions de poëtes dans la cour des califes? — Ah! reprenait Célio, je n'attends rien de bon du retour de la *Christina*, quoiqu'elle ait fait sa paix avec le pape. — Je lui préférerais en effet, à tous égards, votre sultane Fatime et les filles de votre calife, qui ne parlaient qu'en vers. — Quelle est, du moins, votre opinion sur le capitaine général?— Parlons, disais-je, du grand capitaine Gonzalve, dont voici la paroisse.

Ainsi devisaient au bord du Guadalquivir deux hommes de bonne volonté; la face sereine du ciel ne les consolait ni l'un ni l'autre de la tristesse de la terre. Ils regardaient la ville morte; et leurs entretiens tournaient bientôt en rêveries.

« Dans nos petites villes de France, disait l'un, il y a partout deux hommes qui depuis cinquante ans se rencontrent dans la rue, chaque jour, au même endroit; jamais un signe de tête n'a été échangé entre eux. Ils se touchent pendant leur vie entière, et pourtant l'éternité s'écoulerait que leurs dents ne se desserreraient pas. Car l'un est riche et l'autre est pauvre. Le premier a trouvé sa place sur la terre, il s'est assis; le second erre encore sans savoir où s'arrêter; il vit et meurt debout. L'un s'appelle bourgeois, et l'autre prolétaire.

« Au contraire, à l'extrémité de l'Europe, la Providence a conservé un peuple universellement misérable; elle ne lui a laissé que le manteau; égalité de dénûment, fraternité de misère, où est le législateur qui saura la comprendre? »

— « Pauvre Espagne! reprenait l'autre, avec les plaies qui te couvrent, tu es le véritable Job de la civilisation moderne, assis à la porte de l'Europe. Quand viendra celui qui saura démêler ta sagesse, et chasser les chiens qui mordent tes plaies en semblant les lécher? Tu as eu des troupeaux nombreux, des richesses, de la gloire, dans les deux Mondes, et tu vis maintenant de l'aumône des passants. Personne n'est tombé si bas que toi. Mais tu peux encore te relever plus haut que personne, si tu comprends seulement pourquoi cette lèpre t'a été infligée.

« Ton peuple est comme le Fils de l'Homme, qui n'a plus où reposer sa tête. Au lieu de t'humilier de cette ressemblance, il ne tient qu'à toi d'y trouver ton salut. Le reste du monde adore le Veau d'or, pendant qu'il ne t'est pas resté une parcelle de l'or que tu as arraché du Pérou. Chez tous les autres, le Fils de l'Homme aspire à devenir un bourgeois. Ose déclarer que ton peuple est prolétaire ; avoue que tu n'as rien, et tout te sera rendu. »

— « Oui, continuait à son tour le premier, ferme d'avance tes portes crénelées, ô Cordoue, à l'esprit bourgeois de ce siècle ! Se pourrait-il que la chevalerie de Gonzalve fût remplacée par la chevalerie de la Banque ? Comment l'aristocratie sordide de la finance oserait-elle fouler au bord du Guadalquivir le pavé parsemé de la fleur des Amadis ? Les nobles chevaux du Guadalquivir refuseraient le frein sordide si les hommes l'acceptaient. Que le reste de la terre appartienne, j'y consens, au calcul, à l'usure, à l'avarice ; mais, grâce pour ce trône de vaillance, pour ce rendez-vous des paladins, pour cette enceinte de beauté.

Que ce jardin d'honneur reste au moins ouvert aux faiseurs de songes. Si le jour doit venir, ô Cordoue, ville des preux, où brisant ton blason, tu acceptes le servage de la Bourse, où tu laisses pénétrer dans tes créneaux, gardés jusqu'ici par l'âme d'Arioste et de Cervantès, l'esprit du parvenu, l'infatuation du bourgeois et la prose de ce siècle, c'est qu'il n'y aura plus sur terre un point où la poésie puisse descendre sans souillure. »

Tels étaient le fond des discours de ces deux mélancoliques, en errant à travers les rues de Cordoue.

Ce qui me frappait surtout dans la ville d'Almanzor était de voir combien le catholicisme a été impuissant à y remplacer ce qu'il a brisé. Il occupe la place par de petites églises, il ne la remplit pas. Les statues de bois de Loyola, de François Xavier, vêtues de capes de soie et coiffées de chapeaux, ne consolaient pas le maréchal des ruines du Califat. Pour moi, les petites églises de l'Athènes espagnole, sans art, sans beauté, rangées autour de la mosquée, me rappelaient les chapelles d'Athènes écrasées sous les pieds du Parthénon. Ce qui ajoutait à la détresse, c'est que nous ne rencontrions que croix renversées, crucifix battus du vent, statues de saints dépouillées, oratoires, cellules en ruine. Une tempête divine avait passé sur la ville du moyen âge. La mosquée vide d'Allah regardait autour d'elle, avec l'ironie du Coran, toutes les églises vides du Christ. Dans cette dévastation de Cordoue, deux religions, le catholicisme et l'islamisme, semblaient s'asseoir par terre comme les reines détrônées de Shakspeare et converser entre elles. Nous nous arrêtâmes, et nous entendîmes deux voix passer sur nos têtes :

LA MOSQUÉE.

Vous m'avez dépouillée, et maintenant vous êtes plus nues que moi. Vous avez éteint mes deux mille quatre cents lampes d'albâtre, et aujourd'hui vous êtes dans l'obscurité de l'enfer.

LES ÉGLISES DES COUVENTS.

Est-ce le Christ, est-ce Mahomet qui nous frappe? nous avons été châtiées à la fois par la parole et par l'épée.

LA MOSQUÉE.

Qu'avez-vous fait de cette terre que vous m'avez ravie? je l'avais plantée ; vous l'avez stérilisée. Cordoue était avec moi la reine du monde par le savoir et par le cœur. Voyez ce qu'elle est devenue sous votre ombre, un village, un *pueblo*. Jérusalem, aux mains des Assyriens, n'a jamais été plus misérable.

LES ÉGLISES.

De cette perle de beauté nous avons fait le grain obscur d'un chapelet ; voilà pourquoi nous sommes châtiées. Nos habitants sont dispersés ; déjà l'on change nos cellules, nos oratoires, nos chapelles en usines, en fabriques, en manufactures.

LA MOSQUÉE.

Par Allah ! jamais injure semblable ne me sera faite. Le jour où je ne servirai plus de demeure à l'Éternel, je m'écroulerai ; j'ensevelirai avec moi, dans la cour des orangers, le trésor du

Coran. Non, jamais le harem de mes blanches colonnes ne sera souillé par la présence d'un autre que le dieu jaloux.

Le maréchal, que ces voix aériennes avaient d'abord surpris, finit par me dire : L'*Angelus* sonne au clocher de la Mezquita et des paroisses ; voici l'heure des bandits et des esprits de nuit. Rentrez à votre *posada,* si vous ne voulez pas être dévalisé jusqu'à la *chemise inclusivement.* Nous étions près de Fuente-Santa ; il m'accompagna jusqu'à l'hôtellerie ; et, à la manière dont ce bon vieillard prit congé de moi, je vis que je laissais un ami en Espagne.

XXIII.

LA GIRALDA ET MURILLO. — CADIX.

L'Escurial représente le génie de Philippe II ; Burgos, l'Espagne chrétienne ; l'Alhambra, l'Espagne musulmane ; Tolède, le combat de l'une et de l'autre ; mais c'est dans Séville que tout se réunit, l'âme de l'Afrique et l'âme de l'Europe, la patrie de l'inquisition et le jardin des roses, l'ascétisme et la volupté, les amours de Pierre le

Cruel et de Don Juan. Ce même mélange d'austérité et de grâce se rencontre dans chaque maison. Il n'est pas de fenêtre qui ne soit scellée de barreaux de prison. Mais ces cages de fer, artistement ciselées, sont aussi des balcons joyeux où l'esprit de Don Juan tend encore ses échelles de soie. Derrière la noire enceinte des tours romaines, la blanche Séville apparaît comme Dona Anna, sous les verroux du Commandeur.

Du milieu des jardins de l'Andalousie, une tour arabe s'élance. C'est la tour d'une mosquée ; vous discernez les broderies musulmanes, les galeries mauresques, les voûtes en cœur. Voilà, encore une fois, l'enceinte crénelée de la citadelle d'Allah. Mais, le seuil franchi, au lieu d'une mosquée, vous rencontrez la nef de Strasbourg dans l'enceinte de la Mecque, le Christ et Allah vivant sous le même toit, l'Évangile et le Coran mêlés, cimentés l'un dans l'autre. La *Giralda* est l'église qui parle le plus à l'imagination du peuple ; c'est, en effet, celle qui marque le mieux le génie du christianisme espagnol. De sombres nefs gothiques qui aboutissent aux jardins de l'Eden arabe, l'immense crucifix de pierre, défendu par les boulevards d'Allah, des chapelles mystiques dans l'ombre du minaret; n'est-ce pas, trait pour trait, l'image de ce christianisme musulman qui a été jusqu'ici l'âme de l'Espagne? Sous ces créneaux faits pour la guerre sacrée, le prêtre de Jésus prend le cœur implacable du soldat du Prophète. L'Église d'Andalousie porte dans ses flancs, avec le génie africain de l'Islam, la haine, le supplice, la mort.

Si l'inquisition devient une institution nationale, n'est-elle pas annoncée d'avance par cette alliance de la Cathédrale et de la Mosquée? Ne doit-il pas sortir de ces épousailles quelque fruit monstrueux? Il est certain que l'esprit chrétien est là, muré par l'esprit mahométan. Les soupirs de sainte Thérèse, de Louis de Léon s'exhalent peut-être en secret dans les profondeurs de la nef. Mais au sommet de la tour menaçante, pleine des épouvantes du Coran, passe le nuage de colère qui fait pleuvoir le bitume et le soufre sur le front des hérétiques. Par la haute porte de a mosquée sont sortis, tout sanglants, armés du cimeterre chrétien, les esprits d'extermination, Torquemada, Valverde, pour porter la guerre sacrée dans les deux mondes; les anges de l'Islam ont marché avec eux.

Bâtie par des peuples différents qui adorent des dieux différents, la cathédrale de Séville est la Babel d'Europe. Les ouvriers se sont dispersés aux quatre vents, et ils ne comprennent plus même leur œuvre; car, nulle part, ailleurs, sur terre, on ne voit le catholicisme et l'islamisme s'unir, se marier, s'élever ensemble, se soutenir l'un l'autre, rivaliser d'audace, de légèreté, de lumière. Par malheur, le sublime monument aboutit à une tourelle d'architecture jésuitique. Triste couronnement de cet immense élan de l'Orient et de l'Europe vers le ciel; c'est ainsi que l'histoire d'Espagne, après la longue rivalité de l'Évangile et du Coran, se perd dans les petites dévotions et le jésuitisme des descendants de Charles-Quint.

Au reste, s'il est une chose que la cathédrale de Séville montre sous son vrai jour, c'est le génie de la peinture espagnole. Pour comprendre Murillo, j'ai besoin de le voir au pied de la Giralda. Né sur le seuil de la mosquée, les esprits de la Mecque ont mêlé sur son berceau l'aube d'Arabie aux reflets des vingt-deux mille bûchers de Séville. Je ne m'accoutume pas à rencontrer dans des lieux profanes ces peintures illuminées des lueurs phosphorescentes des cimetières. Il leur faut la clarté mourante des cierges, la terreur des voûtes profondes. Que vont faire ces cénobites exhumés, ces revenants dans les musées de Madrid et de Paris? Je ne les reconnais pas hors de leur paradis perdu. Quand vous les voyez, si défaits parmi nous, c'est qu'ils regrettent le ciel à demi musulman de la nef d'Andalousie.

Les peintres espagnols ne s'élèvent jamais, comme les Italiens, à l'intelligence réfléchie du christianisme. Ce ne sont pas eux qui auraient imaginé la *Dispute du Saint-Sacrement* ou l'*École d'Athènes*. Ils ne quittent pas la région des légendes, et le Dieu reste pour eux toujours enfant. Mais, en retour, ils prêtent aux apparitions, aux visions une réalité formidable; et rien n'est plus difficile que de faire sentir, par des paroles, la force avec laquelle ils s'emparent de la partie crédule de l'âme.

Le peintre italien obéit à un idéal, l'Espagnol à une vision; Raphaël croit aux idées [1], Murillo aux revenants. Ou il n'exprime rien, ou il fait parler le miracle; car il ne cède pas à l'impression du beau, mais au sentiment du surnaturel. Il vous ébranle comme dans une halluci-

[1] Una cierta idea.

nation. Les spectres se dressent au milieu des vapeurs embrasées des limbes; et l'espèce de stupeur qu'ils produisent d'abord est tout le contraire de la sécurité que laisse après soi l'image de la beauté réfléchie et choisie. Je ne me suis jamais arrêté longtemps devant le fameux *Saint-Antoine*, sans le voir se détacher de la toile et flotter sur ma tête, comme une de ces visions dont sont remplis les livres ascétiques de l'Espagne. Le saint est à genoux; il semble s'exhaler vers la région de la lumière. Telle est l'ardeur dévorante de sa prière, qu'elle fend les cieux; le Christ est lui-même subjugué et entraîné par la foi aveugle de sa créature.

Dans l'ombre de la nef, je m'abandonne ainsi des journées entières sans penser, sans raisonner, à cette puissance d'évocation qui est la véritable originalité de l'art espagnol. Les apparitions me poursuivent, m'assiégent comme des revenants, avec une énergie qui me fait à la fois sourire et frissonner; car il faut ajouter que je suis presque toujours seul dans l'immense cathédrale; et je puis me laisser ensorceler à mon aise, sans que jamais les vivants viennent rompre le cercle magique.

C'est d'abord la procession des Moines de Zurbaran, tantôt cadavéreux et les yeux bandés, tantôt avec les appareils de la torture. Ils sont portés sur des nuages qu'illuminent de pourpre les reflets des auto-da-fé. Ils me regardent de leurs yeux réduits en cendre; puis leurs lèvres s'entr'ouvrent : — Qu'est-il arrivé, disent-ils, depuis que le bûcher s'est éteint? Une tempête invisible nous promène de lieux en lieux, de ciel en ciel. Nous sommes des âmes dépouillées, chassées de leurs asiles. Est-ce le jour du Jugement? La trompette a-t-elle sonné? et dis-nous pourquoi tu ne trembles pas à cette heure d'épouvante. — C'est le jour des morts, pensé-je en moi-même; la résurrection n'a pas encore sonné. Lavez, si vous le pouvez, ces couleurs sanglantes que la tombe n'a pas ternies. Mais avant que mes lèvres leur répondent, ils se décolorent et s'évanouissent.

A leur place arrivent les vierges de Murillo. Elles se succèdent avec toutes les nuances de la lumière matinale, depuis la pâleur nacrée de l'aube, jusqu'à la flamme du soleil qui poudroie. Le pied sur les nues, elles refoulent le dragon dans l'ombre; au milieu d'une pluie de lis, de palmes, de jasmins, enivrées d'ascétisme et de volupté, on dirait des houris qui flottent éternellement dans l'Église du Christ.—Qui êtes-vous? leur demandai-je. Êtes-vous les filles de l'Évangile ou les filles du Prophète? Vous rappelez à la fois la Vierge sans tache de Bethléem et les filles aux yeux noirs, du Coran. Si je vous suis, où me mènerez-vous? Vers le Christ ou vers Mahomet? — C'est nous, repondirent-elles, que tu as entrevues des yeux de l'âme, parmi les bouquets de l'Alhambra, le jour où tu as rêvé de la félicité. Nous cherchons la mosquée, après nous être égarées sous les voûtes de Jésus. Conduis-nous vers le jardin des orangers ; nous t'apprendrons là qui nous sommes.

Mais une apparition plus éblouissante se leva ; toutes les autres s'effacèrent, et la cathédrale en fut un moment illuminée jusqu'au toit. Un ange, semblable à un prêtre italien, conduisait un enfant par la main. L'enfant suivait avec crainte. Le guide s'arrêta en face de moi, comme un homme qui a perdu sa route. — Où mène ce chemin? me dit-il. — A l'abîme, lui répondis-je. Mais, toi qui ignores la route, apprends-moi quel est celui que tu mènes par la main. — C'est le Christ, reprit-il. Je l'ai égaré à travers le monde. — Je le savais en te le demandant, lui dis-je.

Mais qu'il t'ait choisi pour son guide, toi qui ne peux te conduire, et qui en as déjà perdu tant d'autres ; voilà ce qui m'étonne, et me reste toujours nouveau. Alors les deux patronnes de Séville, sainte Juste et sainte Rosine, qui portaient dans leurs mains, à la manière des Gothiques, le modèle de la cathédrale, se mirent à trembler ; elles laissèrent tomber la Giralda, dont la chute retentit jusqu'au fond des abîmes ; et il sortit de la terre un soupir, comme d'un monde qui agonise.

C'est un des traits dominants de Séville, que la renaissance dans l'architecture y a été arabe, comme dans le reste de l'Europe elle a été grecque et romaine. Rien ne montre mieux combien les Espagnols ont été subjugués au dedans par l'esprit de l'islamisme, dans le moment même où ils lui livraient, au dehors, une guerre acharnée. Ils le maudissaient et le copiaient en même temps. Quelquefois l'imitation romaine se joignait à l'imitation arabe ; et les siècles d'Auguste et de Mahomet se mariaient ainsi, *dans les lointains de l'impossible, en los lejos de lo imposible*[1]. Le pèlerin andalou qui vient de

[1] Calderon.

toucher le tombeau du Christ, se bâtit, au retour, un ermitage[1] musulman. Un portique corinthien conduit à la voûte d'une mosquée. Les bustes des philosophes grecs, des empereurs romains, sont rangés sous les arcades en cœur d'un *patio* mauresque. Cette grave et correcte antiquité, entrevue à travers les caprices de l'art arabe, ce mélange d'Athènes et de la Mecque, marquent mieux que tous les commentaires le chaos de l'imagination espagnole en sortant du moyen âge. C'est ainsi que Lope de Vega, Calderon, Quevedo mêlent à l'histoire grecque et romaine la magie des contes arabes. Si la lampe merveilleuse des *Mille et une Nuits* s'allumait sous les voûtes sombres du Colysée, quels enchantements passeraient sur la face de Rome ensorcelée !

Au reste, pour juger de la fascination qu'exerçait l'art musulman sur les chrétiens, il suffit de regarder le palais des rois de Castille. Ces défenseurs de l'Évangile ont refait leur palais sur le plan de l'Alcazar des mécréants. L'imitation a été poussée si loin, que chaque légende mahométane a été remplacée par une légende go-

---

[1] Casa de Pilatos.

thique. Seulement, au lieu du cri de l'Alhambra : Félicité ! je déchiffrai en m'approchant : *Très-haut, très-noble, et très-puissant Don Pèdre, par la grâce de Dieu roi de Castille et de Léon.* A quelques pas de ces inscriptions émaillées, le très-noble Don Pèdre le Cruel a fait égorger son frère, et il a surveillé lui-même le meurtre. Tout ce qui peut être emprunté du génie arabe se trouve dans le palais castillan, les colonnades, les murailles brodées, les bouquets en émail ; et pourtant cette fausse Arabie ne vous abuse pas. Où sont les hallucinations de l'Alhambra, au fond des alcôves languissantes ? Est-ce la faute des pierres ? Est-ce que de semblables délices ne peuvent ni s'imiter, ni se traduire, ni s'éprouver deux fois ? Sous cette surface rayonnante de l'Orient, je reconnais l'Europe déguisée, et la barbarie qui se recouvre de fleurs et de pierreries. Dans ces bouquets sculptés, il y a des pointes de poignards, des mains qui se dérobent. Les merles ont beau siffler sous les fenêtres de Maria Padilla, ils n'empêchent pas la foule des fantômes décapités de remplir les étroites salles de Pierre le Cruel. Avec sa beauté trompeuse, ce palais d'Arabie n'est qu'un donjon féodal. C'est là que la monarchie espagnole a grandi sur un divan, au milieu des roses, des tournois, et des romances tragiques. Que le triste Escurial expie au loin les voluptés mécréantes de cet Alhambra catholique!

La maison que j'habitais ressemblait elle-même à un petit *alcazar*. Elle était fort joyeusement peuplée d'étudiants qui achevaient l'étude de la philosophie. Ces excellents personnages étaient, en politique, de l'école des *desenganados*. En attendant l'avénement du *despotisme éclairé*, un manuel de la scolastique de Lyon, ouvert sur une guitare, devait encore absorber leur attention pendant trois ans. Ce laps de temps ainsi écoulé, ils se proposaient de donner huit ans au moins à l'étude du droit : cela leur assurait une douzaine d'années de la vie du bachelier de Salamanque; après quoi ils seraient bien malheureux si une révolution ne venait à point nommé consommer des destinées si gravement commencées.

Le lendemain, survint un hidalgo de Cordoue avec sa fille, dona Carmen, jolie et naïve demoiselle du quinzième siècle ; pour la première fois elle dépassait les murs d'Almanzor. Elle avait, pour ce grand coup d'aile, déposé la mantille nationale et adopté une affreuse capote anglaise qui ne la quittait pas dès le lever de l'aurore. Je ne dois pas oublier non plus une grande dame portugaise dont la gravité amusait fort la pétulance des Andalous. Tout ce monde vivait, pêle-mêle, dans une familiarité fort éloignée des idées que l'on se fait de la roideur espagnole. Au moindre bruit, la Cordouane s'élançait à travers ma chambre, et courait se planter sur mon balcon, tout ébahie de la vie ardente de Séville, qui contrastait si fort pour elle avec la solitude tumulaire des donjons de Gonzalve. Elle chantait à gorge déployée; un des étudiants faisait écho, en jouant un peu de la flûte. Un autre, forte tête, inaccessible à la distraction, feuilletait et marmottait, sur la galerie, le terrible manuel *philosophia moralis*. — Quelle profondeur, monsieur! la tête me fend. — Je le crois, seigneur bachelier! A votre place j'étudierais l'éclectisme. — Qu'est-ce que cela? — Se peut-il que votre seigneurie n'ait pas ouï parler de cette doctrine souveraine, de cette planche de salut sur laquelle notre siècle surnage, de cette théorie du succès, de cet élixir de science qui enseigne bravement à respecter le plus fort? — Nous pratiquons assez bien cette science, me dit-il. — Oui, repris-je; seulement la théorie vous manque; et c'est bien différent : vous faites des bassesses comme les autres; mais vous n'y donnez pas encore la solidité, la gravité doctrinale, scientifique, et personne ne vous en sait gré[1]. — Il est vrai; par le peu que vous en dites, cette philosophie m'accommoderait assez, monsieur. Cependant j'y trouve, si vous me permettez, un inconvénient particulier pour nous. — Et lequel? je vous prie. — Le Voici : Roncali vient de fusiller à Alcoy ses prisonniers : le droit, la raison éclectique est avec ce victorieux. — Précisément, lui dis-je; vous avez saisi l'esprit de la doctrine. — Et si demain Iriarte fusille Roncali, l'absolu passera avec armes et bagages du côté d'Iriarte. — Fort bien, continuez. — Dans un pays comme le nôtre, où le succès est changeant, où l'on fusille volontiers et pour peu de chose, ne peut-il pas arriver que l'absolu finisse un jour par fusiller

---

[1] Depuis que l'éclectisme est chez nous une mode usée, il commence à poindre chez les peuples du Midi de l'Europe, et même en Amérique. C'est un devoir pour nous de les prévenir que toutes les défaillances morales de notre Europe sont fort honnêtement et commodément résumées dans cette doctrine.

l'absolu? — Hélas! monsieur; je le crains, lui dis-je en baissant les yeux. Tout cela entrecoupé de ris, de chants, de ritournelles de flûtes. Qui eût pensé que la province était en état de siége et la mort placardée à tous les coins de rue?

Sous la protection des *estudiantes*, je suivis des cours de l'Université de Séville. Un beau jet d'eau mêle son bruissement aux murmures des écoles. En dépit des arrêtés funèbres du capitaine-général, j'ai vu là, à travers les colonnades des patios arabes, les générations nouvelles se passer l'une à l'autre l'heureux flambeau de vie des bacheliers de Cervantès et de Quevedo. Tous les degrés de l'enseignement sont réunis dans le même lieu. La vie d'université commence dès le plus bas âge. Dès que l'enfant sait l'alphabet, il a les priviléges de la science, et marche seul à travers les révolutions. De ce genre d'éducation, qui doit développer de bonne heure le caractère individuel, il résulte que l'Espagnol n'a pas d'enfance. Le moindre nourrisson entre dans la carrière avec la gravité d'un licencié.

Quand l'Espagne voudra organiser l'éducation publique, elle trouvera devant elle la même difficulté qui arrête la France. Quelle morale l'État enseignera-t-il? voilà toute la question ; si je réfléchis à la manière dont nous la résolvons, je ne puis m'empêcher de sourire. On imagine que l'unique débat est entre le clergé et les laïcs ; nullement. On ne veut pas voir que dans les gouvernements dont le principe est vénal, une nécessité est qu'ils tuent la morale ou que la morale les tue. Dans les constitutions qui ne connaissent d'autre vertu que l'or, c'est être dangereux que de professer le désintéressement. Un gouvernement fondé sur la richesse ne peut professer sérieusement qu'une chose : *Enrichissez-vous !* Quiconque, après cela, vient enseigner les droits de l'âme, tenez-le pour factieux; s'il va jusqu'à parler d'honneur, son délit est flagrant. Fermez-lui la bouche.

Autour de Séville, la campagne a quelque chose de la sévérité mélancolique de celle de Rome ; à travers les décombres des couvents, quelques moines déguisés erraient comme après un tremblement de terre. Un soir, de ruines en ruines, je me trouvai, sans l'avoir cherché, dans un vaste cirque romain, près du village où Trajan et Adrien sont nés. L'arène était cachée sous des sillons remplis d'un blé abondant. Les alouettes s'é-

levaient en chantant au-dessus des vomitoires.
Après le combat des gladiateurs et des bêtes, le
temps de la moisson était venu. Dieu de l'Espagne et du monde, quand feras-tu germer ta moisson et ta paix dans le grand cirque où les haines
rugissent, où les âmes se déchirent, où les hommes
boivent le sang des hommes, où les jeunes reines
innocentes ont la grâce et la douceur des panthères?

XXIV.

CADIX. L'ÉTAT DE SIÉGE.

Quoi déjà! le royaume de la fantaisie est traversé; la terre manque sous les pieds des âniers
et des muletiers. Ils restent immobiles sur la rive
du moyen âge, au bas de la Tour d'or, pendant
que le bateau à vapeur vous entraîne sous sa
voûte de fumée, au milieu des noires pensées du
siècle.

Des deux côtés du Guadalquivir s'étendent des
plaines marécageuses. Dans ces savanes d'Europe,
les taureaux qui doivent mourir dans le cirque
grandissent en liberté; çà et là, ils soulèvent du

milieu des joncs leurs têtes sauvages ; du haut du ciel un vautour s'abat sur un cadavre, en poussant son râle étouffé. Ces images de la nature première parlent davantage à l'approche du petit port de Palos d'où est parti Christophe Colomb. Que de fois au bord de ces solitudes, il a tourné les yeux vers les solitudes d'un monde inconnu ! Ce rivage inhabité, abandonné, oublié de l'homme à l'extrémité du monde ancien, est tout différent du reste de l'Espagne, à laquelle il ne paraît pas appartenir. Dans ses plages basses et noyées, dans ses îles et ses herbes mouvantes, dans son aspect vierge, dans sa verdure immaculée, il semble annoncer et appeler les plages de cet autre univers qui émerge par delà l'Océan. Au moment où nous entrâmes dans la mer, l'immense souffle d'Europe s'éleva du côté de Palos. En dépit des contrebandiers qui y font leur séjour, j'entendis, avec la clameur des grandes eaux, l'esprit de Colomb prendre l'essor sur les ailes des griffons des prophètes.

Regardez ! de la mer bleue, surgit la ville la plus scintillante, la plus éblouissante, la plus incorruptible des Espagnes, une ville de nacre, de neige, d'ivoire, qui nage dans l'azur, sur le chemin des îles heureuses. Rien ne ressemble en Europe à Cadix ; et le voyageur qui aborde l'Espagne de ce côté doit prendre une idée entièrement fictive de la Péninsule. Oubliez le moyen âge, le gothique, l'arabe. Aucune trace du temps n'a ridé le front de cette Vénus marine. A l'extrémité du monde ancien, une ville vierge, immaculée, sans passé, sans souvenirs gothiques, naît du caprice de l'écume, pour saluer sur l'autre bord le monde vierge de Christophe Colomb.

Qui croirait que la misère, la famine, la mort soient déjà cachées au fond des splendides demeures de cette Venise créole? La plupart des maisons sont surmontées d'une haute tour blanche, pour regarder au loin, et attendre les flottes chargées de l'or de l'Amérique. Mais personne ne veille plus sur le haut des tours ; aucune voile n'arrive de la haute mer; depuis que les colonies américaines se sont affranchies, les vaisseaux ont pris d'autres routes. Cadix abandonnée meurt, à l'espagnole, debout, fièrement, sans que personne le sache. Sur ce rocher héroïque habite le désespoir. En secret les habitants vendent les barreaux de leurs fenêtres : c'est la seule marque de détresse dans cette ville échouée. J'ai vu l'herbe croître dans la gueule des canons rampants à terre, à travers les débris de l'arsenal de Charles-Quint ; pour prix de leur amitié, les Anglais ont exigé la destruction de cet arsenal, sous le prétexte de bâtir des forts. On m'a montré un pont qui a coûté des millions, et sur lequel personne ne passera jamais. Rien de cela n'altère la sérénité de Cadix. J'ai entendu, au bruit des castagnettes, la sirène andalouse, relevant des flots son beau corps d'albâtre, répéter jour et nuit ses boléros et l'hymne de Riego sur l'abîme. Par malheur, les vaisseaux ne sont plus attirés par les chansons ; la belle chanteuse s'engloutit lentement sans pouvoir ramener une seule des flottes dispersées.

A ce dernier cap de l'Europe, les langues de terre et les récifs s'avancent en rampant comme les pattes d'un immense crustacé, vers les colonnes d'Hercule. Au levant, les sierras d'Andalousie tracent leurs lignes inflexibles. Plus près, la plage de Sainte-Marie, baignée du soleil couchant, se confond avec le champ de bataille des Maures et de Rodrigue. De l'autre côté, la mer, l'inconnu, l'infini, le désir incommensurable, les nuages pourpre et or des îles Fortunées. Là finit le vieux Monde, sur un écueil, parmi de rares palmiers, quelques lauriers et d'amers aloès perdus dans les sables mouvants d'un cimetière. Que la terre est étroite au cœur de l'homme! et cependant c'est à peine s'il a le temps de faire le tour de son tombeau !

Je ne puis oublier que j'ai rencontré là, dans le cloître San-Philippo, refuge des Cortès de 1812, un illustre naufragé, de tous les partis, et le maître de la plupart des écrivains espagnols de notre temps, M. Albert Lista, moine, philosophe, mathématicien et poëte. Ses meilleures pièces sont des hymnes sur les fêtes catholiques; quelques-uns rappellent le coloris de Calderon. Avec cela, ce poëte mystique a pour dogme celui du dix-huitième siècle. Son ode sur le triomphe de la *Tolérance* a été lue pour la première fois en public dans le palais de l'Inquisition de Séville; et son originalité, dans ce temps-ci, est de s'inspirer à la fois de saint Jean-de-la-Croix, de frère Louis de Léon et de Voltaire. Ce qui est cause qu'il est suspect à l'Église comme révolutionnaire, à la révolution comme ecclésiastique. Malgré son grand âge, ses yeux étincelèrent de l'ancienne flamme, au fond du cloître ; puis, cet éclair fut suivi d'un soupir, lorsque je lui rappelai ce chant d'espérance et de jeunesse :

« Peuple espagnol[1] ! trois siècles d'infortune et d'esclavage n'ont pas suffi à ensevelir et à souiller ta gloire. Valeur ! constance ! c'est ta devise. Souverain ou esclave, ton sort est encore dans ta main.

« Les aigles du Tibre, les essaims de la Baltique glacée, l'Arabe féroce, ont passé ; et toi, au milieu des débris des trônes, tu surnages encore sur le temps et sur l'oubli !

« Quel sera ton sort, si jamais tu romps ta chaîne, si ta constance indomptable relève la liberté sainte ? Ah ! ce jour-là, le despotisme insolent disparaîtra dans le fond des abîmes !

« Il a survécu à la colère du Français ; le taciturne insulaire l'a exilé sur l'Océan ; l'Italie énervée le raille sur l'autel qu'elle lui a érigé ; mais l'Espagne affranchie lui réserve le dernier coup. »

En attendant ce jour, la guerre civile recommence ; je suis enfermé dans Cadix sans pouvoir en sortir. Les nouvelles des insurrections arrivent

[1] 1806.

l'une après l'autre. Carthagène, Murcie, Alicante sont en pleine révolte, et les insurgés ont retenu les bateaux à vapeur. D'un autre côté, le gouvernement fusille en toute conscience, *sur la seule reconnaissance de l'identité*. Chaque jour, de nouveaux décrets du capitaine-général resserrent l'état de siège. Hier je remarquai celui-ci : *Peine d'exil ou de mort contre quiconque porte des moustaches, des galons ou un bonnet*. Vous qui lisez ces menaces, vous croyez que toute une province est dans la stupeur. Détrompez-vous ; un peuple a le pistolet sur la gorge, et il s'en rit. Il faut enfin expliquer ce prodige que j'ai observé tant de fois, qui doit étonner le plus le reste de l'Europe, et qui, en effet, est propre à l'Espagne ; aucun parti ne peut faire peur aux autres.

Renoncez à comprendre les luttes de ce pays si vous ne voyez pas d'abord un peuple qui, après avoir été saisi d'une immense terreur, en proie à un 93 en permanence pendant trois siècles, est parvenu à s'en affranchir. L'inquisition a rendu à l'Espagne cet affreux service d'y épuiser le sentiment de la peur. Après l'épreuve du Saint-Office, tous les essais d'épouvante ne sont plus qu'un jeu sanglant, par lequel les imaginations ne sauraient être surprises. Il s'ensuit qu'une des différences fondamentales entre la révolution française et l'espagnole, c'est que le régime qui a été quelque temps l'âme de la première, est impuissant dans la seconde. L'une s'est appuyée sur la terreur ; l'autre l'a rendue impossible. Que pourrait Robespierre après le grand inquisiteur? et comment le Comité de Salut public ferait-il peur à des gens qui ont traversé dans le silence de Philippe II le royaume de l'épouvante? la guillotine de 93 perdrait elle-même de son tranchant après le lent et mystique auto-da-fé ; car ce qui augmentait l'effroi, c'était le secret, le silence. Toute l'Espagne tremblait quand personne ne savait où était l'échafaud. On le sentait, on le voyait dans chaque ombre. Le dernier familier du Saint-Office, se glissant à l'angle d'une rue, les yeux baissés, accompagné des menaces de l'enfer, était cent fois plus redoutable que tous les capitaines-généraux qui affichent aujourd'hui la mort aux quatre coins de la Péninsule.

Ce vieil effroi, que Philippe II et l'Inquisition avaient si habilement grossi dans l'ombre comme principe du gouvernement, l'Espagne s'en est guérie pour jamais à la lueur des fusillades. Les prétendus élèves du passé ont voulu faire revivre le régime de terreur; mais, en l'affichant, ils l'ont fait disparaître; à force de la montrer, ils l'ont rendue risible. Que de joyeux bals masqués j'ai vus sur des ruines encore fumantes de la mitraille! L'imagination n'étant plus tourmentée par les ténèbres, on met autant de légèreté à donner la mort qu'à la recevoir; et dans ce jeu, la royauté surtout use ses moyens de terreur avec une prodigalité folle. Il y a sans doute un plaisir souverain à signer le matin, entre le baisemain et un caprice de piano, le meurtre d'une cinquantaine de ses semblables; mais ce n'était pas ainsi que Philippe II portait ses coups. Il faisait à la mort l'honneur de la traiter sérieusement. La main qui se préparait à frapper commençait à s'envelopper de ténèbres au fond de l'Escurial; elle ne badinait pas avec le meurtre comme avec un éventail. La triste royauté semblait d'avance porter le deuil des sujets qu'elle tuait.

Qu'est devenu le fantôme d'épouvante qui avait apparu pendant trois siècles muets, au milieu du cortége de tous les spectres souterrains? Plus le gouvernement, dans ses *bandos*, étale la mort au grand jour, plus elle perd son aiguillon. Auparavant, une agonie ténébreuse tenait, au milieu de torches livides, toute l'Espagne en chapelle, *en capilla*. A la fin le voile tombe ; le mystère se déchire ; on approche de l'échafaud, on le mesure, on le méprise. Après le travail des imaginations funèbres, que reste-t-il ? peu de chose : une hache, un carcan, un trou de balle. L'Espagne semble dire : Est-ce tout ? cela ne fait pas de mal.

Voilà pourquoi, reines d'Espagne, fille et femme de Ferdinand VII, lorsque tant de voix commencent à s'élever pour vous prier humblement, si tel est votre bon plaisir, de cesser vos massacres [1], ce n'est pas seulement l'humanité qui crie ; c'est la raison d'État qui vous avertit que le moyen dont vous vous servez ne va pas à son but. Vous n'effrayez personne ; mais vous commencez à lasser la patience des vivants et des morts. La peur que vous ne faites pas, craignez de l'éprouver un jour ; car enfin, la ronde des spectres d'Alcoy, de Carthagène, de Burgos, d'Ali-

[1] Un régiment vient de demander que les prisonniers qu'il a faits ne soient pas fusillés.

cante, de Galice, la tête trouée de balles, commence à entourer, et à coudoyer vos gracieuses Majestés.

Quand on voit la risée accueillir la mort dans un pays autrefois le plus grave de l'Europe, il faut pour cela une raison profonde. Je viens de la dire. Un peuple qui a traversé l'épreuve de l'épouvante religieuse, se moque de ces petits fantômes qui se dressent sur le marche-pied de la potence par imitation de l'éternité. Depuis qu'il n'a plus peur de Dieu, il a toujours envie de railler quiconque prétend sérieusement user d'autorité. C'est le prêtre qu'il craignait dans l'alguazil. Il tremblait devant la justice céleste; il se rit à gorge déployée de la justice humaine[1]; et quoi que vous fassiez pour l'effrayer, tout lui paraît plaisant en sortant de son cachot creusé dans l'enfer, sous les pieds du Christ inquisiteur.

[1] Je demandais au marguillier de Grenade pourquoi il n'avait pas fait arrêter la vieille femme qui avait volé le sceptre des rois catholiques. — « Ah! dit-il, les juges sont pires que les voleurs. » Ce sentiment est très-commun dans le peuple.

XXV

LISBONNE.

Un bâtiment anglais qui va toucher à Lisbonne met fin pour moi à la captivité de Cadix. Ce paquebot a recueilli, en passant à Gibraltar, un grand nombre de femmes anglaises, et presque autant de gazelles qu'elles ramènent des Indes. Les joyeuses gazelles de Sacontâla gambadent au milieu du désert bleu, parmi les groupes d'Espagnols et de Portugais, à demi nus et couchés sur le pont. Les deux plus grands orgueils du monde sont là en présence; les Espagnols et les Portugais mettent une secrète joie à étaler leur misère devant l'Anglais qui hérite de leur fortune. Celui-ci regarde avec stupeur ces maîtres tombés du trône des Deux-Indes; il voit en eux comme une vague prophétie de ce qui attend les rois de l'Océan, quand le sujet mutiné s'avise de vouloir changer de maître.

Le lendemain, après avoir perdu la terre de vue pendant presque toute la traversée, nous entrions dans le Tage. Le fleuve était agité par une très-forte brise du nord. Les collines, en s'arrondissent au loin, forment une immense conque, où la ville s'étale en spirales nacrées jusque sur les cimes : je cherchais des yeux quelque mur noir contemporain de Camoëns. J'aperçus à l'avant du navire, un vieux monument dont l'impression se confondra toujours pour moi avec celle du Portugal. Imaginez, dans le Tage, une vieille citadelle, dont les tours gothiques sont portées sur de gigantesques hippopotames de granit, quelques-uns nageant à fleur d'eau, et les autres se vautrant dans les sables. Je voyais cette vieille forteresse marcher dans le fleuve, au-devant de la mer. Des naseaux de pierre battus par les flots sortait comme le mugissement d'un peuple amphibie. Je me représentais la citadelle pavoisée, portée au loin par les troupeaux marins à travers les détroits, les océans de Vasco de Gama, de Magellan, d'Albuquerque; et les Lusiades naufragées apparaissaient au haut des créneaux, qui tour à tour s'abaissaient et se relevaient avec les bruits de la lame, mêlés au son des cloches du soir.

Quand les anciens navigateurs, après avoir conquis des mondes, rentraient dans leur pays, ils débarquaient devant le seuil du monastère de Bélem ; c'était la porte *par laquelle devaient entrer tous les triomphes du Portugal* [1].

Je courus vers cet endroit unique sur la terre ; je vis là un monument d'une sublimité si naïve, si originale, que toute la pensée du peuple portugais m'y parut renfermée. Quand le tremblement de terre n'aurait laissé subsister aucun autre débris, et que toutes les chroniques seraient perdues, ce monument parlerait seul ; l'âme marine du Portugal vivrait dans chaque pierre.

A l'endroit du Tage où Vasco de Gama s'est embarqué pour chercher le continent des Indes, sur cette *plage des larmes* [2], qui a vu tant d'émotions de crainte, d'espérance, de douleur, tant de départs, d'embrassements, d'adieux qu'on croyait éternels, de retours triomphants, le roi Emmanuel a fait élever une église. L'architecture en est gothique ; mais le trait de génie est d'y avoir mêlé tous les caractères de la vie de mer ; des câbles [3] de pierre qui lient les piliers

---

[1] Porta per onde aviao de entrar neste Reyno os triumphos. *Barros, Asia*, t. I.

[2] Praia de lagrymas. *Barros. Asia.*

[3] Ces câbles de pierre (*cordoës*), que j'ai retrouvés à Cintra, dans le

gothiques les uns aux autres, de hauts mâts de misaine qui soutiennent les ogives, les rosaces, les voûtes, pendant que la voile de l'humanité s'enfle, au seizième siècle, sous l'haleine du ciel. C'est encore la maison du Dieu du moyen âge, mais appareillée comme un vaisseau en partance. Si vous entrez dans l'intérieur du cloître, déjà les fruits et les plantes des continents nouvellement révélés, les cocos, les ananas, les pamplemousses, sont cueillis et appendus dans les bas-reliefs. L'esprit d'aventure, de danger, de science, de découverte, respire dans ces murailles plus que dans aucune chronique. C'est l'impression de ce moment indicible d'enthousiasme où Christophe Colomb, Vasco de Gama, Magellan, Jean de Castro, entonnent, à genoux, le *Gloria in Excelsis*, en serrant les voiles devant des terres inconnues. Ici, des sirènes gothiques[1] nagent dans une mer d'albâtre; là, des singes grimpeurs du Gange se balancent au câble de la nef de l'église de Saint-Pierre. Les

---

monastère de Péna, sont un des caractères les plus marqués de l'archiecture portugaise.

[1] Comment les antiquaires ont-ils pu s'abuser au point de ne voir à qu'une imitation des *symboles égyptiens* ? Le moindre matelot ne s'y tromperait pas.

perruches du Brésil battent de l'aile autour de la croix du Golgotha. Des larmes coulent sur des blasons. Ajoutez des mappemondes de marbre, des astrolabes, des équerres mariées aux crucifix, des haches d'abordage, des boucliers, des échelles, partout des agrès, des nœuds de cordes roulées, qui amarrent les colonnes, les piliers, vous sentirez, dans le moindre détail, une église marine, la barque pavoisée du Christ espagnol et portugais, qui, au milieu des angoisses de l'homme, cingle en paix, vent arrière, sur des océans non encore visités. Des éléphants de marbre portent en triomphe l'urne funèbre du roi Emmanuel, qui a présidé à la découverte des Indes ; d'autres morts sont couchés près de là. Vous diriez des pilotes endormis sous la voûte surbaissée de l'entrepont.

Aujourd'hui, le couvent de Bélem est abandonné ; la tempête civile se roule autour des mâts de pierre ; les hirondelles de mer se posent sur les vergues. Dans le fond des caveaux, les morts, équipage mutiné, se désespèrent de ne pas aborder encore au rivage promis. Mais le Christ veille au plus haut des mâts ; il regarde, à travers les siècles houleux, si la plage attendue ne surgit pas du fond des eaux. Rien ne paraît encore que la face des abîmes ; mais enfin on entendra le cri de terre! terre! sortir d'une lèvre divine. Le *Te Deum* s'échappera des pierres et des tombeaux blasonnés ; le navire pavoisé s'arrêtera ; carguant la voile, il jettera l'ancre dans les îles heureuses.

La magnificence de Lisbonne est plus triste que les bruyères de l'Espagne : des rues somptueuses, des places immenses, la tête d'un grand empire ; et le silence, la solitude d'une nation ou d'une Gomorrhe engloutie. Cette mélancolie me frappait surtout en la comparant à l'ivresse des villes de Castille et d'Andalousie. Où sont les chants de Séville? où sont les groupes de la *puerta del Sol* de Madrid? L'Espagne danse sur des ruines ; le Portugal agonise sur le seuil d'un palais.

Retiré derrière des jalousies à grillages étroits, le peuple reste invisible ; il a gardé de ses longs voyages, de sa souveraineté, surtout de son commerce d'esclaves, l'horreur invincible de tout ce qui ressemble à un travail servile. Trente mille Espagnols de la Galice consentent seuls dans Lisbonne à se déshonorer en se servant publiquement de leurs bras. C'est la vieille histoire de Camoëns et de son esclave. Le peuple reste sur son grabat; le pauvre *gallègo* parcourt seul les rues, chargé du poids du jour.

Enveloppés de manteaux de bure grise, la tête cachée sous un capuchon blanc, les femmes passent, taciturnes, comme des pleureuses à la suite d'un grand convoi. Il est rare qu'elles soient belles ; mais quand elles le sont, elles ont je ne sais quoi d'ingénu et d'étrange qui fait penser à la langueur indoue. Autant les Andalouses tiennent de l'Arabie, autant les Portugaises de Lisbonne, avec la mollesse de leurs traits, la blancheur transparente de leurs joues, leur parler enfantin, semblent quelquefois des sœurs égarées de Sacontâla. Quand je les vois se traîner sur leurs genoux en se frappant la poitrine, depuis le seuil des églises jusqu'à l'autel, cette pénitence passionnée contraste subitement avec l'indolence asiatique de leurs regards.

Quoique Camoëns n'ait ni statue ni sépulture dans Lisbonne, tout y parle de lui. La majesté des lieux, la misère de l'homme, la pompe de la ville nouvelle, les horreurs de l'ancienne, les édifices, qui de loin se confondent sur les cimes avec les pierreries des nuages, et qui de près respirent les sentines cadavéreuses de l'hospice, les ermitages abandonnés, le char rustique, à roues pleines, qui traverse le port désert, une partie du fleuve doré, à travers une ruelle fétide, tout rappelle la splendeur et la détresse de Camoëns. Le seul personnage qui s'agite, s'inquiète, murmure au milieu de ces solitudes somptueuses et livides, c'est le Tage. Il descend majestueusement des montagnes. Il appelle en passant son ancien peuple d'Argonautes, le roi des Océans. Personne ne répond. Et ce qu'il y a d'effrayant, c'est que nulle part, en Europe, l'apparence n'est mieux gardée, l'extérieur plus régulier et plus riche, la police mieux instituée, le peuple plus docile. Ce que l'on appelle aujourd'hui parmi nous l'ordre est réalisé là avec une perfection formidable, le calme souverain de la tombe. Avec tout cela, Lisbonne de dona Maria semble la capitale de la reine Inès de Castro, qui, déterrée et assise sur un trône posthume, gouverne, entre la banqueroute et le jésuitisme, une monarchie défunte.

O mon cher pays, *ditosa patria minha amada*, le jour du déclin viendra-t-il aussi pour toi? S'il doit venir, ce jour, que mes yeux ne le voient pas commencer! Après avoir traversé aussi la mer de gloire, France, patrie de ceux qui espèrent, t'assiéras-tu jamais, à ton tour, sur le rivage du silence et de l'oubli? assez de gens t'y convient; et tu te plais déjà à leurs paroles d'aspics, cachées sous les fleurs. Ah! si jamais l'entreprise des méchants s'accomplit, s'ils réussissent à t'ôter le cœur, à ne te laisser que l'avarice ; si de mensonges en mensonges, de vices en vices, ils te font descendre, couronnée de honte, jusque dans la région de mort où ils habitent, n'espère pas qu'ils te laissent un sépulcre si beau que celui de l'empire portugais! Tu n'auras pas les roses de Cintra pour orner ta sépulture; le ciel des Hespérides ne dorera pas ton chevet. Le Tage ne lavera pas la souillure de tes ruines! Je les connais; ils te feront, si tu les laisses faire, une mort dont il sera impossible de dire si elle est plus laide ou plus honteuse; sans te donner un soupir, ils t'enseveliront dans leurs pensées de boue.

Et pourtant, malgré cet engourdissement mortel, je jurerais que le feu moral couve encore quelque part; cette terre recommencera de trembler et de jeter des éclairs. Car il y a dans Lisbonne, une fibre qui tressaille. Cette nationalité blessée, foulée sous les pieds de l'Angleterre, se hérisse contre tout esprit étranger. Elle ne se défend pas seulement par ses haines [1]; elle s'est réfugiée chez les poëtes, et rien ne mérite plus d'attention que la ligue qui se forme dans Lisbonne, entre quelques écrivains, pour tenter de relever un peuple naufragé. On trouve chez eux un enthousiasme pour l'histoire, une émotion de regret [2], des larmes auxquelles l'Espagne ne s'abandonne jamais ; puis au milieu de cette mélancolie, des éclairs subits d'espérance, comme si la voile du roi Sébastien reparaissait à l'horizon. Le moins triste de ces poëtes, M. Castilho, est aveugle de naissance; il voit par les yeux de l'âme l'ancienne patrie dans son ancienne beauté.

Le chef de la renaissance littéraire est M. Almeida Garrett ; d'abord simple soldat, aujourd'hui député, accoutumé aux prisons, à l'exil, perdant çà et là ses manuscrits dans ses

---

[1] La Révolution de Portugal répond aujourd'hui à ces pressentiments. Portugais! Voulez-vous réellement redevenir un peuple? Vous le pouvez Laissez là les moyens termes. Dans la situation de vos affaires, la chose la plus hardie sera la plus sage. Étonnez l'Europe, ne l'imitez pas. Dépassez-nous, l'occasion est bonne, et la chose n'est pas impossible.

[2] Par exemple, chez M. Herculano.

voyages sur mer, il continue, dans sa vie aventureuse, les épreuves des poëtes portugais. Le jour où je le vis, il s'attendait à être jeté dans un cachot. Ces alternatives d'angoisse ne l'empêchent pas de travailler à créer un théâtre national en Portugal. Dans sa pièce de Gil-Vicente, il a réussi à passionner cette impassible Lisbonne. Le spectacle de la cour du roi Emmanuel et tant de souvenirs de poésie et de conquêtes soudainement réveillés, émurent profondément la ville qu'on croyait morte. Depuis ce temps M. Garrett n'a pas cessé de remuer les cendres du Portugal[1].

Dans sa dernière pièce, il a touché les fibres les plus intimes de son pays, en mettant sur la scène une de ces histoires populaires qui ne respirent que poésie et passion. Jean de Portugal, un des compagnons du roi Sébastien, a été laissé avec lui pour mort dans la bataille d'Alcacerkébir. Après plusieurs années, sa veuve, dona Magdalena, épouse un autre chevalier, don Manuel de Souza qu'elle aimait depuis longtemps en secret. Un reste d'incertitude sur la mort de son premier époux empoisonne toutes ses joies;

---

[1] Je voudrais inspirer ici à quelqu'un l'idée de traduire ces drames. Gil-Vicente. — L'épée du connétable. — Louis de Souza.

ce pressentiment, entretenu par les croyances populaires sur le retour de Sébastien, se change en une invincible terreur. Jean de Portugal finit en effet par reparaître sous le costume d'un pèlerin. A sa vue, Magdalena et Manuel se retirent l'un et l'autre dans un couvent; leur fille meurt de honte.

Le poëte fait peser avec beaucoup d'art, comme la fatalité antique sur la destinée d'une famille, la vague espérance nationale du retour du roi Sébastien. L'enthousiasme crédule de la jeune fille qui attend le sauveur du Portugal, la terreur de sa mère qui n'attend de là que mort et déshonneur, forment une lutte tragique.

Dans sa simplicité saisissante, ce drame représente le fond intime de la vie portugaise, avec le mélange d'attente, de regrets, d'espérance empoisonnée de bonheur apparent et impossible, qui aboutit à cette mélancolie brûlante, pour laquelle la langue de Camoëns a un mot dont l'équivalent ne se retrouve dans aucune autre[1]. L'effet est d'autant plus navrant, que l'espérance réalisée ne sert ici qu'à briser tous les

---

[1] Saudade. Solitude, désir, regret, tout cela à la fois.

cœurs; à la fin, quand les principaux personnages font leurs adieux au monde pour entrer au couvent, il semble que la nation entière prenne le voile.

La nationalité reparaît aujourd'hui dans la littérature, chez les Espagnols, comme une fête, chez les Portugais, comme une angoisse. La poésie pour ces derniers, c'est ce Jean de Portugal, qui après avoir passé pour mort pendant de longues années, vient demander, avec une face contristée et un serrement de cœur, l'ancien amour perdu. Ajoutez que ces deux renaissances s'accomplissent chez ces deux peuples voisins, sans se soucier l'une de l'autre, sans influer l'une sur l'autre. Ne demandez pas à Lisbonne dans quelle région du globe Madrid est situé; ces deux villes ne se connaissent pas même de nom.

Telle est du reste la ferveur sincère que l'on a composé à Lisbonne plus de drames dans les cinq dernières années [1], qu'autrefois dans un siècle; et l'opinion [2] à cet égard est émue plus

---

[1] Theatro de Almeida-Garrett, t. III, p. 20.

[2] Ib., p. 176. Une chose manque encore à ces essais d'un théâtre national en Portugal; c'est d'être tentés en vers et non en prose.

qu'elle ne l'a jamais été depuis les Lusiades.

Dans le silence qui les environne, ces hommes ont l'air de continuer la bataille autour du corps du roi Sébastien. Personne en Europe ne s'occupe de ce qu'ils font; ils sont eux-mêmes si occupés de relever leurs morts que la pensée ne leur vient pas de se plaindre de l'isolement. Je les ai entrevus entre deux états de siége. Ce qu'il y a de certain dans ce réveil de la littérature, c'est que la rhétorique n'y est pour rien, et qu'il représente un état réel de l'esprit dans le Midi. A la fin, cette lave d'indignation, d'espérance, de révolte ou de douleur qui couve dans toutes les âmes poétiques et vivantes de ce temps, quel que soit aujourd'hui leur nom, glorieux ou obscur, mortel ou immortel, Esproncéda, Larra en Espagne, Almeida-Garrett en Portugal, Manzoni, Berchet, Nicolini, Leopardi en Italie, Uhland, Bœrne, Heine, Herwegh en Allemagne, Kollar en Bohême, Mickiewicz en Pologne, oui, à la fin, ce ferment de justice, de colère, éclatera à l'improviste. Ces frères qui ne se connaissent pas se toucheront un jour; et puissé-je aider à les rapprocher! La conspiration des âmes ne sera pas toujours déjouée; la vérité, l'honneur, ne seront pas éternellement le domaine de la rime. Toutes les voix qui dans le midi et dans le nord se convient en disant la même chose, jetant le même cri, appelant la même résurrection, perceront à la fin, mieux que des glaives, le cœur de ceux qui font aujourd'hui les sourds.

J'étais destiné, pendant ce voyage, à marcher escorté de l'état de siége. J'arrivai néanmoins à Lisbonne encore à temps pour voir la dernière séance des Cortès. Au fond du Cloître de Saint-Benoît, les noms de Lycurgue et de Solon, mêlés à ceux de Filangieri et de Beccaria, brillent au-dessus de la tête du président. C'est à lui que les orateurs s'adressent, suivant la manière anglaise ; et cet usage, poussé à l'extrême, faisait dégénérer la discussion en une conversation perpétuelle avec l'assemblée entière. Quoique les moments fussent pleins d'anxiété, rien ne me rappela la gravité des Cortès de Madrid. La langue portugaise n'a pas la pompe sonore de l'espagnole ; elle a en revanche les sons contractés d'une langue de matelot, et ils doivent aisément gronder, comme un orage, dans la bouche d'un grand orateur. Tout le monde savait qu'une conspiration était dans l'air, qu'elle éclaterait le jour même. On pouvait croire qu'il percerait quelque chose de cette impression universelle dans la discussion ; elle se traîna jusqu'au bout avec un mélange étonnant de nonchalance et de bonhomie. Était-ce que les uns et les autres attendaient un signal éloigné ? Je ne sais ; chacun feignait de dormir sur des roses.

Le soir même, cette innocente assemblée était violemment dissoute ; plusieurs des membres étaient entraînés sur les pontons de la frégate *la Diane,* qui servait de prison d'État, au milieu du Tage. On apprit en même temps l'insurrection des principales villes des côtes. Toutes les garanties étaient suspendues avec la constitution ; l'ordre était affiché de passer les suspects par les armes sans jugement, *sem culpa formada.* Au milieu de ces événements étranges, ce qui me parut incroyable, ce fut l'inertie absolue de Lisbonne. Pendant que tout le corps du Portugal s'agitait convulsivement, la tête seule semblait morte. Pas un signe ni de colère, ni de sympathie, ni même de crainte. Si je n'avais su que Lisbonne est, selon le mot de M. Herculano, *une palmyre morale,* je l'aurais appris ce jour-là. Étrange renversement des lois de la vie! ce sont les provinces qui mènent après elles la capitale[1]. Coimbre et Oporto traînent Lisbonne.

Un peu après, des soldats entrèrent dans la maison que j'habitais; ils investirent la chambre qui touchait à la mienne. Qui vient-on arrêter? demandai-je. — Son Excellence le ministre. — Quel ministre? — Olozaga. J'étais, en effet, son voisin le plus proche. Tant la violence de ces jours amenait des rencontres imprévues entre des hommes étrangers les uns aux autres! L'homme d'État que j'avais vu, à mon arrivée, le maître souverain de l'Espagne, je devais le retrouver pourchassé, à mes côtés, par les alguazils dans le fond d'un taudis du Portugal.

XXVI.

LE RETOUR.

Après une longue tourmente, la mer s'était calmée. Tantôt le bâtiment serrait les côtes, tantôt il s'écartait assez au large, pour qu'on les perdît de vue. Le matin je les voyais de la gros-

---

[1] Ceci vient de se confirmer pleinement par la révolution.

seur d'un nuage qui annonce l'ouragan. Le soir, la Péninsule se remontrait avec sa ceinture couleur de cendre. Je m'arrêtai à Gibraltar, à Malaga. Le gouvernement y séquestra l'argent de notre bord, dans la crainte qu'il ne tombât entre les mains des insurgés d'Alicante. J'aperçus Carthagène sans pouvoir y entrer. Rien de plus sinistre que le silence de cette ville bloquée; nous essayâmes de pénétrer dans le port; on nous menaça de nous couler, et nous reprîmes le large. Valence, en faisant le carnaval, armait contre Carthagène. Je vis danser Barcelone sur les décombres encore tièdes du bombardement. Dans ces alternatives rapides entre les passions des villes et les solitudes des flots, entre les cris étouffés, les joies aveugles d'un peuple naufragé, et le calme des nuits en pleine mer, contrastaient les petites colères de l'homme avec la superbe indifférence de l'Océan. L'Espagne, ainsi visitée, paraissait deux fois s'abîmer et surnager dans la même journée.

Que n'avais-je pas vu en peu de temps, sur cette terre signalée, maintenant, par l'oiseau de tempêtes? Deux essais de révolution, un règne nouveau, des exilés rappelés, qui se retournent aussitôt contre ceux qui leur ont frayé le retour ; le grand malade qui, des Pyrénées à Cadix et à Lisbonne, se retourne convulsivement vers le trône ; quelques coups de fusil sur les rivages déserts, quelques corps qui tombent, le silence qui recommence ; l'Espagne, qui après avoir essayé de tout, excepté de la liberté de penser, lassée, déconcertée, désespérée, s'abandonne de nouveau, presque sans réserve, à la royauté ; et celle-ci, qui, en répondant par la violence, travaille à détruire la superstition monarchique.

Les âmes vivent encore ; le désir de relever le génie national se montre assez par la renaissance de la littérature. Obsédé par ses longs souvenirs, le peuple voudrait retrouver dans ceux qui le mènent une étincelle de la grandeur et de la gloire passée. Voilà ce qu'il cherche, n'en doutez pas ; il se tourmentera jusqu'à ce qu'il l'ait découvert. Par malheur, la monarchie s'est accoutumée depuis trois siècles à considérer la mort comme l'état normal et officiel de la Péninsule. Le moindre souffle de vie, la moindre respiration de ce grand corps passe pour une rébellion. L'Espagne veut revivre par la royauté ; celle-ci trouve plus commode de régner sur un mort. Quelquefois la tombe se soulève; alors le scandale est immense; on fait rentrer en toute hâte le Lazare évadé dans son sépulcre, et l'on s'assied de nouveau sur la pierre. Que serait-ce si de ce peuple enseveli vivant, sortait à la fin le cri qui doit réveiller tous les misérables d'Europe? Sans être prophète, on peut affirmer que par ses tressaillements, il continuera longtemps de gâter le sommeil complaisant de ses voisins.

Car, dans son abîme, ce peuple conserve un avantage sur beaucoup d'autres; il pense qu'il vaut encore la peine de mourir pour quelque chose. Dans nos pays de livres, à force d'entendre répéter que les idées font leur chemin et triomphent toutes seules, je m'aperçois que l'homme prend très-bien son parti de les voir s'avancer tête baissée, à leurs risques et périls, sans qu'il s'en mêle. Il trouve fort doux que ses convictions luttent héroïquement, en son lieu et place, sur le papier, sans qu'il ait besoin d'exposer un cheveu de sa tête. Le monde oublierait trop aisément que la vie se perdait autre fois pour une croyance, s'il ne se trouvait encore en Europe un peuple toujours prêt à se faire casser la tête, même sans savoir pourquoi.

De plus, s'il est misérable, il l'avoue, il le proclame; et cet aveu arraché à son orgueil est le premier commencement de guérison. Certes, la difficulté n'est pas de voir la paille sanglante dans l'œil de l'Espagne. Mais combien de peuples occupés à la considérer, ne voient plus chez eux la poutre qui les aveugle !

Je me sens plein d'indulgence pour un peuple auquel manquent les ressources, le savoir des modernes, et qui sanglant, lutte, seul, par le cœur, contre la destinée! Mais si je rencontre quelque part une nation à qui tout a été donné, bonheur matériel, repos, science, lumières, philosophie, je suis disposé à lui demander sévèrement quel usage elle fait de tout cela pour elle et pour les autres. Quand je parle ainsi, je pense à l'Allemagne de nos jours; au milieu des douceurs dont l'accablent les touristes, ce serait un grand service de dire un mot de vérité à cette reine des illusions. Couchée sous l'arbre de la science, que fait-elle en réalité? A quel peuple tombé a-t-elle tendu la main? Dans ses théories, elle se réjouit de la chute des races du Midi, comme si, impuissante à agir, elle triomphait de l'agonie des autres. Elle hait peut-être la France un peu moins que la Russie, cela est vrai; mais qui aime-t-elle? Débonnaire jouet de ses princes, la Prusse livrait hier philosophiquement ses hôtes au knout du Czar, en se félicitant de ses formules de charité nouvelle. Rien de plus loin de la grandeur morale que la suffisance qui va à s'admirer théoriquement jusque dans la manière de porter le bât et le collier. Le premier signe de régénération pour l'Allemagne sera de se condamner elle-même ouvertement, riche en maximes, abondante en servitudes, pauvre en sympathies, la dernière en dévouements réels. Je puis attendre un effort désespéré de celui qui crie : je péris. J'attends peu de miracles de ces peuples qui dépensent tant de savoir à me faire admirer leur livrée.

L'Espagne et l'Allemagne sont les deux extrémités opposées de la civilisation européenne. L'esprit tudesque, transporté dans la Péninsule, avec le pédantisme de la dynastie d'Autriche, a produit là l'effet de la gelée sur les oliviers et les citronniers : les fleurs sont tombées ; le tronc est resté nu.

Il n'est pas malaisé d'écraser le Midi par la comparaison avec le Nord. Tous les vices de l'Espagne sont en dehors ; pour les voir, il suffit d'ouvrir les yeux. Si elle a des vertus, il faut se donner la peine de les chercher. Une église défunte cache sous son linceul ce qui reste du génie espagnol. Écartez le cadavre, et vous trouvez les vestiges encore vivants d'un grand peuple. Dans le Nord, au contraire, vous rencontrez une surface heureuse, sereine, qui vous séduit d'avance; mais, sous cette étiquette romanesque, il arrive bien souvent que vous finissez par sentir le froid d'une philosophie morte. Avec la plus grande sentimentalité du monde, l'Allemagne trouve moyen d'écraser, en bonne conscience, deux nationalités, la Pologne et l'Italie.

Nous ne sommes pas non plus sans péchés envers la Péninsule, et ce n'est pas notre faute si elle ne nous hait pas. L'éloquence de M. de Chateaubriand n'a rien changé à l'indignité de l'expédition de 1822. Depuis seize ans, partout où s'est montrée une apostasie, nous avons envoyé en grande hâte un message pour saluer cela du nom de parti français; et c'est une faible excuse de rejeter la coulpe sur le pouvoir. Chaque peuple est responsable, envers les autres, de son gouvernement. Quand on aide à crucifier une nation, il est trop commode de se laver les mains dans l'aiguière de Pilate.

Pour moi, je serai tombé dans plus d'une erreur; les plus petites me seront durement reprochées, mais non par vous, Espagnols. Vous les verrez, au contraire, avec indulgence, parce qu'au milieu de tant de peuples qui vous jettent la pierre, j'en ai connu plusieurs qui commettent en secret d'aussi grands adultères que ceux que vous commettez au grand jour. Là où je me serai trompé, vous me relèverez sans colère; car, presque seul, parmi nous, j'ai cherché les éléments de votre renaissance plutôt que ceux de votre déclin; et j'ai continué d'espérer quelque chose de vous, malgré les lambeaux qui vous couvrent, et vos profondes plaies, auxquelles personne de nous n'est étranger.

La mission que vous remplissez à notre égard est étrange; jusqu'à ce jour, elle consiste, en partie, à nous prendre notre système, nos masques constitutionnels, puis à les grossir au point de nous en dégoûter nous-mêmes. Ce que nous appelons prudemment Juste-Milieu, Gouvernement personnel, vous l'appelez avec franchise *Despotisme éclairé*. La ruse que nous recouvrons d'honnêtes semblants, vous osez l'afficher; vous divulguez les secrets que nous enveloppons d'artifices; en nous montrant à nous-mêmes notre image, sans voile, sans retenue, vous nous avez quelquefois rendu l'immense service de nous faire rougir.

Tout dépend de ce que vous voulez être. Si l'Espagne et le Portugal n'aspirent qu'à végéter, vous pouvez trouver, dans l'imitation de ce que nous faisons, le moyen terme qui vous permettra de tomber et de vous engloutir sans bruit. Mais si vous voulez revivre, les demi-moyens ne suffisent plus. Nos doctrinaires vous enseignent le statu-quo et l'inertie. Dites-moi ce que peut être le statu-quo pour un homme qui se noie. Si nous dormons, pourquoi vous condamner à imiter notre sommeil, dans le temps même où vos écrivains travaillent à échapper au joug des nôtres? Quel besoin de nous suivre jusque dans la déchéance? Je ne sais si ce que je vais vous dire vous offensera; mais je vous crois faits pour quelque chose de mieux que pour recommencer nos songes. Qu'y a-t-il de commun entre la passion loyale de votre peuple et les masques de nos orateurs de théâtre? En quoi l'imitation de nos plaies peut-elle parler à l'imagination, à l'enthousiasme, au génie de votre peuple? Hier, la foule vous demandait le roi absolu, *Neto;* et par là elle vous avertissait que votre salut est dans une décision hardie, héroïque, conforme à l'esprit de votre pays : ou la vraie servitude, ou la vraie liberté, l'une ou l'autre. Quant à ce mélange de vérité et de dol, de légitimité et de bâtardise, de noblesse contrefaite et de dégénération réelle, où beaucoup d'autres se complaisent, tout annonce que vous ne pouvez qu'y engloutir, avec votre caractère propre, ce qui vous reste d'espoir et de génie.

La tyrannie n'avait pu vous empêcher de demeurer un peuple gentilhomme[1]; huit cent mille hidalgos, ou nobles, formaient chez vous la cité préparée pour l'avenir. Selon les paroles de l'un de vos plus éloquents orateurs[2], même sous la

---

[1] Estando como estaba entre nos otros tan vulgarizada la nobleza. Alcala Galiano.

[2] Por ahi era el gobierno en Espana el de la clase media amalgamada con la plebe, siendo el interes de esta ultima el predominante en el estado. Alcala Galiano. Lecciones de Derecho constitutional, p. 65. le cours entier de M. Galiano vient de paraître, et forme un ouvrage très-remarquable. L'auteur, en faisant la théorie du parti *modéré*, remarque impartialement que le *pays légal* en France est aujourd'hui plus étroit que n'était l'oligarchie de Venise.

servitude de l'ancienne monarchie, *le gouvernement de l'Espagne était celui de la classe moyenne fondue avec le peuple, et l'intérêt de ce dernier était celui qui prédominait dans l'État.* Au lieu de continuer l'anoblissement d'une nation tout entière, quel progrès comptez-vous accomplir, si en nous copiant vous vous ravalez à cinquante ou soixante mille électeurs, maîtres et seigneurs qui s'attribuant tous les droits, taillant l'avenir à merci et miséricorde, inventeront pour eux le nom de pays légal? En brisant systématiquement l'union de la bourgeoisie et des masses du peuple, en mettant sur le pavois, à notre exemple, les seuls riches qui renieront aussitôt leurs pères, n'est-il pas évident que vous retombez en deçà de l'œuvre du despotisme! Vous reste-t-il un doute sur ce que devient l'oligarchie de la classe moyenne dès qu'elle se détache de ses ancêtres?

Regardez parmi nous; je vous montrerai ce que la plume ne peut écrire.

Puisque nous vous avons précédés, notre devoir est de nous retourner vers vous et de vous dire : ce chemin n'a pas d'issue. Ou retournez dans l'ancien esclavage; ou entrez dans la liberté nouvelle. Cette coupe d'illusions que nous vous tendons après l'avoir vidée à demi, repoussez-la. L'âme humaine s'y empoisonne. Comme au reste nous avons été surpris au lendemain d'une époque de gloire, nous sommes encore debout malgré nos chutes. Mais, si vous suivez la même pente, vous dont le point de départ est déjà un déclin, où prétendez-vous aboutir? à quelle ruine d'une ruine? à quelle mort dans la mort?

Vous ne ferez rien de votre peuple si vous ne placez devant ses yeux quelque haute mission où Dieu vous convie. Le monde cherche aujourd'hui, comme au seizième siècle, de nouveaux rivages. Au lieu de retourner sur les traces de vos voisins, d'affronter docilement et aveuglément les mêmes mécomptes, pourquoi ne tenteriez-vous pas au moins d'entrer des premiers dans le nouvel hémisphère politique et social? Il ne suffit pas de dire que la traversée est impossible, que les peuples qui la tentent s'y engloutissent, que le souffle de l'avenir n'apporte que tempête; ce sont là les vieilles terreurs de l'esprit du passé. Ne mesurez pas votre action sur le monde, à la seule force physique. Vous avez trouvé l'Amérique avec deux cents hommes, les Indes avec cent cinquante. Vous ne posséderez plus ni l'une ni l'autre des deux Indes ; mais si l'élan intérieur de votre esprit national vit encore, vous découvrirez d'autres mondes, sans sortir de chez vous.

Vous avez fait la guerre sacrée pendant tout le moyen âge. Pourquoi ne prendriez-vous pas, à votre tour, le glaive de l'esprit, si le glaive de fer est émoussé? Les impies, les infidèles, les hommes au cœur dur, ne sont pas encore vaincus; ils reparaissent armés de puissances nouvelles, la ruse, les vaines promesses, la matière déchaînées, les faux serments, les flèches d'or et d'argent. Pourquoi ne combattriez-vous pas à votre rang de bataille l'ancien combat, pour l'ancienne Église véritablement universelle, non de Rome, mais du monde, non du Pape, mais du Christ?

Une chose vous est particulière; née d'hier, votre bourgeoisie n'est pas encore assise; ne lui laissez pas le temps de tout envahir; profitez de votre universelle misère. Vous êtes nus, qu'avez-vous à perdre?

Pour vous renouveler, n'attendez pas que les liens dorés qui nous serrent se soient étendus jusqu'à vous. Vous êtes aujourd'hui les derniers, en Europe, dans l'ordre social. Par un coup de génie, vous pourriez peut-être aspirer à redevenir les premiers ; et qui sait ce que cette seule pensée d'une véritable initiative sur le monde n'enfanterait pas dans votre peuple, au lieu que le sentiment de l'imitation y sera toujours mortel? Je n'affirme pas que la démocratie sincère vous sauverait ; mais je soutiens, que dans ce remède héroïque, préparé de loin par le fond de vos mœurs et de votre histoire, il y aurait au moins une chance de renaître, tandis que dans l'imitation de notre oligarchie, il n'y a tout au plus pour vous que la certitude d'un tranquille abâtardissement.

Si l'expérience d'autrui ne vous sert de rien, si vous laissez passer ce moment unique, si vous ne profitez pas du moins de votre condition de peuple gentilhomme et prolétaire, laquelle consacre, en Europe, votre originalité ; si vous donnez, à votre bourgeoisie, le temps de s'isoler, de se reconnaître, de se fortifier, de se créneler, de s'armer avec le prince contre le reste de la nation ; si vous laissez périr l'égalité que vous avait laissée la servitude pour compensation à tous les maux, vous perdez le fruit de votre histoire, votre caractère dans le monde, votre part à l'avenir. Vous voilà sans initiative, sans vie propre, sans instinct national, liés pour des siècles à la servitude des vices étrangers. Après tant de combats, qu'aurez-vous fait? Masquer, défigurer Philippe II sous une constitution de papier. Cela vaut-il une goutte de sang?

Prenez garde. Il y a aujourd'hui, des peuples que l'on étouffe entre deux portes, sous une Charte faussée et bridée, comme sous un masque de poix: c'est une mort lente, et un supplice qui a l'avantage d'empêcher de crier.

Vous vous plaignez de l'épuisement que laisse après soi une révolution. Haletants, exténués, vous appelez à tout prix le repos. Prenez patience. L'occasion de renaître perdue, vous aurez les siècles des siècles pour dormir dans l'abîme.

A la fin du seizième siècle, un philosophe jeta un grand cri vers vous, du fond de l'Italie; il supplia votre Royauté de sauver les peuples du Midi, en marchant au-devant des révolutions modernes. La royauté a refusé; vous savez ce que vous êtes devenus. Le cri de Campanella, je le répète aujourd'hui, en vous suppliant de vous sauver vous-mêmes.

Je remarque que jusqu'à ce jour, vous avez fait d'abord vos révolutions pour affranchir non le peuple, mais le roi. Vous vous êtes ébranlés pour délivrer Charles IV de Godoy, Ferdinand VII de Napoléon, Isabelle de Don Carlos, Dona Maria de Don Miguel. A voir la modestie de vos Cortès, il semble que vous n'ayez acquis la liberté que pour donner à la parole royale plus de retentissement. Vous avez fait silence autour de Ferdinand VII et d'Isabelle ; garrottés, décimés par le père, vous avez cru que la vérité sociale allait jaillir de la bouche de l'enfant. Je vous ai vus vous précipiter au-devant de ses chevaux, comme s'ils traînaient sur le char le salut, la gloire, l'avenir, la résurrection de l'Espagne. Est-ce une nécessité que vous soyez aveuglément foulés, jusqu'à ce que vous cherchiez en vous-mêmes, dans le fond de votre âme chrétienne, cet éclair moral qui ne jaillit plus d'aucun diadème ?

L'Espagne moderne n'a voulu jusqu'à ce jour devoir son salut qu'à la royauté et au catholicisme. Il faut, sans doute, que ces deux amours aveugles soient si outrageusement trompés, si insolemment violés qu'elle consente enfin à ouvrir les

---

1 Comment s'empêcher de sourire en voyant les juntes révolution-

yeux et à se guérir de ces deux passions. Impitoyable dès qu'elle n'a rien à craindre, doucereuse et repentie dès qu'un danger se montre, on pourrait appliquer à la monarchie de la Péninsule ce mot d'un écrivain portugais à dona Maria : « Il paraît, madame, que vous êtes sourde, « puisqu'il faut vous parler à coups de canon. »

Après avoir affranchi vos rois, que ne songez-vous à affranchir en vous l'âme royale qui est emprisonnée sous mille liens d'airain, depuis des siècles, au fond de votre poitrine ? Vous avez regardé le trône avec idolâtrie comme s'il devait tout révéler. Dans cette attente votre révolution a passé, sans rien apporter de nouveau au monde. Puisque le fétiche est muet, parlez donc enfin vous-mêmes. Délivrez, révélez l'âme espagnole ; le monde, à tort ou à raison, croit encore qu'elle cache un reste de grandeur et de fierté. Montrez que ce fond peut s'allier sur le continent avec la monarchie constitutionnelle ; et, dans le cas contraire, répétez au nom de toute la démocratie moderne votre vieille formule : Si

naires du Portugal s'en remettre déjà au *cœur maternel* de Sa Majesté, qui faisait hier, demander à l'Espagne, de vouloir bien l'aider à les fusiller par derrière, doucement et en famille?

non, non! Sauver le vieil honneur quand tout le monde l'abandonne, ce serait là une mission originale.

Je connais chez vous deux sortes d'hommes; les premiers, qui sentent en eux le souffle vivant du siècle, ont essayé de relever l'Espagne échouée sur son écueil. Mais la foi, l'audace leur ont manqué. Quand arriva le temps de mettre à la voile, ils s'empressèrent de se dépouiller de la responsabilité; au lieu d'oser quelque chose, ils se remirent en tutelle. Pour cela, ils allèrent chercher une petite idole; et voyant qu'elle était encore au berceau, ils se dirent: notre idole est encore trop petite, elle n'a encore ni dents ni griffes; laissons-la grandir. En attendant, ils restèrent oisifs. Après treize ans, ils revinrent vers le même fétiche, et lui dirent : Idole de tous les bons Espagnols, tu as désormais l'âge de raison; nous abdiquons notre volonté entre tes mains. Conduis le vaisseau à travers l'abîme; car tu es toute sagesse, et l'étoile de vérité luit évidemment dans tes regards.

L'idole les reçut à merveille, leur offrit des siéges, des bonbons pour leurs filles et ses mains à baiser; puis, comme ils s'agenouillaient, elle les poussa d'un revers de sa main et les précipita dans la mer.

Alors vinrent d'autres hommes qui dirent : Pourquoi partir? Pourquoi tenter d'autres climats? Nous sommes fort à notre aise sur cet écueil. Laissons chaque chose dans l'immobilité et le *statu-quo*. Seulement chacun feindra de hisser la voile, d'amarrer un câble; mais si quelqu'un déplie seulement un pouce de toile, qu'il soit fusillé sur-le-champ... — C'est trop juste, reprit Sa Majesté la reine-mère. Le bâtiment, sans bouger, imitera le balancement d'un navire en partance; et cela revient parfaitement au même.

Beaucoup d'hommes, le plus grand nombre peut-être, se montrèrent charmés de cet expédient; car il se fit un calme absolu. Et les mêmes hommes disaient : Vraiment, rien n'est plus agréable que de voyager de cette manière. Sa Majesté très-catholique n'a pas le mal de mer, et vous avouerez que c'est là le but du voyage. Puis, ils buvaient, mangeaient, se promenaient et ne s'inquiétaient de rien.

Les jours passèrent; le rivage ne paraissait pas; mais la famine vint avec le désespoir; et la moitié de l'équipage songeait à manger l'autre, lorsque quelques hommes de bonne volonté, et d'un cœur plus audacieux, s'aperçurent du subterfuge. Ils allèrent couper le grand câble qui retenait le navire, et profitant d'un souffle qui s'était subitement levé du côté de la terre de France, ils entrèrent dans la haute mer, et abordèrent, dit-on, aux îles Fortunées. Quant à la petite idole, elle se montra charmée de n'avoir pas été jetée à la mer, comme elle s'attendait à l'être, et promit de ne plus mentir à Dieu et aux hommes, si la chose était possible.

J'ai visité les églises d'Espagne ; je crois avoir senti comme un autre la majesté des souvenirs. On se sent mollir devant ces vieilles cathédrales désertes qui semblent aujourd'hui s'agenouiller elles-mêmes pour prier l'ancien peuple catholique de ne pas les oublier. Prenez dans ces vieilles nefs ce qui peut surnager : il y a de quoi faire un radeau pour gagner le rivage.

Vous avez enlevé l'Inquisition au catholicisme; mais le véritable malheur qui suit une religion éteinte n'est pas tant la violence que l'habitude de l'inertie intellectuelle. On croit posséder une force vivante, et l'on se contente de l'apparence. Tout ce que le catholicisme renfermait de bien et de mal dans le passé, vous l'avez épuisé. Il a creusé pour vous la grande fosse où vous vous agitez; et ceux qui suivront le même chemin arriveront nécessairement au même rendez-vous. Je ne vous dis pas de troubler, de persécuter par représaille l'Église des persécuteurs, mais seulement de ne pas enchaîner aveuglément votre sort au sien. Se faire un parti d'honneur de languir, de déchoir, de périr avec la vieille Église, sans y croire, est-ce possible? Quand la résurrection sociale arrivera pour tous, voulez-vous être seuls en Europe, liés du bout des lèvres, par la contrainte, à la secte des morts? Le catholicisme se vante aujourd'hui d'aimer la liberté, la discussion, la contradiction; eh! que ne le prenez-vous au mot? La liberté de penser n'a jamais existé en Espagne. Qui peut dire ce que l'âme humaine, enfin affranchie, produirait encore chez vous, et par vous, dans l'Amérique du Sud? On sait plus ou moins ce que renferme l'âme de la France, de l'Angleterre, de l'Allemagne. Mais sous le silence séculaire de l'Espagne, Dieu seul connaît ce qui est renfermé dans la pensée de votre peuple. Il est tel que le muet de l'Évangile; où est le miracle qui déliera sa langue?

La cause de vos mouvements désordonnés est aisée à trouver. Vous ne voulez plus suivre l'idéal absolutiste de l'Église catholique, et vous ne voulez pas non plus chercher un autre idéal. Vous ne vous appuyez ni sur votre Église, ni sur l'esprit vivant de votre temps; comment éviteriez-vous de chanceler, pour peu qu'il y ait une goutte de sang sur votre chemin? Vous ne croyez plus, et vous vous interdisez de penser[1], comme si vous aviez l'ancienne foi!

Ne vous abusez pas sur les forces sociales que l'on peut emprunter au catholicisme. Si on l'envisage à ce point de vue purement politique, voici ce que l'on découvre : nulle part il n'offre plus un levier assez puissant pour relever un peuple tombé. Mais sitôt qu'un État a été remué par les idées de notre siècle, le catholicisme vient emprunter une partie de cette vie nouvelle. Après chaque révolution de notre temps, je le vois arriver pour moissonner ce qu'il n'a pas semé. S'il se ranime quelque part, ce n'est pas dans les lieux où il règne seul, sans partage, sans contes-

---

[1] Tel qui réclame un changement absolu dans l'ordre social, commence par proscrire toute discussion libre en matière religieuse.

tation, où il lui faudrait tout puiser en lui-même, comme à Rome, en Autriche, en Espagne, en Portugal. Dans ces pays où il est souverain, il meurt spirituellement. En France, en Belgique[1], en Allemagne, aux États-Unis, partout où il trouve une vie morale, politique, philosophique, il la détourne fort habilement à son profit. En un mot, ce grand foyer ne s'alimente plus, en réalité, que de la substance d'autrui, prenant aux forts la moitié de leurs forces, aux victorieux la moitié de leur victoire, ajoutant aux faibles sa faiblesse. La vie qu'il donnait autrefois à l'univers, aujourd'hui il l'emprunte; il était créateur, il est devenu parasite.

Quand vous regardez du côté de la France, je vous demande une seule chose, qui est de ne pas vous arrêter aux masques parlementaires. Ce fantôme de décrépitude qu'on vous présente, ce n'est pas mon pays.

---

[1] Je voyais l'autre jour à Bruxelles trois cents hommes, librement choisis dans la Belgique, discuter concurremment avec la représentation officielle les intérêts religieux et politiques du pays. Si l'idée d'une association aussi légitime était proposée en France par un écrivain, il serait sur-le-champ jeté dans ce bouge de malfaiteurs et d'assassins où j'ai vu M. de Lamennais enseveli toute une année, par un ministère d'hommes de lettres.

Ne vous liez pas, comme à un idéal permanent, à l'imitation de ces vices autorisés. Ils passeront, ils tomberont demain ou après-demain ; sans les avoir inventés, c'est vous qui en retiendriez l'opprobre. Sous le bruissement éphémère de tant de paroles vénales, discernez, je vous prie, l'âme immortelle d'un peuple.

J'arrive. Voilà les Pyrénées aux flancs verdoyants. J'entends, de l'autre côté de Roncevaux, à travers la vallée, un souffle lointain ; il vibre comme s'il sortait de la poitrine d'un blessé. Les passants me disent : Ce n'est rien ; c'est le bruit d'un torrent qui s'épuise. Et moi, je vous dis : Espagnols, Portugais, Italiens, Polonais, vous tous, qui attendez ou espérez quelque chose, c'est le cor de Roland ; c'est la respiration de la France ; c'est le souffle d'un grand peuple, livré, navré, qui se réveille de sa léthargie pour appeler à soi tout ce qui souffre et pâtit, et veut revivre sur la terre.

ÉPILOGUE

Lecteur, je t'ai ramené, comme je te l'avais promis, au seuil de ta province; tu aperçois déjà le toit de ta maison; aussitôt, sans rien écouter, tu t'élances, tu me quittes, tu te sépares de moi dans le moment même où je tombe entre les mains de mes critiques qui m'attendent au retour. Déjà tu embrasses tes enfants et tes proches; et moi, au contraire, je vois d'avance, avec horreur, se dresser sur la frontière, dans un journal grave, un *article consciencieux*, comme l'ange exterminateur aux portes de l'Éden. Prends, lis toi-même, je ne puis achever ; l'article me tombe des mains :

MES VACANCES EN ESPAGNE.

« Si la critique a toujours été pour nous le premier des sacerdoces, jamais nous n'éprouvâmes plus amèrement qu'à cette heure, combien il est quelquefois pénible d'en être revêtu. Autant notre joie est sincère quand nous saluons un triomphe (chose qui, il est vrai, nous arrive rarement), autant notre mission nous pèse quand nous sommes obligé d'assister à la décadence d'une intelligence. Cette douleur assurément légitime ne nous empêchera pas de remplir aujourd'hui la tâche que nous impose la magistrature morale dont nous a investi l'estime du public et de nos abonnés.

« Nous l'avouons ingénument : nous sommes du petit nombre de ceux qui avaient espéré quelque chose de l'auteur des *Vacances en Espagne*. Une certaine velléité de style (nous nous plaisions à la reconnaître) nous avait fait penser, qu'avec l'âge et l'expérience, cet esprit, en recevant le joug d'une salutaire discipline, pourrait trouver une place dans cette sage littérature, qui doit appeler seule les regards de la critique élevée et d'un gouvernement habilement modérateur. Dieu sait que nos conseils vigilants ne lui ont pas manqué ; par malheur ils ont été méconnus, et aujourd'hui si nous examinons au flambeau de l'art l'ouvrage que nous avons entre les mains, il ne nous reste qu'à constater non pas seulement une décadence, mais une ruine intellectuelle, une destruction, une dissolution sans exemple, que dis-je, une mort anticipée ; et la sympathie personnelle que nous professons pour l'auteur nous empêche seule de nous servir de termes qui, pour être moins mesurés, n'en seraient peut-être que plus exacts.

« On sait que depuis longtemps nous avions conçu le plan d'un grand ouvrage sur l'Espagne ; nous espérions que l'auteur nous dispenserait de le réaliser nous-même. En ouvrant son volume, nous nous attendions à trouver un travail approfondi sur l'économie politique, dans ses rapports avec la statistique, la linguistique et l'esthétique. Nous le disons avec douleur, cette espérance légitime a été absolument trompée ;

cette division vaste, savante, nouvelle, originale, ne s'est pas même présentée à l'esprit de l'auteur d'Ahasvérus. Du moins, puisque ce champ était trop étendu pour sa fantaisie fébrile, un moyen lui restait ; il pouvait encore se couvrir de gloire en recueillant, dans les bibliothèques, plusieurs variantes de l'Araucana, et au moins dix sonnets d'Herrera, que nous eussions pris plaisir à lui indiquer. Nous dirons même que c'était là son devoir le plus strict ; car l'auteur est en même temps professeur ; et on conçoit difficilement qu'un homme qui a reçu charge d'enseigner, se permette de rester une heure sans sa robe doctrinale. Jugé sur le plan que nous venons d'exposer, et qu'il devait nécessairement suivre, son ouvrage, comme on le voit, se renverse et se détruit de lui-même.

« Ce n'est pas tout ; les connaissances que nous avons acquises par vingt-sept ans de travaux sans relâche, nous autorisent à affirmer que l'auteur tombe dans la plus monstrueuse erreur, lorsqu'il écrit page 28 *Reale* au lieu de *Real*, page 24, *pronunciamento* au lieu de *pronunciamiento*, etc., etc. Nous venons de consulter, à l'instant même, notre dictionnaire, et aucun doute philologique ne saurait longtemps subsister à cet égard. Nous profiterons de cette occasion pour poser et affirmer ce nouveau principe de la science, que l'adjectif s'accorde avec le substantif dans le grand rameau des langues indo-germano-latino-ibériques; et la découverte que nous fîmes dernièrement de cette loi est destinée à jeter une lumière inespérée sur la philologie péninsulaire.

« On pouvait s'attendre à trouver non pas la démonstration, mais au moins le pressentiment de quelques-unes de ces larges vues dans l'ouvrage d'un homme qui veut être pris au sérieux. Mais hélas! chaque page est une déception. Au lieu de chercher la gloire solide que nous aurions volontiers partagée avec lui, que fait l'auteur? On ne l'imaginerait jamais, et nous courons grand risque de paraître exagérer. Il écoute les députés des Cortès; il résume le fond de leurs discours, comme si la langue parlée comptait pour quelque chose. Quoi encore? Il s'occupe des poëtes vivants, comme si cela avait la moindre signification pour un homme de lettres sérieux et vraiment digne de ce nom. Le professeur nous raconte très-ingénument qu'il a failli tomber dans une embuscade de brigands. Quel rapport cela a-t-il avec l'Art? En quoi, je vous prie, le lecteur a-t-il besoin de savoir si l'auteur de deux ou trois prétendus poëmes a été oui ou non dévalisé par trois prétendus brigands d'Aranjuez? Nous sommes fâché pour cet écrivain, qu'il nous oblige de descendre à ce ton d'ironie qui n'est pas assurément le nôtre ; mais, en vérité, de pareilles pauvretés ne se réfutent pas autrement.

« Quelque chose de plus grave et de souverainement inconvenant (un autre dirait scandaleux), c'est de voir un homme revêtu d'un caractère sérieux, suivre les danses du peuple, et prétendre trouver dans les yeux des femmes de l'Alhambra l'explication d'une poésie ou d'une littérature quelconque. Quoique nous soyons ennemi de toute pruderie, nous le déclarons ici ; des commentaires, des rapprochements aussi honteux, s'ils n'étaient ridicules, devraient être abandonnés à la basse littérature qu'ils déshonorent et dont un critique qui se respecte ne saurait s'occuper. Le lecteur comprendra, nous n'en doutons pas, la réserve que nous nous imposons à cet endroit.

« Au reste, nous avons, s'il se peut, un reproche plus accablant à adresser à ce triste ouvrage ; plusieurs atteintes y sont portées à la religion de la majorité des Français. Certes, nous sommes philosophe; on le sait; nous l'avons suffisamment prouvé. Si nous aimons quelque chose, c'est la liberté. Nous la voulons avec toutes ses conséquences, sans en renier une seule; et voilà pourquoi rien ne nous empêchera de réclamer obstinément pour M. le procureur du roi la liberté naturelle, pleine, entière, d'envoyer l'auteur en prison; car on avouera que c'est une oppression incroyable, et qui pèse sur les seuls catholiques, que l'usage de cette liberté de droit naturel soit refusée plus longtemps à d'honnêtes gens.

« Nous voudrions croire que l'auteur ne tardera pas à prendre une revanche; à parler franchement, nous n'osons l'espérer. Peut-être (et c'est un conseil par lequel nous terminerons), pourrait-il encore ajouter un volume à sa traduction de Herder. Cet honnête ouvrage d'écolier, auquel il a employé trois ans, et que nous avons jadis encouragé, conviendrait aujourd'hui à sa plume fatiguée; ce serait au fond une tâche assez féconde pour le reste de sa vie. Croire qu'il se rendra à cet avis, le seul capable de le sauver et de lui rouvrir l'avenir, n'est-ce pas trop présumer de la raison défaillante de l'auteur d'Ahasvérus. Voilà ce que nous craignons. Quand on a fait danser dans un dialogue extravagant, ce même Ahasvérus avec cinq ou six montagnes et presque autant de collines, il doit en coûter de redescendre simplement au bon sens. Pour ne pas nous laisser aller davantage à une ironie qui commence à devenir trop poignante, nous nous arrêtons sur ce dernier trait. »

Voilà, lecteur, ce que je gagne à errer avec toi. Pendant que je reste anéanti sous ce dernier coup, sois heureux. Si tu rencontres mes juges, ne me renie pas dès la première parole; instruis tes amis et tes proches de ce que nous avons vu ensemble. Je te connais depuis longtemps. Faible et changeant, le moindre souffle te fait varier. Tu t'appelais autrefois Philosophie et Vérité; aujourd'hui, comment veux-tu que je t'appelle? c'est à toi de le dire, en te nommant par tes œuvres. Adieu.

APPENDICE.

DES LITTÉRATURES ET DES INSTITUTIONS COMPARÉES
DE L'ESPAGNE ET DE L'ITALIE.

Pour opposer à l'impression des lieux celle des livres, nous joignons ici en forme d'appendice deux discours qui se rattachent étroitement à quelques aperçus de ce Voyage. Ces discours ont été prononcés par l'auteur au Collége de France, l'un en 1842, l'autre en 1843.

APPENDICE.

I

Littératures et Religion.

En considérant le passé, on voit qu'il se partage en trois sociétés principales : le monde oriental, le monde grec et romain, le monde chrétien ; ces divisions sont fondées non pas seulement sur les différences des climats, des formes politiques, mais sur quelque chose de plus vivant, sur les croyances, les dogmes, une certaine conception de Dieu de laquelle est dérivée chacune de ces trois civilisations en particulier.

Pourquoi en Orient, malgré la différence de l'Inde, de la Perse, de l'Égypte, ces sociétés ne forment-elles qu'une sorte de catholicisme païen dans lequel chaque peuple est une secte ? C'est que pour chacune d'elles le dogme est plus ou moins semblable, que le dieu se confond avec la nature, qu'il est tout, absorbe tout, et, par une suite nécessaire, envahit tout ; il en résulte que la poésie se confond avec la liturgie. Les poèmes font partie du culte ; les épopées sont des révélations. Dans cette société il n'y a pas de littérature, à proprement parler ; il y a une religion.

Au contraire, dans le monde grec et romain, l'homme venant à s'adorer lui-même, les rapports de la poésie et de la religion ont nécessairement changé. Le poète prend la place du prêtre ; c'est lui qui fait les rites, qui compose les dogmes. Homère distribue les dieux comme il lui plaît. Toute fantaisie est sacrée, pourvu qu'elle soit belle. L'homme, se sentant de la même substance que son Dieu, n'a qu'à puiser sa révélation en lui-même ; il fouille dans son propre cœur, il divinise chacune de ses pensées. C'est une émulation entre les écrivains, de savoir lequel fera entrer dans l'Olympe le plus de dynasties nouvelles ; en sorte que l'on peut conclure, par opposition à [ce que je disais tout à l'heure, que dans cette société il y a moins une religion qu'une poésie, un art, une littérature, puisque la religion est perpétuellement réformée, modifiée, altérée au gré de chaque artiste.

Il en est tout autrement dans la société chrétienne. Là l'homme et le Dieu sont profondément distincts ; ils sont séparés de toute la distance du ciel et de la terre ; et cette distinction, qui apparaît pour la première fois dans le monde, devient le principe de la révélation. Qu'est-il arrivé de là ? que la pensée de Dieu et la pensée de l'homme ont été profondément distinguées, dans les institutions même, par la différence du pouvoir spirituel et du pouvoir temporel ; que la religion et la poésie, jusque-là confondues, se sont séparées ; que la voix de l'Église et la voix du monde se sont partagées ; que la poésie de l'autel et la poésie séculière n'ont eu presque plus rien de commun entre elles. Et quel signe plus éclatant de ce divorce que la différence même des langues? L'Église et le poète ne parlent plus le même idiôme. L'une conserve l'usage de la langue latine, l'autre se sert de langues nouvelles, modernes, vulgaires, inconnues jusque-là. Ils ne s'entendent plus, ils ne se comprennent plus mutuellement. Depuis ce jour le poète a cessé d'exercer une influence efficace sur les religions positives. Dante n'a pas introduit une seule forme nouvelle dans le catholicisme; malgré l'effort de toute sa vie, il n'a pu seulement faire canoniser sa muse Béatrix.

Voilà donc une chute évidente pour le poète. Qui en doute? Ce c'est plus lui qui crée les dieux; il a perdu le don de l'apothéose; mais ce qu'il a perdu en autorité, il l'a regagné par la liberté. Sa pensée n'a plus la valeur d'une institution, elle n'a qu'une force individuelle. Ce n'est pas une muse, c'est une fantaisie. Mais aussi, comme ce n'est plus lui qui fait les dogmes, il n'en a pas la responsabilité; il peut tout se permettre; et en effet, je le vois pénétrer dans les abîmes où il lui était interdit d'entrer lorsqu'il était l'organe en quelque sorte officiel et légal d'une religion nationale. Comparez à cet égard la circonspection de Pindare, de Sophocle, aux libertés de Dante, ou plutôt de Shakspeare, de Goethe : vous verrez d'une part un homme retenu par tous les liens de l'organisation sociale dont il est l'expression, de l'autre un homme livré à lui seul, et profitant de cet isolement pour parcourir et créer à son gré le monde des esprits. Cette différence entre le génie des littératures antiques et des littératures modernes, fondée non pas seulement sur une règle arbitraire, mais sur l'essence même des religions, me semble, je l'avoue, la seule féconde.

Si je cherche d'abord de quels éléments s'est formé le génie méridional, je trouve que ce génie a jailli du choc de trois principes fondamentaux, comme de trois divinités rivales, le christianisme, le paganisme et l'islamisme ; car il ne faut pas se persuader que le polythéisme a disparu le jour où la croix a été arborée. Dans les contrées du Midi, la nature est encore plus païenne que l'homme. Le christianisme, en sortant des nudités de Jérusalem et du désert, a bien pu dépouiller l'homme de ses croyances, de ses espérances passées ; il n'a pas si facilement dépouillé la terre de ses séductions. Le germe de l'idolâtrie est resté, quand le temple était déjà abattu ; aussi, quelle a été la première tendance de la poésie chrétienne dans ces contrées, sinon de refaire une sorte de paganisme chrétien ? Dans les origines du monde moderne, ce ne sont pas, il est vrai, comme dans les origines orientales, des hymnes à la lumière visible, à l'aurore, à l'aube divinisée ; ce ne sont pas, comme dans le berceau du monde grec, des hymnes à Mercure, à Cybèle, mère de toutes choses ; ce sont des cantiques d'adoration à la créature, à des idoles vivantes, à des femmes que les poètes divinisent. Chacun cherche sur la terre une madone mortelle ; qu'elle s'appelle Laure ou Béatrix, ce n'est pas la faute du poète s'il ne peut relever pour elle un Olympe aux pieds duquel les peuples s'agenouillent. Chacun se refait avec un idéal particulier, une idolâtrie particulière. Et vous sentez continuellement, dans ces contrées, dans ces races païennes, le paganisme d'Homère et de Virgile renaître au fond du cœur de Dante et de Pétrarque.

D'autre part, la lutte du christianisme et de l'islamisme, de ces deux religions presque du même âge, qui toutes deux se disputent l'avenir, érige la guerre en dogme. L'Europe fait la veillée des armes en face de l'Asie. La guerre, cette première institution de la barbarie, devient une chose sainte, on plutôt la barbarie devient chevalerie. Le christianisme bénit les armes pour la lutte qui remplira le moyen-âge. Religion des batailles, religion de l'amour, renaissance prématurée d'un paganisme transformé, ce sont là les éléments principaux que je peux découvrir dans les origines du génie moderne en général, et du génie méridional en particulier.

Chaque littérature s'attache à une de ces sources d'inspirations, d'où dérivent sa physionomie et son caractère propre. La France ouvre la première l'histoire du génie moderne. C'est elle qui crée les rhythmes, les formes, qui délie la langue de l'Europe. Placée entre l'Espagne et l'Italie, elle rassemble ce double génie dans la poésie Provençale. Ce chant matinal de la Provence a d'abord son écho en Italie: et, comme dans toute littérature il est un accent fondamental, un genre de poème qui donne le ton à tout le reste, tels que le psaume chez les Hébreux, l'ode, l'hymne chez les Grecs, de même l'originalité italienne semble sortir tout entière de la *canzone*, du chant des troubadours, du sonnet, de ces cantiques d'adoration pour une créature choisie comme médiatrice entre l'homme et Dieu. Tout le poème de Dante gravite vers Béatrix; et dans le génie mélodieux de l'Italie, depuis les premiers commencements jusqu'à nos jours, vous pouvez suivre une série non interrompue de ces cantiques terrestres qui forment une série de chœur continu duquel se détachent çà et là quelques voix immortelles. Si la poésie des Hébreux est celle de Jehova, si la voix de l'Église est celle du Christ, la poésie italienne, au moins dans ses origines populaires, est la poésie de la madone ; madone il est vrai tour à tour sévère, solennelle, souriante comme celles des basiliques de Michel-Ange et de Raphaël. Et je remarque cette différence entre le développement de la poésie et de la peinture en Italie, que, tandis que la première cherche incessamment ses sujets, ses conceptions, ses idées, dans la religion, la seconde, depuis Dante, à déserté l'église. Quand je vois les peintres, les sculpteurs, s'attacher ainsi exclusivement à reproduire dans ses moindres détails la vie du christianisme, je me demande pourquoi les poètes ont si tôt quitté cette voie, pourquoi ce n'est pas à l'ombre de la papauté plutôt qu'ailleurs qu'ont été composés un *Paradis perdu*, une *Messiade* italienne, au lieu d'un *Décaméron* ou d'un *Roland furieux*. Est-ce donc que Dante avait épuisé la poésie du dogme chrétien? Non, apparemment. La vérité est que le peintre, absorbé par la foi, était encore agenouillé devant le modèle sacré qu'il représentait, lorsque déjà le poète s'était relevé et cherchait ailleurs la vie et l'inspiration. Il redoutait les sujets sacrés dans lesquels sa fantaisie aurait été gênée par l'orthodoxie. Rassemblez par la pensée tous les poèmes de l'Italie, et demandez-vous sincèrement si vous retrouvez là le sceau profond, l'empreinte d'un établissement aussi extraordinaire que la papauté ; si toutes ces œuvres ont dû nécessairement être composées là, à l'ombre du Vatican, dictées par un successeur de Grégoire VII. Évidemment vous ne retrouverez rien de cette impression dans un Boccace, un Arioste, un Pétrarque, même dans le génie romanesque du Tasse. Comment des imaginations aussi indépendantes, aussi libres, aussi fantasques, ont-elles pu naître, grandir, là où la pensée humaine ne marchait qu'en tremblant ? Et ne voyez-vous pas aussi que c'est précisément là ce qui fait la grandeur, l'originalité, de cette poésie ? Il est un pays sur la terre où l'esprit humain a fait plus que nulle part ailleurs acte de dépendance, de soumission absolue, où ce principe de dépendance est marqué, gravé, sur toutes les murailles : et c'est dans le même lieu que l'imagination se bâtit pour elle seule un monde, un empire privé, dans lequel elle peut tout, où elle ne rencontre jamais la barrière du monde réel, où le poète crée, détruit, nie ses propres miracles, au milieu de tous les genres de libertés refusés au raisonnement. Dans quel temps cela se passe-t-il ? Dans le quatorzième, dans le quinzième siècle, c'est-à-dire quand la philosophie se cherche encore dans les chaînes aujourd'hui si vantées de la scolastique. On voit assez, sans que j'en dise davantage, que dans la nuit du moyen-âge la poésie italienne est véritablement l'étoile du matin, la première avant-courrière des innovations du génie moderne.

Mais où trouver, dans l'art, en Italie, l'expression fidèle, exclusive de la papauté ? Je viens de répondre à cette question. Cette expression fidèle, exclusive, rayonne dans la peinture, dans la sculpture, dans ces arts muets qui sont là non pas seulement le commentaire, mais le complément nécessaire de la poésie. Cette épopée véritablement catholique, orthodoxe, à laquelle vous ne ramènerez jamais, quoi que vous fassiez, le génie trop indépendant, trop séculier de Dante, cette épopée soumise, mêlée d'encens, je la trouve écrite non pas sur le papier, mais sur les fresques, sur les murailles des églises de Florence, de Venise, d'Assise, de Rome et du Vatican. C'est là que depuis la crèche de Bethléem et la prison de Saint-Pierre jusqu'aux splendeurs de Léon X, chaque moment, chaque époque, chaque type du christianisme et du sacerdoce sont représentés dans un monument particulier, comme dans un épisode ; et ce grand poème se déroule depuis les Alpes jusqu'à la mer de Sicile. Au-dessus de ces œuvres s'élève le Christ de Michel-Ange en qui revit l'âme de Grégoire VII ; il jette l'anathème. Mais les vierges de Raphaël, images de l'Église, suppliantes, intercèdent ; elles apaisent la colère divine, elles ramènent le sourire dans le ciel chrétien ; c'est ainsi que s'achève le poème muet de la peinture italienne.

Si de l'Italie je passe à l'Espagne, et si je veux découvrir quel a été l'accent fondamental, le ton dominant du génie national, je trouve le chant populaire, la complainte héroïque, la romance féodale, poème d'un peuple gentilhomme. Dans la lutte de l'islamisme et du christianisme, chaque homme est devenu chevalier du Christ ; le serf s'est anobli sous la croix. Comme il a reçu une valeur dans l'Etat, et qu'il en a la conscience, il a aussi une poésie qui lui appartient et qu'il se chante à lui-même. Dans les rumeurs des villes, des campagnes, se forment ces ébauches incultes, germes de poésie qui seront plus tard le fond de la littérature espagnole. Plus un peuple, dans ses origines, crée de ces germes d'art, plus aussi sa littérature est véritablement, naturellement riche ; car c'est par l'épuisement des sujets que se marque l'épuisement du génie national. C'est aussi par cette cause que s'explique la fécondité d'un Lope de Vega, d'un Calderón. Ils n'avaient pas besoin de chercher au loin leurs sujets ; ils recueillaient de la bouche du peuple ces légendes harmonieuses auxquelles ils donnaient droit de bourgeoisie dans l'art. La littérature espagnole est un anoblissement perpétuel des inventions de la foule par l'autorité d'un poète cultivé. À quelque époque que ce soit, toujours vous entendez l'écho de ces chants populaires qui rappellent à l'Espagne son génie natif, et marquent aux imaginations savantes la voie frayée par la nature.

Ce n'est pas qu'il n'y ait eu en Espagne, comme dans le reste de l'Europe, une autre source d'inspirations. L'imitation de l'antiquité y pénètre de bonne heure ; l'imitation de l'Italie y est encore plus précoce ; l'écho de Dante retentit en Castille dès le xve siècle. On imite Pindare, Horace ; mais ce qui me frappe comme le trait distinctif de ce génie, c'est la coexistence et la lutte de ces deux littératures, l'une tout indigène, l'autre classique et étrangère. Qui l'emportera de l'une ou de l'autre, de la romance du Cid ou de l'ode de Pindare ? C'est là ce qu'on se demande en lisant les premiers monuments de cette lutte. Enfin, on arrive au xve siècle : rien n'est encore décidé. L'Espagne aura-t-elle une littérature ? Les poètes de qui dépend l'honneur du pays sont nés : que vont-ils faire ? Il faut voir dans quelles circonstances ils se rencontrent. D'un côté, des traditions informes, mais indigènes, des chants pauvres, monotones, comme en invente le peuple, mais des chants qui rappellent des lieux, des choses, des noms aimés, en un mot le rocher brut, mais le rocher de la patrie ; de l'autre, des littératures universellement admirées et triomphantes, la grecque et la romaine dans tout l'essor de la renaissance ; c'est-à-dire d'un côté les acclamations du monde, de l'autre l'obscur écho de la Vieille-Castille ; c'est entre ces choses qu'il faut choisir. Que pensez-vous que feront les poètes espagnols ? Ils n'hésitent pas, ils se décident sciemment ; avec un héroïsme tout castillan, ils ferment les yeux à ces pompes, à ces séductions de la renaissance ; ils rejettent tout l'or de l'antiquité, ils aiment mieux, avec la pauvreté indigène, cette poésie de la glèbe, toute rustique, tout abandonnée qu'elle puisse être. Pendant que le reste de l'Europe bat des mains à la résurrection du génie antique, Cervantès, Lope de Vega, Calderon, rentrent pour ainsi dire seuls dans le moyen-âge pour y chercher, y ressaisir les vestiges du vieux génie espagnol. Ils en ramènent un art nouveau qui ne doit rien à la Grèce, à Rome, à l'Italie, qui doit tout à lui-même. Soit que vous admiriez ou blâmiez tant d'orgueil, vous ne pouvez vous empêcher de voir que la poésie, comme l'histoire de l'Espagne, naît ainsi d'un éclair d'héroïsme.

Comment d'ailleurs l'Espagne se serait-elle soumise au génie de l'antiquité ? Tout l'emportait hors de l'enceinte de la vieille Europe ; d'abord la lutte, puis la familiarité avec les Arabes, puis la découverte de l'Amérique, l'entraînaient loin du foyer des autres peuples. Il semble même que ce miracle de l'histoire, la découverte de l'Amérique eût dû changer plus violemment la constitution et le génie de ce peuple, lui donner des formes plus extraordinaires encore, du moins plus inconnues de l'ancien monde. Quand vous entendez sur le vaisseau de Christophe Colomb retentir ce grand cri de *terre!* vous croyez que l'écho va retentir bien profondément dans les cœurs. Vous cherchez dans les esprits espagnols le reflet de cette nature nouvellement révélée ; vous attendez, vous appelez intérieurement le poète, l'écrivain qui saura donner une voix, une parole à ce continent muet jusque-là. Mais ce poète n'arrive pas ; l'Espagne, ne conquérant les Indes qu'à demi, ne leur prend que leur or, elle ne fait pas circuler dans sa poésie le souffle, l'inspiration, l'âme de ces océans, de ces forêts, de ces continents inviolés. Son passé l'obsède trop pour qu'elle puisse sentir profondément quelle merveille s'accomplit sous ses yeux. Les souvenirs de la féodalité l'accompagnent au milieu des forêts vierges. Les romances du Cid, les romances à demi africaines des infants de Lara, l'occupent encore en face de ce monde naissant, qu'elle regarde des yeux du corps bien plus que des yeux de l'esprit.

Sans développer plus au long le principe de formation des littératures méridionales, il est un trait qui leur est commun à toutes, depuis la Grèce moderne jusqu'au Portugal. Aucune d'elles n'a produit une philosophie profondément originale ; l'instinct est tout chez elles, la réflexion n'y domine jamais. La patrie d'Arioste et de Cervantès s'est fait un scepticisme qui s'applique à la poésie, sans remonter jusqu'à la religion. La poésie discute la poésie ; c'est tout le sujet de Don Quichotte. Un idéal succède à un autre idéal, mais sans jamais porter atteinte au monde réel. Au milieu de toutes les libertés de l'art, j'aperçois toujours un fruit défendu, une chose que personne ne met jamais sérieusement en délibération avec soi-même; et cette question interdite, c'est le mystère de la société, de la croyance, ou pour mieux dire, de la vie. En sorte que ces littératures, si indépendantes dans leur objet, sont, d'autre part, aveuglément catholiques dans leur esprit.

En France, au contraire, la religion et la poésie, la croyance et la science, se sont bientôt nettement divisées et niées. Seulement, après un siècle religieux, le xviie, est venu un siècle philosophique, le xviiie ; après Racine, Voltaire ; et l'on n'a pas vu, excepté dans Pascal, ces deux puissances, la croyance et le doute, se disputer la même époque, le même homme. C'est dans la réforme, au cœur même des races germaniques, qu'a éclaté cette guerre intestine de l'âme avec elle-même. Aussi, le trait distinctif de la poésie du Nord est précisément de représenter cette lutte héroïque, ce combat intérieur de Luther, cette longue insomnie de l'esprit qui ne peut ni se rendormir dans la tradition, ni se suffire à lui-même ; angoisse religieuse véritablement prophétique jusque dans le blasphème. Le Nord et le Midi sont là aux prises dans un même génie. L'âme humaine, partagée, divisée par le glaive de la réforme, faisait entendre, il y a peu de temps encore, ses cris dans la poésie de l'Angleterre et de l'Allemagne.

Tels ont été les rapports successifs de la religion et de la poésie. Comment renaîtra l'accord perdu ? C'est à cela que chacun travaille à son insu. Je sais qu'en ce moment le Nord, triomphant, imagine avoir résolu la question parce qu'il a aboli un terme ; il croit avoir vaincu pour jamais le Midi, être débarrassé de ces sociétés parce qu'il se persuade qu'elles n'ont plus rien à accomplir, sans paraître se souvenir que l'homme qui menait hier le monde est sorti d'Ajaccio. Est-il donc vrai, comme on me le répète chaque jour à l'oreille, que je n'ai affaire qu'à des peuples éteints ? Est-il bien sûr que l'Espagne et l'Italie sont mortes, et que nous ne pouvons reculer d'un pas sans trouver derrière nous deux sépulcres ouverts ? Comme si les races humaines disparaissaient si facilement de la terre ! Parce que ces peuples, après tant de prodiges accomplis pendant que les autres sommeillaient, reprennent aujourd'hui haleine à leur tour, il ne faut pas tant se presser de dire : *tout est fini, tout est perdu, ils ne se relèveront pas.* Au contraire, je dirai : s'ils sont las, ils se reposeront ; s'ils sont assis, ils se relèveront ; s'ils sont morts, ils ressusciteront ; car ils sont nécessaires à l'économie de la société moderne, où leur place est marquée par les débris même du catholicisme.

Au lieu de tant se presser de les ensevelir vivants, la mission de l'esprit français est de servir de médiateur entre l'Europe du midi et l'Europe du nord, pour concilier l'une et l'autre, en comprenant l'une et l'autre. L'histoire, la vie, la poésie du monde moderne ne tendent point à la suppression de l'un des éléments du génie européen, mais à la réconciliation. Dans cette œuvre, la France n'a-t-elle pas tout reçu de la Providence pour clore le débat, rapprocher les membres de la famille divisée, réparer la tunique partagée du Christ ? N'est-elle pas du Nord et du Midi, de la langue d'oil et de la langue d'oc ? Si l'on parle de tradition, qui en a une plus longue que la sienne ? Si l'on parle d'innovation, qui s'y est plongé plus avant ? Par ses frontières ne touche-t-elle pas à la patrie, à la pensée du Dante, de Calderon, de Shakspeare, de Goethe ? Ne peut-elle pas, mieux que personne, comprendre l'idéal des peuples qui l'entourent et s'élever ainsi à la pensée suprême qui doit les unir et les pacifier tous ?

Cette situation est telle, qu'elle n'a d'autre danger que son excellence même. Oui, au sein de ce cosmopolitisme facile, nécessaire, auquel tout nous invite, je ne crains qu'une chose; c'est que l'humanité ne fasse oublier leur pays à quelques-uns d'entre nous, et que, pour quelques vertus nécessaires, mais aisées, nous ne perdions les plus difficiles.

Plus l'esprit, en s'élevant, admet aujourd'hui de formes, de choses, de systèmes, d'éléments étrangers, plus aussi je voudrais que le cœur, du moins, restât fidèle à notre pays, objet de tant d'espérances, assiégé en secret par tant d'inimitiés. Au milieu du spectacle de tant de climats qui s'appellent, qui se mêlent, au milieu de tant de monuments du génie étranger, qui nous enlèvent pour ainsi dire à nous-mêmes, à nos propres foyers, n'oubliez pas ce nom de France, cette terre, souvent voilée, souvent contristée, toujours sacrée; et surtout gardez-vous bien de penser que ce soit un signe de peu de philosophie, de vous attacher au drapeau sous lequel le ciel vous a fait naître. L'histoire des peuples est l'histoire de leur émulation vers Dieu, ce n'est pas celle de leur renoncement volontaire. Qui le sait mieux que la philosophie du Nord? En ce moment même, par la bouche de Schelling, elle ne cesse de confirmer, de fortifier, de relever les nationalités et les espérances croissantes du Nord.

Plus j'y réfléchis, plus je suis convaincu qu'il n'est rien de vivant, rien de grand, dans les choses et les œuvres humaines, où vous ne retrouviez ce double caractère : le général et le particulier, la tête et le cœur, l'humanité et la patrie. L'immense odyssée gravite autour de la petite Ithaque. Quoi de plus colossal que le poème de Dante? Il traverse le ciel et l'enfer; et pourtant quoi de plus florentin? Où trouverez-vous un horizon plus vaste que dans les *Lusiades* de Camoëns ? vous flottez sur des mers inconnues, et cependant quoi de plus portugais ? Vous retrouvez la Lisbonne chérie aux extrémités de la terre.

C'est là l'image de ce que nous avons à faire : d'une part, embrasser l'humanité sans pourtant nous perdre dans une vide abstraction ; de l'autre, nous rattacher de plus en plus à ce pays de France, pour y puiser, y renouveler sans cesse en nous le sentiment de la vie réelle, c'est-à-dire accroître, augmenter l'une par l'autre ces deux patries, la grande et la petite.

Pour cela, il ne suffit pas de nous renfermer dans la contemplation de notre glorieux passé, de regarder avec envie ou avec un regret stérile les modèles du siècle de Louis XIV. Non, il faut les regarder avec émulation et croire fermement deux choses : l'une, que cette langue que vous parlez n'a pas produit toutes ses œuvres (sans quoi elle serait morte) ; l'autre, que cette terre que vous foulez n'a pas produit tous ses miracles. En d'autres termes, il faut, dans les arts, dans les lettres, en toutes choses, travailler à penser, comme si tout était à faire et que rien ne nous fût acquis ni assuré dans l'héritage de nos pères ; car plus s'accroîtra en vérité, en justice, en beauté l'idéal de la France, plus aussi s'accroîtront sa fortune et ses destinées dans le monde réel.

Les peuples étrangers la regardent aujourd'hui avec étonnement, de la même manière qu'elle-même regardait le Nord il y a trois siècles, au milieu des fluctuations, des incertitudes, des orages de la réforme. Ils ne savent quel ferment, quelle fièvre la tourmente ; ils passent tour à tour de l'admiration à la haine, de l'amour à la terreur, sans pouvoir se détacher de ce spectacle. Ils ne savent où elle va, si c'est au triomphe ou à l'abîme ; et, dans ces alternatives, il est plus d'un génie rival qui espère qu'au milieu de ces secousses, elle laissera tomber de son front la couronne de l'intelligence. Dans leurs âpres imaginations, je les ai souvent entendus dire que la France, liée à sa révolution, ressemble à Mazeppa emporté loin de toutes les routes frayées par le cheval que sa main ne peut régir. Plus d'un vautour le suit et convoite d'avance sa dépouille.... Cela est vrai peut-être ; seulement il fallait ajouter qu'au moment où tout semble perdu, c'est alors qu'il se relève au bruit des acclamations de ceux qui l'ont fait roi.

II

Renaissance et Nationalité.

Le double caractère de la renaissance en Italie et dans le midi de l'Europe est marqué par l'opposition de ces deux noms, l'Arioste et le Tasse, qui représentent non pas seulement deux formes de poésie, mais véritablement deux révolutions dans l'imagination humaine au sortir du moyen âge. On a vu auparavant, le quinzième siècle tout entier aspirer à une réforme religieuse, l'Église ellemême y prêter les mains, les conciles de Pise, de Constance, de Bâle, s'annoncer comme autant d'assemblées constituantes, prêtes à changer les formes visibles du contrat qui lie l'homme moderne au Dieu de l'Évangile. Les plus fermes esprits se laissent aller à cette pente ; on se sent entraîné, sans savoir vers quel rivage. Dans cette ardeur d'innover, la papauté, surprise, disparaît par intervalles ; il y a un moment où l'on croirait que la théocratie romaine, décapitée, va se changer en une république d'évêques. Dans cet affaiblissement de l'autorité de l'Église, l'imagination, la fantaisie, le caprice règnent sans contrôle. Il se passe quelque chose de semblable à ce que l'on a vu peu de temps avant la révolution française. Une foule d'esprits charmants, imprévoyants, le sourire sur les lèvres, courent au-devant du précipice. Cette époque est celle du règne d'Arioste. Voyez de quelle génération d'hommes il est entouré, tous également sereins comme lui; c'est le cardinal Bembo, c'est Castiglione, l'auteur du *Courtisan*; c'est Folengo, le Rabelais de Mantoue; c'est Berni, Sannazar, *le divin* Arétin. Chacun de ces hommes joue avec le scepticisme, sans penser que l'amusement va devenir sérieux. La papauté est déjà menacée, provoquée, abattue dans le Nord : eux seuls n'en savent rien. Pour mieux cacher le danger, ils entourent l'Église de leurs cercles joyeux. A peine s'ils ont entendu par hasard prononcer ce nom de Martin Luther; dans tous les cas, il ne représente rien pour eux qu'une de ces tentatives éphémères, une de ces révoltes de barbares que le génie du Midi va promptement étouffer. Le pape Léon, dans son heureuse sécurité, ne permet pas que la fête de l'art soit troublée par aucune appréhension; plus le péril est proche, plus la sécurité augmente. En présence de cette réforme puritaine, l'Église, pour sa défense, se contente d'abord de s'envelopper des magnificences réunies de la poésie et de la peinture. Dans les premiers temps il lui avait suffi pour repousser Attila de marcher précédée de la croix du Colysée ; c'est par les chefs-d'œuvre de l'art qu'elle prétend désormais convaincre et enchaîner le Barbare. Époque d'imprévoyance, où l'autorité, puisant sa force en sa seule beauté, se reposait sur Arioste. Il réunit dans son génie les rayons heureux qui brillent au front de toute la génération dont il est entouré ; en lui se confondent l'esprit chevaleresque de Bojardo, la verve monacale de Folengo, la politesse railleuse de Castiglione, le rire effronté d'Arétin, le sarcasme plébéien de Pulci, l'ironie patricienne de Laurent de Médicis, du cardinal de Bembo ; c'est-à-dire tous les genres de scepticisme que se permettait une société, qui, au fond, pleine de confiance en sa durée, s'amusait de son propre ébranlement et riait de son danger.

Entre l'époque d'Arioste et celle du Tasse, que s'est-il passé ? Pourquoi la physionomie générale a-t-elle si brusquement changé ? pourquoi le sourire de la génération précédente a-t-il disparu ? A la place de cette radieuse figure de Léon X, pourquoi cette suite de papes sévères, austères, affairés, Adrien VI, les deux Paul, Sixte V, Clément VIII ? Pourquoi ces chefs de l'Église, qui préféraient Cicéron à l'Évangile, ont-ils eu pour successeurs des âmes enthousiastes qui semblent avoir reçu un nouveau baptême aux sources mêmes du christianisme : un Charles Borromée en Italie, une sainte Thérèse, un Ignace de Loyola en Espagne ? Quel contraste avec l'âge précédent et la papauté des Borgia ! Un mot explique ce changement. Dans l'intervalle des deux générations, la réformation a éclaté, non plus un bruit sourd, une remontrance timide, mais une scission éclatante, triomphante. Le Nord a rompu avec le Midi ; l'Église s'est partagée ; il faut qu'elle ramasse ses forces pour se défendre. De ce moment commence la réaction du catholicisme menacé de succomber par surprise ; l'art prend une nouvelle route. Au catholicisme demi-païen qui s'étalait sur les toiles de l'école de Venise, le Dominiquin, le Guide, opposent les tableaux ascétiques du *saint Jérôme* et de *la Madeleine pénitente*. La musique change en même temps de caractère : c'est le moment où le jeune Palestrina, dans la messe de Marcel, rend au culte les accents de l'Église primitive et les cris de douleur du Calvaire. Quant au poëte qui représente cette époque de réaction religieuse dans le Midi, je n'ai pas besoin de nommer le Tasse. Il puise son sujet au cœur même de l'Église ; ce que M. de Chateaubriand a fait en France après la révolution, le Tasse l'a fait en Italie après la réforme. Reniant les inventions demi-profanes de l'âge précédent, il veut ramener les beautés éclipsées du christianisme ; et je ne puis m'empêcher de remarquer qu'une grande partie de la vie de ce poète coïncide avec l'époque du concile de Trente, que les premières impressions, ou pour mieux dire l'éducation de sa pensée, ont été mêlées au spectacle de cette assemblée solennelle, qui pendant dix-huit ans s'est efforcée de rendre à l'Église et à la papauté le prestige et l'autorité des premiers siècles.

La *Jérusalem délivrée* répond ainsi au mouvement imprimé dans l'Europe méridionale par le concile de Trente ; œuvre de réaction, d'expiation après le paganisme des premiers temps de la renaissance. Le Tasse, tourmenté par le scrupule, recompose son poëme pour le marquer davantage du sceau de l'Église. Terrible lutte d'un homme avec son œuvre ! Partagé entre l'Olympe et le Calvaire, entre Homère et l'Évangile, entre le paganisme et le christianisme, son esprit vacille, et par moments il s'égare dans ce combat ; le poète est la victime des fantômes demi-païens que son génie a évoqués. Dans sa longue prison, entouré de ces spectres glorieux qu'il ne peut ni avouer ni détruire, savez-vous quel est le trait principal de sa folie? Le Tasse se croit damné ; il veut chaque jour se confesser. A travers les barreaux de sa fenêtre, on l'entend appeler à grands cris la Madone, pour qu'elle l'aide à effacer la trace de ses propres inventions. Au lieu de la Madone, ses yeux hagards n'aperçoivent que les fantômes adorés de Clorinde et d'Herminie.

Les rapports de la poésie et du christianisme, en Italie, peuvent se marquer par un mot. Au commencement, Dante s'inspire du dogme même. Pétrarque change le dogme, en adressant à la créature le culte imaginé pour le Créateur; Laure prend la place de la Madone. Arioste s'éloigne davantage de l'origine sacrée de la poésie ; chez lui, je ne vois plus rien du génie de l'Évangile. Par un retour subit, le Tasse revient au point de départ, et le cercle de la poésie italienne est fermé pour longtemps ; après avoir épuisé tous les chemins qui l'éloignaient de l'Église, voilà l'homme rentré brusquement et comme par surprise dans le Dieu de Jérusalem.

Par une loi générale, qui n'a pas manqué à l'Italie, quand la poésie décline, l'âge de la philosophie commence. Les prisons de Galilée, de Campanella, les bûchers de Giordano Bruno, de Vanini, signalent les vengeances et les appréhensions de la papauté restaurée; toute l'énergie de l'Italie se retire dans ces âmes exaltées. Le danger les inspire. La philosophie a désormais ses martyrs comme la religion. Rien n'est émouvant comme le spectacle de ce petit nombre d'hommes audacieux qui portent le défi à l'immutabilité de la papauté jusqu'au pied de son trône. Lors même que tout n'est pas nouveau dans ces doctrines, vous ne pouvez lire impassiblement ces théorèmes de Parménide et de l'école d'Elée écrits sur la marche des échafauds. D'ailleurs, pour soutenir le combat, ces hommes ne s'adressent pas seulement à l'enceinte des écoles, mais à l'opinion proprement dite, telle que nous l'entendons aujourd'hui. Prose et vers, pamphlets métaphysiques, dialogues populaires, comédies panthéistes, toutes les formes, toutes les armes, sont employées. Une ardeur fiévreuse se mêle, dans Giordano Bruno, à la profondeur des vues; l'ancienne liberté démocratique de l'Italie a passé dans ses théorèmes de philosophie. L'artiste vient au secours du torturé. Ne cherchez pas ici l'impassibilité de la philosophie allemande, dont il a entrevu d'avance quelques formules. L'emportement du génie politique du moyen âge se trouve mêlé à la métaphysique des premières écoles grecques; au fond de ces discussions héroïques, vous sentez bien que l'Italie elle-même est en jeu, que c'est là son dernier effort pour conserver la liberté de l'intelligence, quand la liberté politique est perdue, et qu'enfin avec les cendres de ses penseurs vont être jetées au vent ses dernières espérances.

Au moment où l'Italie succombe comme nation politique, elle impose ses arts et ses formes littéraires aux peuples étrangers. Ses écrivains règnent sans discussion, quand elle-même a cessé d'être. L'Espagne, qui pèse si lourdement sur elle, est la plus empressée à l'imiter. Les écrivains que l'on considère comme des réformateurs en Espagne sont des disciples dociles de l'Italie. Boscan, Garcilasso, Mendoza, ces étranges conquérants, emportent dans leur pays, comme un butin légitime, les mètres, les rhythmes, tous les artifices poétiques de la Toscane ; ils se couvrent des dépouilles des vaincus ; et, assurément, c'est une chose digne d'attention, dans l'histoire de l'art, que de voir les formes usées de Pétrarque soudainement ravivées par les passions de la Castille et les couleurs du ciel de Grenade. Mais le véritable plagiat que l'Espagne fait à l'Italie, c'est Christophe Colomb ; car ce grand homme n'a pas seulement donné son génie à l'Espagne ; il a encore pour elle oublié sa langue natale. Dans son journal de voyage, ses observations de chaque jour sont écrites en espagnol, et ce n'est pas avec la langue de Dante qu'il a salué l'Amérique. A sa suite marchent d'étranges écrivains, Fernand Cortez, Fernand Pizarre, Albuquerque, Magellan, Jean de Castro, qui dans leurs correspondances arrivent souvent à la grandeur de l'expression par la grandeur des choses qu'ils racontent. Au milieu des grâces étudiées de la renaissance, ces hommes retrouvent sans y penser, dans leurs récits improvisés, la simplicité, la force, la naïveté, la nudité des anciens ; le journal de Colomb, dans sa concision, a je ne sais quoi de mystérieux, de sublime, de religieux comme le grand Océan au milieu duquel il est écrit. Et si je voulais donner ici un exemple des rares ouvrages où les modernes ont retrouvé le ton de l'antiquité, je me garderais bien de le chercher parmi les écrivains de profession de la renaissance, Guichardin, Mendoza ; je le demanderais à ces hommes de fer qui jamais n'ont touché une plume que pour dépeindre à la hâte, ou, en passant, révéler d'un trait les îles, les continents, les peuples, qu'ils ont soumis à l'ancien monde. Il est frappant que dans ces récits vous ne retrouvez rien de l'enflure propre au génie castillan; l'infatuation s'est abaissée devant la grandeur des faits; les choses parlent seules, l'homme disparaît : l'orgueil de l'Espagnol a été vaincu par la majesté des Cordilières. Dans ce moment de surprise, il est revenu à la simplicité nue de la Bible ou d'Homère.

Est-il besoin de dire ce qui, indépendamment du mérite littéraire, donne un attrait si puissant aux livres des Espagnols et des Portugais? c'est que tous ces hardis rêveurs ont été en même temps des hommes d'action. Partout ailleurs, l'écrivain, le poète est jeté dans des circonstances communes qui contrastent péniblement avec les aspirations de sa pensée; il est tout dans ses livres, il n'est rien dans la réalité. Il pense, il rêve, il ne vit pas. Voyez Arioste; il suit des yeux de l'imagination ses héros dans leur carrière enchantée : pour lui, il passe une vie commode et assez prosaïque dans cette maison de Ferrare que peut-être vous avez visitée. Qu'il en est autrement des écrivains espagnols! Leur vie est aussi agitée, aussi aventureuse que leur rêve; ils sont tous soldats, et vous savez comme ce noble métier de la guerre trempe les âmes qu'il n'étouffe pas! La loyauté, la fierté se conservent mieux qu'ailleurs sous la cuirasse. Ces hommes ont, pour se mouvoir, un empire qui semble lui-même inventé par la poésie, l'empire monstrueux de Charles-Quint; ils rêvent, écrivent, composent sur les flottes, au milieu des batailles et des siéges. Ce sonnet est daté de la côte de Coromandel; cet autre a été rimé au milieu de la tempête, près du cap Bon; cette idylle a été inspirée dans la campagne du Chili, au bord de l'Océan Pacifique; quant à ce poème, il a été écrit sur la flotte invincible. Malgré moi, j'associe à ces compositions les lieux, les climats, les rivages lointains dont ils m'apportent un écho ; je les colore des feux de ce ciel étranger. Comment ne pas suivre dans ce vers de Camoëns le sillage du vaisseau ? Des œuvres même très-imparfaites empruntent à ces traces de la vie réelle un charme que l'art tout seul peut-être ne leur donnerait pas. Dans l'*Araucana* d'Ercilla, dans cette chronique sanglante, je m'attache aux pas de ce poète peut-être médiocre, mais qui a l'immense avantage de faire toucher du doigt la vie d'aventures et de combats dans les forêts du Nouveau-Monde. S'il s'agit d'un écrivain tout-puissant combien la vie alors n'ajoute-t-elle pas au poème ! Je veux retrouver dans la fierté naïve de l'auteur de *Don Quichotte* l'héroïque manchot de la bataille de Lépante. Dans le théâtre tantôt chevaleresque, tantôt ascétique de Lope de Vega et de Calderon, je cherche les vestiges de ces deux hommes qui ont commencé leur vie sous la cuirasse et l'ont finie sous le cilice, dans le cloître. Et ne pensez pas que ce soit là seulement une illusion, une sorte de mirage ardent dont le lecteur est lui-même la cause. Non ; tant d'impressions réelles, tant d'expériences propres ont passé dans les livres ; en sorte que, si vous me demandez quel est l'esprit original de la littérature espagnole, je répondrai hardiment que ce caractère est la profusion même de la passion et de la vie dans le domaine de l'art : moins de régularité, d'ordre, de tempérance que chez aucun autre peuple, mais aussi plus d'expansion, un débordement plus impétueux de l'âme, un sentiment plus exalté de la réalité, une émotion plus contagieuse qui a su ennoblir le ridicule même. La différence du génie italien et du génie espagnol est celle des vierges de

Raphaël et de Murillo. Les premières, embellies par le génie de la Grèce et de la renaissance, ont toujours vécu sur les sommets les plus élevés de l'idéal ; leurs pieds ont à peine touché le sol, nul homme ne les a jamais rencontrées sur la terre. Les secondes, nées en Castille, n'ont jamais vu d'autre pays. Leur ascétisme s'est exhalé sous les voûtes des églises de Séville[1] et de Tolède ; dans leurs plus divines aspirations, vous reconnaissez les souvenirs de la patrie terrestre et les stigmates de l'amour humain.

Tout dans l'Italie moderne se tourne naturellement en récit et en épopée ; des quatre grands poètes qui font sa gloire, trois sont épiques. Dans cette vieille terre où la civilisation s'est développée d'une manière continue, comme un discours non interrompu, à travers tant de sociétés diverses qui héritent les unes des autres, il semble que la forme naturelle, indigène, soit l'épopée ; tandis que le drame y est resté toujours plus ou moins artificiel. L'histoire même de l'Italie est une sorte d'épopée dont les époques étrusques, romaines, catholiques, se succédant sans intervalles, et pour ainsi dire sans contradiction, les unes aux autres, forment les parties. Au contraire, en Espagne, tout aboutit au drame ; c'est là le moule naturel dans lequel s'exprime le génie espagnol. Tant d'éléments contradictoires, de croyances inconciliables, de populations ennemies, le Goth contre le Romain, le Castillan contre l'Arabe, le christianisme contre l'islamisme, tant d'instincts opposés aux prises, qui n'ont jamais pu rien s'accorder les uns aux autres quoique perpétuellement en

---

[1] Voyez plus haut p. 333-334.

présence les uns des autres, tout cela compose dans l'histoire une sorte de dialogue à travers les siècles, une intrigue pleine de mystères, d'alternatives diverses, un drame éternel dont les deux grands acteurs sont le Christ et Mahomet. Dans cette longue tragédie de cape et d'épée qui dure un millier d'années, les fils sont si bien noués par la Providence, qu'il vous est impossible de prévoir le dénouement. Car les choses ne se meuvent pas là, comme en Italie, selon une loi évidente de développement; elles se choquent, se heurtent, se brisent de manière à déconcerter sans cesse l'esprit humain et à le faire marcher d'étonnement en étonnement. D'abord le mahométisme occupe toute la scène, excepté ce point unique des Asturies; mais au moment où il semble qu'il a vaincu et que la pièce est finie, c'est lui qui commence à reculer, pendant cinq cents ans, jusque dans les murs de Grenade; c'est le christianisme dépouillé, asservi, qui, par un changement subit, triomphe dans l'Alhambra.

Voulez-vous d'autres exemples de ces péripéties, de ces contradictions dramatiques dans la vie de ce peuple? Son histoire en est remplie. Où vont aboutir les libertés de ses Cortès en se développant de plus en plus? au règne de Philippe II, c'est-à-dire à la servilité la plus absolue qui fut jamais. Tout l'or réuni du Mexique et du Pérou n'enfante chez lui que la famine; et comme la réalité a été pour ce peuple une sorte d'imbroglio dans lequel la Providence s'est complu à l'enlacer étroitement, à le mener, les yeux fermés, de surprise en surprise, on peut dire qu'il en a été de même de son art, et que le drame est devenu instinctivement la forme classique de sa pensée.

Ce n'est pas que les éléments même de l'épopée manquent au génie de l'Espagne. Que sont en soi ces chants populaires, ces romances fameuses du Cid, de Bernard de Carpio, des infants de Lara, sinon les ébauches d'une Iliade espagnole qui n'a jamais pu s'achever ni parvenir à sa maturité? Lorsque vous voyez tous ces rhapsodes inconnus, que vous entendez cette multitude de voix qui chantent spontanément les traditions nationales, vous croyez que ce travail poétique de tout un peuple va aboutir à un Homère castillan; mais, par une des révolutions propres à cette histoire, c'est le contraire qui arrive. Le dénouement de ces chants naïfs, si sérieusement exaltés, c'est le livre qui les bafoue tous ensemble. Au lieu d'être consacrés dans un récit harmonieux, ils seront soudainement parodiés; l'écho grossissant de ces rhapsodes populaires ira se perdre dans la prose de Sancho-Pança; au moment où vous croyez saisir l'Iliade, vous rencontrez Don Quichotte.

Autre surprise! Lorsque les grands écrivains de l'Espagne traitent sérieusement cette poésie populaire et nationale, ils la tournent en drame; au lieu d'essayer de la développer en longs poèmes héroïques, ils la partagent en scènes; d'où il arrive que le théâtre espagnol est le plus souvent une épopée dialoguée. De là viennent aussi la richesse, la puissance, la vie incomparable de ce théâtre. Tout afflue en Espagne de ce côté; histoire, traditions, souvenirs, se résument, se renouvellent dans cette forme chaque jour improvisée. Les générations à peine éteintes ressuscitent dans la tragédie espagnole, avec leurs noms et leurs figures; l'existence entière d'une race d'hommes, depuis les Cantabres de César jusqu'aux Catalans de Philippe IV, est dépensée, prodiguée sur la scène. Les vivants applaudissent les morts encore tièdes. Aussi ai-je peine à comprendre que, depuis Mme de Staël, ce que l'on a appelé l'art romantique soit attribué au génie des peuples du Nord, à l'exclusion de ceux du Midi. Si l'on entend par là l'inspiration immédiate des sentiments, des coutumes, des croyances modernes, quel théâtre s'est plus revêtu, non pas seulement du costume, mais aussi du génie national? En est-il un seul, non pas même celui de Shakspeare, qui doive moins à l'étude, à l'imitation de l'antiquité? Voulez-vous voir tout ce que peut faire un peuple moderne, renfermé en lui-même, comme si jamais ni Grecs ni Romains n'eussent existé, une race d'hommes qui se livre à l'inspiration de l'art, indépendamment de l'opinion et des règles accréditées dans le reste du genre humain : étudiez le théâtre espagnol. Vous serez quelquefois heurtés, souvent charmés, toujours étonnés, par ces prodiges de nouveauté et d'audace.

Je doute qu'un homme abandonné, comme cet homme de Pascal, dans une île déserte, eût mieux conservé le type original de sa pensée à l'abri de toute espèce d'imitation servile. Quand vous lisez ces pièces enivrées de l'orgueil castillan, il vous semble qu'avant ce peuple il n'existait rien au monde, et que la nature et l'histoire ont commencé avec l'Espagne. Mais telle est la puissance de la passion sincère, qu'elle vous ramène, quelquefois soudainement, aux effets de la scène grecque, par le chemin qui en semblait le plus éloigné. Ces pièces tiennent de la poésie lyrique par les odes et les stances mêlées aux dialogues, par l'impression du climat, du soleil, par tous les parfums prodigués de la terre et du ciel; elles tiennent de l'épopée par le merveilleux; car les rêves mêmes y sont personnifiés, et la passion y laisse si peu de trêve que les songes du héros prennent un corps visible ; ils s'agitent ensemble et conversent entre eux pendant son sommeil. Ce qu'il y a d'émotion contenue dans le christianisme s'exhale librement sur cette scène africaine ; l'ardeur et le sang de l'Arabie pénètrent jusque dans les abstractions personnifiées du christianisme. Que de miracles s'accomplissent sous l'œil du spectateur ! La croix plantée au bord du chemin agite ses deux bras pour couvrir la Castille ; les saints ressuscitent. L'ange du bien et l'ange du mal se placent à la droite et à la gauche du héros. D'autres fois, c'est le Christ lui-même qui se détache du fond des tableaux appendus à la muraille ; il interrompt les faux serments en soulevant sa paupière et sa main irritée. La terre et le ciel catholiques conspirent ainsi à l'action, qui, dans les *autos sacramentales*, va jusqu'à embrasser l'univers.

Mélange de grâce et de violence, de volupté et de torture, c'est tour à tour l'inspiration de l'amour, de l'héroïsme, de l'inquisition. Et ces passions diverses s'expriment le plus souvent sur le mètre et avec les cadences naïves des romances et des chants populaires ; ce qui ajoute l'ingénuité à la splendeur, à la pompe, et donne à l'exagération même je ne sais quoi de naturel et de vrai qui semble partir du cœur du peuple. Voilà quelques-uns des traits généraux du théâtre espagnol. Mais combien de physionomies particulières ne prend-il pas, suivant qu'il sert d'interprète à la grâce chevaleresque dans Lope de Vega, à la gravité orientale dans Calderon, à la fantaisie dans Tirso de Molina, à la beauté morale dans Alarcon, à l'ironie dans Moreto, à la suavité dans François de Rojas, à la férocité dans Bermudez! et encore, dans chacun de ces hommes, combien d'hommes différents! Au moment où j'essaie de les caractériser, j'aperçois chez eux une qualité opposée ; ils prennent plaisir à déconcerter toujours la règle et l'opinion reçue. Dans cette variété inépuisable, il faut se contenter d'abord de partager ces œuvres spontanées en familles et en espèces, comme on fait dans l'histoire naturelle pour ces plantes qui poussent à profusion dans une terre vierge nouvellement découverte.

L'originalité que les écrivains espagnols ont atteinte dans le drame, ils sont loin de l'avoir conservée au même degré dans l'histoire. C'est même une chose frappante de penser que les mêmes hommes qui ont rejeté avec tant d'audace le joug de l'antiquité dans la poésie, l'ont accepté si docilement dans le récit des faits réels. Si habiles écrivains qu'ils puissent être, Mendoza, Moncada, Melo, ont les yeux attachés sur Salluste et sur Tacite. Plus ils ont de puissance, mieux ils réussissent à briser cet orgueilleux génie des Espagnes et à fondre son idiôme dans le moule de la prose romaine. Des historiens de la Péninsule je ne connais qu'un seul qui ait su marier tout ensemble l'ingénuité rapide des chroniques du moyen-âge et la majesté savante de la renaissance : c'est le portugais Jean Barros. Dans son récit véritablement épique de la découverte des Indes orientales et occidentales, le sentiment des merveilles accomplies au nom du christianisme le ramène constamment au vrai. L'étoile de l'Évangile qui brille toujours à la proue de ces vaisseaux lancés à la découverte de l'océan chrétien, sauve Jean Barros de l'imitation de Tite-Live. C'est véritablement le souffle du Dieu de la Bible qui pousse, de tous les côtés de l'horizon, les navires de

Christophe Colomb, de Vasco de Gama, de Magellan, au devant de l'inconnu, sur la face de l'abîme. Vous respirez dans ce magnifique récit, tout imbu de croyances et de prières, cette haleine, cet esprit de l'Éternel, qui creuse la vague à travers les golfes de Guinée, du Malabar et du Brésil, sous la barque du Christ. Quels tableaux que ceux de la partance de ces navires pavoisés en rade de Lisbonne, l'émotion de tout un peuple agenouillé sur la côte, autour de l'ermitage de Bélem[1], la procession des moines, la confession générale, la bénédiction solennelle à la face du ciel, puis les pleurs de ceux qui s'embarquent, les pleurs de ceux qui restent sur ce rivage que l'auteur appelle depuis ce temps-là le champ des larmes, et enfin le son des cloches, les litanies des matelots au moment où, maîtrisés pas une nécessité surhumaine, ils lèvent l'ancre, hissent la voile et tournent le cap, vers quelle contrée? ils l'ignorent; peut-être vers le vide infini, peut-être aussi vers un monde nouveau! Ces tableaux-là manquent à Camoëns; et souvent, par la vérité des sentiments chrétiens, l'historien du Portugal est plus poétique encore que son poète.

Où chercherons-nous la philosophie originale de l'Espagne au moment de la renaissance? Dans sa théologie. Sa pensée est tellement identifiée avec le génie du christianisme, qu'elle se dissipe aussitôt qu'elle s'en détache; au contraire, sa gloire, c'est de s'engloutir avec transport, de se perdre, de s'anéantir dans les mystères de l'Évangile rallumé au souffle de l'Afrique. Ses penseurs les plus profonds, les plus éloquents, les plus entraînants, font profession de ne pas penser; c'est saint Jean-de-la-

---

[1] Voir plus haut p. 359.

Croix, c'est sainte Thérèse, c'est ce poëte et ce prosateur accompli, frère Luis de Léon ; ce sont ces grandes âmes qui se plongent en Dieu comme en une mer infinie, où ils découvrent l'un après l'autre de nouveaux horizons du monde intérieur. Enthousiasme, ivresse de l'amour divin, magnificence de ce ciel invisible, qui jamais les a rendus présents, vivants palpables, si ce n'est sainte Thérèse? Tout me semble froid et glacé auprès de ces miracles de la parole de feu. Que sont les psychologies de l'école, à côté des révélations de la vie intérieure qui s'échappent d'un cœur héroïque? Et il ne faut pas croire que cette fièvre, cette faim dévorante de l'esprit s'allient mal avec la correction, la majesté, la beauté des formes du discours. Car voici l'originalité de l'éloquence religieuse et mystique de l'Espagne : tout ce que le langage peut renfermer de pompe et de richesse sert là à consacrer, à exprimer l'humilité de la raison humaine. Le mysticisme, dans le Nord et même en France, n'a pas ce caractère. Lorsque vous lisez l'*Imitation de Jésus-Christ,* vous êtes naturellement frappés de la ressemblance qui éclate entre ces sentiments de macération, de dépouillement intérieur, et cette langue latine altérée, délabrée, qui semble sortir du milieu de ruines amoncelées. Au contraire, en Espagne, jamais l'homme n'a parlé un langage si magnifique et si pompeux que lorsqu'il a voulu se dépouiller et se démettre devant Dieu; on ne connaît pas le génie de l'Espagne si on ne l'a pas vu recueillir dans sa langue ce qu'elle a de plus majestueux pour faire un acte d'humilité. Je compare à cet égard ce grand écrivain mystique, frère Luis de Léon, à l'un des rois mages, qui apportent l'encens et la myrrhe d'Arabie au pied de la crèche; il réunit, dans une prose formée de l'or le plus pur, tout ce que l'idiôme castillan renferme de joyaux et de pierreries ciselées pour venir déposer cette orgueilleuse offrande au pied du Christ enfant.

Dans cette esquisse, n'avez-vous pas remarqué combien l'âge de gloire, lentement préparé, a été rapide pour l'Europe méridionale? Qu'elles ont passé vite, ces fêtes de l'intelligence! De ces hommes que j'ai nommés à la hâte, la plupart ont survécu à leur pays. Et ce jour éclatant, par quel lendemain a-t-il été suivi! Chose étrange! On voit un peuple se lever, plein de grandes ambitions et de pensées accumulées; il tient dans sa main les Indes et les deux Amériques; son génie dans les lettres est si fécond, que vous diriez que des siècles de siècles ne pourront l'épuiser; et cependant, le soir venu, il s'endort; il s'endort du sommeil de l'esprit, et ceux qui étaient accoutumés à l'admirer sont tout prêts à l'insulter. En vain de nouvelles voix amies cherchent à le réveiller; quand l'engourdissement est entré jusqu'à l'âme, les paroles ne s'entendent plus. Les mots ne vont plus du cœur au cœur; ils frappent comme un son, ils ne pénètrent plus; lassés, découragés, les artistes, les écrivains, les poètes, se taisent peu à peu. A la place du bruit qu'on entendait autour de ce peuple, il se fait un grand silence. Comme un homme plongé dans le sommeil laisse encore échapper çà et là quelques paroles sans suite, de même il poursuit par intervalles le rêve de sa gloire passée; mais ce rêve, contrarié par la réalité, n'arrête plus personne; ses mouvements désordonnés restent sans effet; chacun le traverse, le heurte en passant. On finit par se le disputer comme un corps sans volonté, sans loi, sans droit.

Vous savez si ce tableau est véritable; et bien que l'on m'assure que dans les choses humaines la leçon de la veille ne doit jamais servir au lendemain, je vous dirai, comme le résultat de l'enseignement qui ressort de ce spectacle du Midi : Préservez-vous, défendez-vous, gardez-vous du sommeil de l'esprit ; il est trompeur ; il pénètre par toutes les voies, cent fois plus difficile à rompre que le sommeil du corps. Ne croyez pas (car c'est là une des idées par lesquelles il commence à s'insinuer), ne croyez pas, avec votre siècle, que l'or peut tout, fait tout, est tout. Qui donc a possédé plus d'or que l'Espagne, et qui aujourd'hui a les mains plus vides que l'Espagne? Ne reniez pas, au nom de la tradition, la liberté de discussion, l'indépendance sainte de l'esprit humain? Qui donc les a reniées plus que l'Espagne, et qui est aujourd'hui plus durement châtiée que l'Espagne dans la famille chrétienne? Vous qui entrez dans la vie, ne dites pas que vous êtes déjà lassés sans avoir couru, que vous respirez dans votre époque un air qui empêche les grandes pensées de naître, les courageux sacrifices de se consommer, les vocations désintéressées de se prononcer, les hardies entreprises de s'accomplir; qu'un souffle a passé sur votre tête, qu'il a glacé par hasard dans votre cœur le germe de l'avenir, que vous ne pouvez résister seuls à l'influence d'une société matérialiste, et qu'enfin ce n'est pas votre faute si, jeunes, vous avez déjà le désabusement et l'expérience de l'âge mûr. Ne dites pas cela, car c'est le conseil le plus insidieux du sommeil de l'esprit. Par quel étrange miracle vous trouveriez-vous fatigués du travail d'autrui? Pendant que vos pères couraient sans relâche d'un bout à l'autre sur tous les champs de bataille de l'Europe, où étiez-vous? que faisiez-vous? Vous reposiez tranquillement dans le berceau ; éveillez-vous maintenant aux combats de l'intelligence, pour ne plus vous rendormir que dans la mort! Le monde est nouveau aux hommes nouveaux ; et c'est un bonheur que beaucoup de gens vous envient d'appartenir à un pays qui, suivant les instincts que feront prévaloir les générations les plus jeunes, peut encore opter entre le commencement du déclin ou la continuation des jours de gloire.

TABLE.

—

Prologue 1
Vaucluse 4
La Vieille-Castille 10
Le Prado 23
La Madone constitutionnelle 36
Les Taureaux et le Fandango. 41
Un Professeur 58
La Chevalerie des Amadis dans le gouvernement consti‑
    tutionnel 63
Le premier Ministre de l'innocente Nina 67
Trois jours de l'histoire d'Espagne. Les Orateurs politiques . 69
Une Révolution sans idées révolutionnaires. 111
Une Incantation. 120
L'Escurial. 123
Les Écrivains. — Un Pamphlétaire. — Larra. 158
Les Poëtes. — Zorrilla. — Le Théâtre. 163
Esproncéda. — Mission du poëte en Espagne. 196
Tolède 209
Les Brigands. Debemos gracias à Dios. 223

Une Conversation en traversant la Manche 229
Bailen 236
L'Alhambra. — La fête de Grenade. 247
Un Voyage à vol d'oiseau. 273
La Mosquée de Cordoue. Un nouveau chapitre du Coran. . 315
Le Prolétaire espagnol. 321
La Giralda et Murillo 330
Cadix. — L'État de Siége 349
Lisbonne 356
Le Retour 375
Apendice. Des littératures et des institutions comparées de
l'Espagne et de l'Italie. 407

FIN.

ERRATA.

Page 21. Pronunciamento, *lisez* pronunciamiento.
Page 26. Des flammes, *lisez* les flammes.
Page 27. L'aspect de cette retraite, *lisez* le caractère de cette retraite.
Page 28. Reale, *lisez* Real.
Page 66. Cette éloge, *lisez* cet éloge
Page 202. Dans le nom, *lisez* sous le nom.
Page 238. Eylau, *lisez* Leipsick.

www.ingramcontent.com/pod-product-compliance
Lightning Source LLC
Chambersburg PA
CBHW060929230426
43665CB00015B/1893